SAHARA

CLÍO

CRÓNICAS DE LA HISTORIA

SAHARA

La provincia olvidada

www.edaf.net

MADRID - MÉXICO - BUENOS AIRES - SANTIAGO
2018

Sahara
© 2018. Miguel del Rey Vicente y Carlos Canales Torres
© 2018. De esta edición, Editorial EDAF, S. L. U.
© Diseño de la cubierta: Ricardo Sánchez
© Ilustraciones: Luis Leza Suárez

EDITORIAL EDAF, S. L. U.
Jorge Juan, 68. 28009 Madrid, España
Tel. (34) 91 435 82 60
Fax (34) 91 431 52 81
http://www.edaf.net
edaf@edaf.net

ALGABA EDICIONES, S.A. de C.V.
Calle 21, Poniente 3323,
Colonia Belisario Domínguez
(entre la 33 Sur y la 35 Sur)
Puebla, 72180, México
Telf.: 52 22 22 11 13 87
jaime.breton@edaf.com.mx

EDAF DEL PLATA, S. A.
Chile, 2222
1227 Buenos Aires, Argentina
Tel/Fax (54) 11 43 08 52 22
edaf4@speedy.com.ar

EDAF CHILE, S. A.
Coyancura, 2270 Oficina, 914
Providencia, Santiago de Chile
Chile
Tel (56) 2/335 75 11 - (56) 2/334 84 17
Fax (56) 2/ 231 13 97
comercialedafchile@edafchile.cl

Primera edición: Abril 2018

ISBN: 978-84-414-3851-4
Depósito legal: M-8367-2018

IMPRESO EN ESPAÑA — PRINTED IN SPAIN

Gráficas Cofás, Pol. Ind. Prado Regordoño, Móstoles (Madrid)

ÍNDICE

Apéndice

Los hombres de la guerra

Anexo. Armamento y material

INTERMEDIO

En algún lugar del Sahara.
23 de mayo de 1930.

Habían recorrido decenas de kilómetros sin apartarse de su rumbo en dirección oeste hasta que, alzándose ya el sol en todo su esplendor escarlata, se desviaron hacia el sur. El vuelo que debía llevarlos a los cuatro en dos aparatos de Villa Cisneros a Cabo Juby para recibir al general Balmes, el inspector de aviación que realizaba por primera una vez una visita a los aeródromos del Sahara, había empezado hacía unas horas y, hasta ese momento, todo había trascurrido con absoluta normalidad.

La verdad era que los Breguet XIX daban buenos resultados, pero esta vez, al menos el suyo había fallado. Hacía un buen rato que el motor Hispano-Suiza renqueaba, y su experiencia le decía que no tardaría en verse obligado a tomar tierra.

El cauce de un río seco excavado con profundidad en una planicie le ofreció una buena pista de aterrizaje. Alargó el brazo para llamar la atención del capitán Núñez de Maza, que viajaba junto al sargento mecánico Ferrer, y avisó también de que descendía a su pasajero, el cheij Tale Buya.

Empujó la palanca a la vez que accionaba el timón y el avión respondió de forma instantánea. Era buena señal, pero sabía que sin la ayuda del motor no podía aspirar a otra cosa que a un difícil aterrizaje. La suerte volvió a ponerse en su contra a pocos metros del suelo; el cauce estaba sembrado de cantos rodados de mayor y menor tamaño, y muchos de ellos chocaron ruidosamente contra las láminas de duraluminio del frontal y la protección del tren de aterrizaje trasero. Tras un momento de angustia, el avión se detuvo con un ronroneo inconfundible.

Pasados pocos minutos se posó Núñez Maza, que con similar fortuna enredó su tren de aterrizaje en un enorme matojo. Intentaron reparar un aeroplano y liberar el otro, pero no tuvieron tiempo, a su alrededor apareció un mar de rostros que los estudió con ojos ceñudos. Tenían la traza típica de los beduinos del desierto, armados con mosquetes anticuados, y no tardaron en sumirse en un batiburrillo de voces guturales que no auguraban nada bueno. Por el modo en que algunos señalaban los cuchillos de aspecto espeluznante que llevaban, se podía sospechar que estaban a favor de acabar con ellos sin más preámbulos.

Por suerte, varios de los que formaban una hilera cerca de uno de los aviones, dirigidos por un individuo que se tocaba con un mantel de cuadros en el que se distinguía el escudo de la aviación española, intervinieron para señalar hacia el este. Sus argumentos parecieron resultar convincentes solo hasta que unos y otros se enzarzaron en una violenta lluvia de puñetazos y golpes de gumía. Para su sorpresa, Tale Buya susurró que peleaban para ver quién se quedaba con cada uno de ellos, pues, si los utilizaban bien como objeto de comercio, no era difícil obtener por un cristiano varios fusiles y cinco o seis mil duros.

Al final, les repartieron entre cada grupo, sin hacer caso alguno a Tale Buya, al que nadie pensaba tener en cuenta por vivir con gente ajena a la religión islámica. La peor suerte le correspondió a Núñez Maza que, con las manos firmemente atadas a la espalda, quedó en poder de los más rápidos en el manejo de las gumías, los arosien. Por lo poco que pudo entender de su dialecto hassania supo que eran los asesinos de otros aviadores y de unos pescadores canarios. Le subieron a un camello y huyeron tras amenazar de muerte a todos los demás.

El domingo 25 de mayo el diario *ABC* daba la noticia de la desaparición del grupo: «Se sigue sin noticias de los aviadores comandante Burguete y capitán Núñez» —decía en titulares—. Más adelante, junto a una semblanza en la que se reconocían los méritos de guerra de ambos pilotos, comentaba que el Ministerio de Marina había dado orden a un cañonero que se encontraba en la costa occidental africana para realizar un recorrido de exploración, a fin de descubrir el paradero de los dos aviones desaparecidos.

La aventura no terminó hasta el 3 de junio, cuando los prisioneros fueron entregados a una dotación del cañonero *Canalejas*, que, apoyada por el guardacostas *Wad Ras*, desembarcó dispuesta a pagar una compensación económica de 5000 pesetas por persona.

No era la primera vez, ni sería la última. Había años terriblemente secos en los que encontrar comida en el desierto resultaba casi imposible. La penuria de las tribus del interior era tan grande, que alimentar y, aparentemente salvar la vida a cualquier europeo, podía suponer unos miles de pesetas. Esa era para todos la diferencia entre la vida y la muerte.

INTRODUCCIÓN

Da igual la fuente que ustedes consulten, de la guerra breve pero sangrienta que España libró a mediados del siglo XX en sus territorios y luego provincias de África Occidental, Ifni y Sahara, apenas hay rastro en la memoria popular. Y eso, a pesar de que en los últimos años, especialmente a partir de 2007, cuando la última guerra librada por España hizo su quincuagésimo aniversario, aparecieron muchos y notables libros sobre el conflicto, —incluido el nuestro— que en gran medida recogían las experiencias y vivencias de los jóvenes que, la mayor parte de las veces sin ni siquiera poder imaginarlo, fueron llamados a filas por su quinta y se encontraron en medio de un conflicto armado, de corte antiguo y colonial, en el que muchos de ellos perdieron la vida o la salud. Como siempre, solo llegaron, por desgracia, a una minoría de lectores aficionados a la historia y especialistas, pero no al gran público.

Hagan ustedes la prueba y pregunten sobre la presencia española en Ifni y Sahara o sobre la guerra que allí tuvo lugar. Es posible que, a pesar del tradicional desconocimiento de los españoles de su propia historia, cualquier persona de formación media, no sepa absolutamente nada sobre el conflicto con el Ejército de Liberación Nacional —el *Yeicht Taharir*—, palabra está última, que a los oídos de los españoles actuales suena más a una película de Ciencia Ficción que al nombre del último ejército enemigo de España.

El casi suicida desconocimiento de nuestro pasado por parte de la juventud actual, es tan absoluto, que parece obra de un meticuloso y planificado trabajo, pues es algo único en nuestro entorno cultural, pero además, en el caso de la Guerra de Ifni-Sahara —nombre con el que después fue conocido el conflicto aunque se desarrolló en dos escenarios bien diferentes, el propio Ifni y el Sahara Occidental— una contienda oscura, ocultada en su desarrollo y consecuencias a la callada y sufrida opinión pública de la España de los años cincuenta del siglo pasado, y librada en unas condiciones muy difíciles, en un país pobre y con un ejército mal equipado, olvidado y abandonado por su propio Gobierno, es especialmente grave, pues la complicada relación de España con Marruecos[1] se tapa frecuentemente bajo todo tipo de estúpidas

---

[1] Olvidar esta obviedad es una locura, pero los Gobiernos españoles parecen hacerlo una y otra vez. Las buenas relaciones que debemos tener con Marruecos no pueden hacernos olvidar que los últimos conflictos en los que España se ha visto envuelta tienen todos un mismo escenario. España no combate con una nación europea desde 1814, pero desde esa fecha ha combatido en África en 1859-60, 1893, 1909-13, 1919-27, 1957-58 y 1975-76. Y eso que no contamos los incontables incidentes armados ocasionales, las crisis tipo Islas Perejil ni los actuales conatos de terrorismo internacional.

declaraciones de buena vecindad que ocultan que, guste o no, la frontera de España con nuestro vecino africano es la única complicada que tenemos, pues el contencioso de Gibraltar podrá no resolverse, pero no es en absoluto una amenaza para la seguridad de nuestra nación.

En 1957 España acababa de salir de una década de aislamiento que había impedido la recuperación de los terribles daños ocasionados por la Guerra Civil y que había prolongado la pobreza de los años de la posguerra mucho más allá de lo que hubiese sido razonable. Convertido en Europa en un régimen apestado y despreciado, el franquismo comenzó a vislumbrar un lugar bajo el sol, cuando su feroz anticomunismo fue aprovechado por los Estados Unidos, que desde 1953, y en medio de la Guerra Fría, dieron a Franco el apoyo que necesitaba para sobrevivir.

Sin embargo, cuando comenzó el conflicto, en los meses siguientes a la consecución por Marruecos de su ansiada independencia, España no había iniciado aún la senda que le llevaría al inmenso crecimiento económico de los años sesenta que en dos decenios sacarían al país del subdesarrollo y del atraso, y las Fuerzas Armadas, no estaban en realidad en condiciones de librar una guerra moderna, ni siquiera contra un ejército irregular y a poca distancia de la metrópoli.

Cuando las noticias de que las bandas armadas del Ejército de Liberación Nacional o *Yeicht Taharir*, estaba atacando las posiciones españoles en Ifni llegaron a Madrid, el desconcierto del Gobierno fue absoluto. Consciente de su debilidad, había intentado por todos los medios evitar el conflicto, a pesar de que las señales parecían indicar de una forma clarísima que el choque con las bandas armadas, apoyadas de forma absoluta, y poco disimulada, por el Gobierno de Marruecos, parecía inevitable.

Los medios de comunicación de la época apenas mencionaron el conflicto en los primeros días, cuando la situación no estaba controlada y el desconcierto era manifiesto. No se sabía cómo comunicar a la población, a la que se decía desde hacía años que había una profunda «amistad hispano-árabe», de la que se hablaba pomposamente una y otra vez, que el «amigo» marroquí, acababa de apuñalarnos por la espalda a los pocos meses de que se concediera la independencia a su nación y cuando se conocía que, en sus peores momentos, el Istqlal había realizado sus reuniones en nuestro país y había contado con el apoyo, más o menos encubierto, de instituciones oficiales españolas.

El pueblo español fue por lo tanto engañado de principio a fin, al comienzo de las hostilidades por el sistemático ocultamiento de lo que estaba sucediendo y, después, porque nunca se llegó a contar la verdadera dimensión de lo que había sucedido.

Cuando tras unas semanas de duros combates la situación pudo ser controlada en Ifni, la prensa se volcó, siguiendo instrucciones claramente establecidas, a ensalzar el papel llevado a cabo por las «heroicas» tropas del «invicto» ejército salido de la Guerra Civil. Sin embargo, militares y políticos conocían la dura y amarga realidad. Aun habiendo combatido bien, al límite de lo que permitían los escasos medios con los que se contaba, en Ifni se habían logrado solo unas precarias tablas, y en el Sahara, donde sí se había conseguido una clara victoria contra el Ejército de Liberación, esta solo se había obtenido gracias al apoyo material y logístico del ejército francés.

La presente obra es por lo tanto un pequeño intento para acercar a todo tipo de público los hechos más significativos de una guerra silenciada, olvidada y casi borrada de la memoria y de los libros de historia, en la que centenares de españoles dieron la vida defendiendo a su país, muchos de ellos soldados de reemplazo que habían abandonado su pacífica y tranquila vida para hacer el servicio militar en unos territorios de los que la mayor parte no sabía absolutamente nada, cuando por avión o barco fueron llevados hasta allí, para verse envueltos en una guerra de la que muchos de ellos no regresarían jamás.

Creemos que, sesenta años después del fin de la guerra, su recuerdo y lo que hicieron, no debe de olvidarse, aunque así lo hayan hecho los ingratos Gobiernos españoles y la falta de memoria de sus compatriotas.

1.ª PARTE

Rescoldos de un imperio

Cuando al amparo de una noche del año 1476, Diego García Herrera desembarcó con seis naos en el litoral sahariano y construyó los cimientos de la fortaleza denominada con posterioridad Santa Cruz de la Mar Pequeña, desconocía por supuesto la trascendencia histórica del paso que estaba realizando [...] Tampoco pudo suponer Diego, el enorme caudal de testimonios, de derechos, de avales, de discrepancias y de litigios internacionales, incluso de guerras que ocasionaría a través de la historia, el sencillo acto de poner el pie en un trozo de arena del desierto inhóspito y solitario, defendido del embate del mar abierto por una pequeña barrera de arena.

Ifni y Sahara una encrucijada en la historia de España.
MARIANO FERNÁNDEZ-ACEYTUNO

1.1 En nombre del rey

Existe una tierra al este de las Canarias que, desde los primeros asentamientos de los castellanos en el siglo XV, ha sido siempre muy alabada por los pescadores como abrigo o lugar de descanso. Es un lugar seco y duro, pero con un mar calmado, y resulta un buen sitio para reponerse de las inclemencias del océano y pescar con sosiego. Más al norte, el litoral ya es duro, escarpado y mucho más peligroso.

Las costas de este mar tranquilo fueron conocidas por los portugueses como Río de Oro desde 1442, cuando sus naves, en aquellos tiempos protagonistas de constantes exploraciones, bajaban más y más hacia el sur con la intención de encontrar una ruta marítima directa que les permitiera abrir mercados en los que intercambiar los productos europeos por oro y esclavos. Hasta entonces ese comercio utilizaba exclusivamente la ruta a través del Sahara. Un largo camino por el que lentas caravanas conectaban los puertos mediterráneos del norte de África con la mítica capital del imperio de Mali, Tombuctú, a siete kilómetros del río Níger.

Tanto la costa como el extenso territorio hacia el interior estaba habitado, y aún lo está, por tribus de origen bereber que llegaron a la región hace miles de años, cuando el actual desierto era un vergel, con agua, ríos, lagos y animales como los que hoy solo se encuentran muchísimo más al sur; España, siempre tuvo un interés estratégico y comercial en ese área, por estar frente a las islas Canarias, y, durante unos años, entre los siglos XIX y XX, ejerció un poder soberano directo en la zona. De hecho, pasó a conocerse en todo el mundo como el Sahara español y con esa denominación, o bien con la de Sahara Occidental, entró para siempre en la historia de España.

Más al norte se encuentra una zona que jamás hubiese dispuesto de una historia diferente y singular del resto de la región de la que forma parte, si no hubiese sido porque la presencia española en el siglo XX, durante treinta y cinco años —de 1934 a 1969—, la dotó de un protagonismo y una originalidad que ni su geografía ni sus pobladores la habían conferido. Ese territorio, antes incluso de que protagonizara la que iba a ser la última de nuestras aventuras coloniales y reclamara su parte de dinero, energía y sangre, era conocido con el nombre de Ifni.

Esas costas tenían una larga tradición entre los navegantes de Portugal y Castilla, los únicos capaces de apartarse del abrigo de orillas conocidas. Desde la Edad Media, barcos de ambos reinos, capitaneados por muchos de los emprendedores y audaces capitanes de la época, que buscaban fortuna en las inmensas soledades de las desérticas orillas del continente africano, se habían aproximado con frecuencia a sus playas. Una vez en tierra, conscientes de que la población era musulmana y por lo tanto potencialmente hostil, no fue raro que decidieran construir bastiones de pequeño o mediano tamaño que sirviesen de base para incursiones en el interior. Las denominadas «cabalgadas». La más importante de todas ellas sería la llevada a cabo por el sevillano Diego García de Herrera y Ayala. Su esposa, Inés Peraza, había heredado en 1452 los derechos sobre ese territorio de su padre, Hernán Peraza el Viejo, señor de las islas Canarias, que a su vez había recibido la concesión de Enrique III de Castilla.

La antigua fortaleza de Erg Chebbi, en la ruta de las caravanas, hoy un hotel aislado en medio de las dunas del desierto del Sahara. Todavía, en el siglo XXI, es un lugar al que no resulta sencillo llegar.

Peraza y su consorte García de Herrera, se convirtieron en protagonistas de la expansión castellana en la Berbería de Poniente. Herrera dirigió y alentó un sinfín de expediciones al vecino continente, de las que siempre regresó victorioso y enriquecido. No puede sorprendernos que sus constantes relaciones con África le hiciesen abrigar el propósito de erigir en la costa un establecimiento fijo que le permitiese el acceso cómodo y aventajado a la siempre provechosa ruta de las caravanas, al tiempo que le sirviera para iniciar estrechos contactos con las tribus de la región, con vistas a una posible dominación política.

Los problemas internos del archipiélago que gobernaba le impidieron el desarrollo de sus planes hasta 1477. Ese año él y su esposa renunciaron a sus derechos de conquista de las tres islas mayores —La Palma, Gran Canaria y Tenerife— en beneficio de los Reyes Católicos y, libres de otras preocupaciones militares, con aprestos de guerra más que suficientes, decidieron expandir sus asentamientos en África a partir de la pequeña atalaya que habían mandado erigir el año anterior en la boca misma del paraje más visitado por los marineros, debido a sus inagotables pesquerías: el río de la Mar Pequeña o Mar Menor de Berbería. Ese era el nombre con el que conocían los castellanos al pequeño mar interior que cierra las islas de Lanzarote y Fuerteventura contra la costa de África.

Pese a las buenas intenciones de García de Herrera, la fortaleza, que quedó finalizada en 1478, no era más que una torre vigía —según las últimas excavaciones realizadas en 2015, con una planta cuadrada de poco más de 8 metros de lado— situada en un lugar árido y desolado junto a la desembocadura de una escasa corriente de agua dulce en lo que actualmente se conoce como Puerto Cansado, en el Sahara Occidental. Le puso por nombre Santa Cruz de la Mar Pequeña[2].

Torre del Conde o Torre de los Peraza, en San Sebastían de La Gomera, Canarias. Construida por Hernán Peraza el Viejo entre 1447 y 1450, es probablemente similar a la que se erigió en Santa Cruz de la Mar Pequeña.

En principio, el objetivo de ese singular castillo fue simplemente asegurar la posición con una guarnición que permitiese explorar la región siempre que se considerara necesario, pero acabó por resultarle muy útil para sus intereses, le permitió acceder a los esclavos que necesitaban en las islas para las plantaciones de caña. Sin embargo, hay que admitir que el pacto que alcanzó con los notables de la región permitió años después que el acuerdo se consolidara en un tratado con el señorío o reino de Bu-Tata, situado, casi con seguridad, en el Yebel Bani. Cuenta B. Bonet que:

---

[2]   Dice Guadalupe López en su artículo *La falacia histórica sobre la colonia de Ifni* que, gracias a los esfuerzos de historiadores como Zurita, Abreu Galindo, Pierre Cenival, A. María Manrique, Elías Serra, Viera y Clavijo y Rumeu de Armas, sabemos que, concretamente, Santa Cruz de la Mar Pequeña fue el nombre que recibió la fortaleza que se ubicaría a la altura de Puerto Cansado —en el Sahara Occidental— y a la que llegó por primera vez Diego García de Herrera en 1476.

Diego de Herrera una vez que obtuvo el título de señor de las partes de Berbería mandó construir en 1478 una torre en el lugar que consideró más idóneo: la bahía de Puerto Cansado, magnífica ensenada situada a unos 45 kilómetros al NE de Cabo Juby, protegida del fuerte mar por una barra de arena y con escasa profundidad en marea baja, que dificultaba las operaciones de las embarcaciones de gran porte. Esto le confería a la torre un gran valor estratégico que se vería corroborado más tarde durante los asaltos y asedios que sufrió a lo largo de su existencia. A través de esta fortificación se llevó a cabo un considerable tráfico comercial con las tribus bereberes de la región, del que, por supuesto, siempre salían beneficiados los cristianos: oro y esclavos a cambio de plata y pan. Sin embargo, hay que señalar que la empresa a la postre no resultaría todo lo rentable que se deseaba. A nuestro entender, el principal fallo consistió en extrapolar las torres-fortaleza que tan buen resultado habían dado en la conquista de Canarias: Rubicón, del Conde, Gando, Añaza, etcétera, a una región continental con unas características totalmente diferentes a las insulares.

Ambicioso y ávido de riqueza, García de Herrera patrocinó tan solo siete años después, poco antes de su fallecimiento, otra expedición que se estableció en cabo Guer y mostró claramente su interés en la zona, aunque, de momento, solo con carácter comercial. Sin embargo, la Corona tenía otros planes. Pensaba involucrarse de manera definitiva en el control del litoral sahariano.

A partir del 4 de septiembre de 1479, con el Tratado de Alcaçovas, lo que empezó solo como una ocupación de hecho, se convirtió en algo de pleno derecho. Con el convenio, Castilla reconoció a Portugal sus posesiones en Fez y la costa de Guinea y, a cambio, Portugal reconoció la de Canarias para la Corona española. Desde el cabo Guer, hasta Santa Cruz de Guer, los pequeños asentamientos fortificados de los audaces y belicosos guerreros castellanos, que realizaban constantes incursiones hacia el interior en busca de esclavos y botín, prometían un brillante futuro para los cristianos que intentaban asentarse en la región.

El reparto africano no se mantuvo demasiado tiempo, se alteró con el descubrimiento de América, lo que obligó a ambas potencias a solventar sus discrepancias con el conocido Tratado de Tordesillas, firmado el 7 de junio de 1494. En él, además de los discutidos límites atlánticos, se establecieron otros nuevos en el norte de África: Portugal se quedó con el reino de Fez y Castilla con el de Tremecén, las ciudades de Melilla —que ya se había iniciado su conquista— y Cazaza, y la costa africana situada frente a las Canarias, desde el cabo Bojador hasta el cabo Guer y la desembocadura del río Messa. Se conseguía salvaguardar así la zona en que realizaban cabalgadas canarios y andaluces.

Para tomar posesión efectiva de la región se pensó en levantar una fortaleza que atestiguara el poder de Castilla en el territorio. Se comisionó para ello al tercer gobernador de la isla de Gran Canaria, Alonso Fajardo. De origen murciano y valiente servidor de los Reyes Católicos en la guerra de Granada, fue nombrado gobernador de Gran Canaria tras Francisco Maldonado el 30 de enero de 1495 y llegó a Las Palmas el 7 de agosto de ese año.

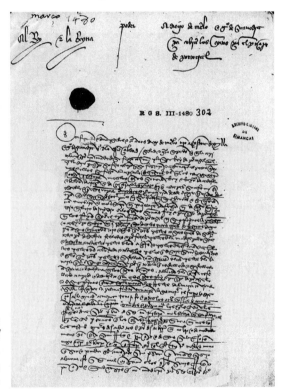

Notificación del Tratado de Alcaçovas-Toledo a la ciudad Sevilla, el 14 de marzo de 1480. Archivo General de Simancas, Valladolid.

La clara intención de Isabel y Fernando al comenzar su desembarco en África era asegurar el aprovisionamiento de trigo por el Mediterráneo y proteger las costas de posibles ataques musulmanes, pero también estaban interesados en poder acceder a las fuentes auríferas africanas de las que se hablaba en la Antigüedad —de ahí que acabara por denominarse al territorio Río de Oro—. Por eso, pleno afán expansionista, enviaron también a la región en 1495 a Diego de Cabrera, que desembarcó en San Bartolomé, entre el Uad Draa y el Uad Chebeica, con una misión que se alejaba de los habituales motivos comerciales. En esta ocasión, se deseaba algo más, la sumisión de las tribus *teknas* de la región y, en consecuencia, la firma de acuerdos o tratados que permitiesen consolidar el poder de la Corona de Castilla en las costas situadas frente a las Canarias.

Mientras se trataba de trabar contacto con los jefes tribales bereberes de la región para facilitar el asentamiento castellano en la costa. Fajardo llegó a acuerdos con las tribus locales para poder edificar una fortaleza. Al contrario de lo que ocurrió con la torre de Herrera, de la construcción de la de Santa Cruz de la Mar Pequeña han sobrevivido un grupo numeroso de documentos que atestiguan el esfuerzo humano y económico desplegado por los castellanos para erigirla.

Un sello del correo aéreo con la efigie de don Diego García de Herrera, emitido en 1950 con un valor facial de 5 pesetas. Colección de Juan Antonio León.

Gracias a ellos sabemos que los Reyes Católicos ordenaron levantar la torre de Santa Cruz de la Mar Pequeña el 29 de marzo de 1496. Para llevar a cabo la obra, la Hacienda Real aprestó cinco navíos entre naos y carabelas en la que se trasladaron a África hombres, materiales y provisiones. Embarcaron en ellos tres maestros mayores de obras, siete albañiles, dos herreros, siete carpinteros y tres aserradores. Acompañaron a estos trabajadores —algunos de los cuales eran nativos de las islas—, tres pescadores, una lavandera, treinta soldados y unos cuantos vecinos de Gran Canaria que se apuntaron como militares voluntarios. Se gastaron, para la edificación de la torre, importantes sumas en la compra de hierro, madera y cal, se adquirió para los navíos pez y estopa, y para el mantenimiento de los pobladores, redes y tres barcas de pesca.

Los navíos partieron de Las Palmas el 28 de agosto y llegaron a su destino dos días después. El desembarco se hizo sin problemas. En apenas dos meses, en noviembre, la estructura principal quedó terminada. Como guarnición fija quedaron diecisiete hombres encargados de su mantenimiento y de velar por la seguridad de las transacciones comerciales.

La torre se utilizó como factoría de comercio a la manera portuguesa, lo que dio inicio a numerosos intercambios con las tribus asentadas en la zona. Puesto que las cabalgadas incontroladas difícilmente propiciaban un comercio pacífico con la torre, Fajardo solicitó a los Reyes Católicos la declaración de zona exenta de entradas al territorio adyacente a la fortificación. Los monarcas autorizaron su petición en 1499, y emitieron las correspondientes cartas de seguro que amparaban a quienes acudieran a comerciar allí, bien fueran cristianos o musulmanes. Una decisión que llevó a la corte las quejas de los vecinos canarios, que perdían una importante fuente de ingresos.

Fajardo no llegó a verlo. En diciembre de 1497, en el transcurso de uno de sus viajes, enfermó gravemente y, al regresar, le sobrevino la muerte de modo repentino en Lanzarote, donde había desembarcado. Dejaba inconclusos muchos de sus proyectos.

Además del rutinario intercambio pacífico de productos con los habitantes del territorio, la torre de Santa Cruz de la Mar Pequeña fue protagonista en 1498 en las disputas navales entre Alonso de Lugo y su familia política lanzaroteña y fue también testigo de las fracasadas expediciones del gobernador tinerfeño al interior del continente en 1501 y 1502, servicios por los que se le otorgó el título de adelantado en 1503. También estuvo allí el sucesor de Fajardo, el gobernador Lope Sánchez de Valenzuela, que concertó en Tagaos, el 15 de febrero de 1499, la sumisión de las principales tribus asentadas al norte de la torre, en el ya citado reino de Bu-Tata.

Puerto Cansado, probablemente el antiguo emplazamiento de la factoría y fuerte español de Santa Cruz de la Mar Pequeña, que erroneamente fue atribuido al territorio de Ifni por parte del notable historiador y marino Cesáreo Fernández Duro.

Estos convenios incrementaron la importancia de la factoría castellana hasta el punto de que, en los años siguientes, se convirtió en una de las más importantes de la costa atlántica de África del Norte[3]. Incluso una delegación del

---

[3]   La sumisión formal el 8 de marzo de 1499 del reino de Bu-Tata, pudo haber tenido una gran trascendencia. Formado a mediados de siglo, con centro en Tagaos, se extendía desde el Uad Messa, al norte, hasta el Uad Draa, al sur. El acta de la sumisión fue enviada a los Reyes Católicos y se conserva en la Real Academia de la Historia de Madrid.

reino del desierto se desplazó hasta Granada, donde aceptaron que los cristianos construyeran tres fortalezas en su territorio: una en el mismo cabo de Bojador; otra en el de Nul, un puerto de mar a cinco leguas de la villa de Tagaos; y la tercera en el mismo Tagaos. De ellas se nombró gobernador general a Alonso Fernández de Lugo, que acaba de completar la conquista de las Canarias.

Poco le duro a Castilla esta situación tan cómoda. El empuje de Portugal, en aquellos años la primera potencia naval del mundo, presionó todo lo que pudo para impedir que la sumisión del reino de Bu-Tata se consolidase, e intentó por todos los medios a su alcance levantar a las tribus contra los «cristianos» —como si los portugueses no lo fueran—, logrando que las cabilas se alzasen contra los castellanos. La lucha fue durísima. Abrumados por el número de sus atacantes los hombres de Alonso Fernández de Lugo, dirigidos por el capitán general Francisco de Peñalosa cayeron combatiendo hasta el fin en la batalla de Las Torres, dada en 1501. El «gobernador» de África se salvó gracias a la ayuda de un grupo de moros leales, pero la posición se perdió.

El fallecimiento el 26 de noviembre de 1504 de la reina Isabel, la gran «africanista» de los monarcas españoles, y las consecuencias inmediatas del Descubrimiento, alejaron por un tiempo a España de las costas de aquel inmenso desierto, pero una vez nombrado regente de Castilla Fernando el Católico, se volvió a la misma política africana.

En enero de 1505, Lope de Sosa y Mesa tomó posesión de la gobernación de Gran Canaria y con ella de la alcaidía de la torre de Mar Pequeña, que se desempeñaba al mismo tiempo que el Gobierno de la isla. En noviembre, haciendo caso de su petición, el Consejo Real cambió de parecer y autorizó de nuevo cabalgadas en África. Desde 1506, comenzaron a realizarse este tipo de expediciones sin interrupción, tanto desde Gran Canaria como desde Tenerife, provocando con ello la alteración de la situación anterior. Además, se amplió el territorio: en 1508 se conquistaron Mers-el-Kebir —Mazalquivir— y el peñón de Vélez de la Gomera; en 1509 se ocupó Orán y en 1510 se tomó Mostaganem, Tremecén, Tenes y el peñón de Argel.

Mientras, un nuevo tratado enfrentó a castellanos y portugueses. Acabó por firmarse en Cintra el 18 de septiembre de 1509. Castilla mantuvo sus derechos sobre el peñón de Vélez de la Gomera —que sigue siendo español— a cambio de ceder a Portugal todo derecho de soberanía sobre el reino de Fez, hasta los cabos Nun y Bojador, con la excepción de Santa Cruz de la Mar Pequeña, donde se había sometido de manera un tanto efímera a los jeques de las cinco tribus de Bu-Tata y se habían realizado incursiones en San Miguel de Saca y cabo de Aguer.

Fue de una enorme desventaja para España, pues como afirmó disgustado el embajador Ochoa de Isasaga: «La Berveria africana es muy grande cosa y vale más que cien Veleces». Dio igual su opinión. En cualquier caso, España parecía quedar fuera del escenario africano.

Esta cortapisa a la influencia política castellana en la zona provocó que los intereses de los pobladores canarios se centraran en el comercio en la torre y el saqueo en el resto del territorio. Coincidió este cambio con el auge de un movimiento político religioso afín al sufismo en las localidades al norte de la torre que llevó al poder a nuevos líderes musulmanes enemigos de los europeos. Eso se tradujo en que castellanos y portugueses tuvieron que enfrentarse a todas las tribus bereberes unidas bajo un jerife.

La torre de Santa Cruz no se vio amenazada hasta julio de 1517, fecha en la que comenzó un asalto en toda regla. Después de varios combates, la superioridad numérica de los musulmanes venció la resistencia de la guarnición y la torre fue tomada e incendiada. De sus ocupantes nada se supo, aunque es posible que pudieran ponerse a salvo en la embarcación que siempre estaba fondeaba al lado de la fortaleza.

Lope de Sosa envió una expedición para recuperar la torre al mando de su yerno, Fernán Darias de Saavedra, un noble andaluz sobre el que había recaído el Señorío de Fuerteventura. Saavedra desembarcó con sus hombres en septiembre junto a la destruida torre e inició de inmediato su reconstrucción sin que el jerife, que se había desplazado de nuevo al norte, quisiera volver a Mar Pequeña a plantear oposición. Sin embargo, el coste de la reedificación fue mayor de lo esperado y Saavedra aportó de su pecunio la diferencia, reteniendo la posesión de la fortaleza hasta que se le reintegrara lo abonado. Se la quedó hasta que Lope de Sosa pudo pagarle todos los gastos en 1519.

Ese año, el nuevo rey Carlos premió a sus cortesanos con gracias y sinecuras, entre las que se encontró el mando de la torre de Santa Cruz. Dos personajes cercanos a la corte, los licenciados Zapata y Vargas, fueron designados alcaides de la fortaleza en lugar de los gobernadores de Gran Canaria. Como pretender gobernar la torre desde la corte era imposible, acordaron que Pedro de Lugo, el hijo del gobernador Alonso de Lugo, poseyera la tenencia de la torre en su lugar, a cambio del pago anual de 6000 maravedíes y 10 onzas de ámbar gris a cada cortesano.

La iniciativa comercial de la torre pasó así de la Corona a Pedro de Lugo, que se dispuso a obtener el máximo rendimiento de las transacciones comerciales.

Los años pasaron sin que nada reseñable ocurriera hasta 1524, cuando los cherifes, que continuaban extendiendo su poder en el sur de Marruecos, decidieron que Santa Cruz de la Mar Pequeña fuera tomada de nuevo. La exigua guarnición resistió un tiempo, hasta que ese verano se vio obligada a abandonar el asentamiento ante el empuje del enemigo. Se tiene noticia de que los africanos la «tomaron y derrocaron». Pero de nuevo los castellanos enviaron una expedición que retomó la torre y la reconstruyó.

Hay que entender que en los alrededores de la fortaleza de Mar Pequeña no existía ninguna población, por lo que los bereberes llegaban desde otros territorios, tomaban la torre, la destruían y volvían a sus lugares de origen, sin que para ellos tuviera mayor interés permanecer en ese lugar. De ahí que no hubiera oposición a las sucesivas reconstrucciones.

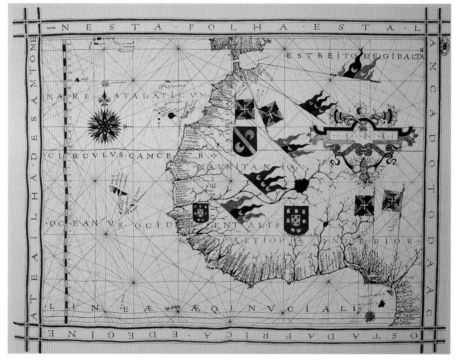

Carta náutica cartografiada por el portugués Fernão Vaz Dourado en 1571 en la que aparecen todas las posesiones portuguesas en África. Archivo Nacional Portugués de Torre de Tombo. Lisboa.

Pedro de Lugo mantuvo la posesión de la torre de Santa Cruz de la Mar Pequeña hasta 1526. Ese año renunció al pago de su «alquiler». Uno de los cortesanos que poseían la alcaidía de la fortaleza murió sin descendencia y su mitad pasó a la Corona, que la encomendó a los gobernadores de Gran Canaria. Pocos años después, el otro cortesano renunció a su mitad y pasó la tenencia completa de la torre a los gobernadores grancanarios. En 1527, con Martín Cerón como gobernador, dejaron de tenerse noticias de la torre al tiempo que en el Registro General del Sello se le suprimía su sueldo como alcaide.

Testimonios posteriores hablan de que «la torre se encontraba destruida y abandonada y los castellanos no podían refugiarse en ella». Incluso se sabe que, en 1530, la fortaleza aún no estaba reparada y «no salen barcos a saltear

por no tener el refugio de dicha fortaleza». Sin duda contribuyó a este abandono el hecho, tan común en esa zona, del cambio del paisaje, puesto que según
otros testimonios «el sitio estaba casi perdido, porque el río donde estaba edifi-
cada se cegó con arena y quedó casi en seco».

Tanto debió de variar la orografía que ya en 1698 fue totalmente des-
estimado un proyecto de ocupación de la misma por parte de los hugonotes,
quienes, tras ser expulsados de Francia, se habían extendido por diversos países
e hicieron una propuesta en ese sentido al embajador español en Londres.

En 1765, bajo el reinado de Carlos III, el célebre marino Jorge Juan fue
encargado de reabrir con el sultán Muley Mohammed el asunto de la antigua
plaza de Santa Cruz de la Mar Pequeña, tantas veces solicitada por los pescadores canarios y sobre la que se cernía ahora la amenaza de un aventurero
inglés llamado George Glass que se había apoderado de ella. Glass había establecido contactos de forma privada con los nómadas saharauis desde Canarias,
por lo que el rey ordenó su arresto al comandante general de las islas, Domingo
Bernardi.

Aunque una vez detenido los saharauis tomaron y asaltaron de nuevo la
pequeña fortaleza, sus estudios sobre la riqueza pesquera del banco sahariano
y el positivo informe de Bernardi provocaron en las negociaciones con Muley
Mohammed un mayor interés por la instalación de la factoría en un lugar de
la costa del Sahara, que podría ser Puerto Cansado, donde se encontraba la
fortaleza Santa Cruz de la Mar Pequeña, o en las desembocaduras del Uad
Draa o del Uad Chebeica.

El acuerdo se consiguió con el Tratado de Paz y Comercio del 28 de
mayo de 1767, pero a pesar de la persistente insistencia de los pescadores canarios no llegó a llevarse a cabo.

Todo se olvidó de nuevo hasta mediados del siglo XIX, como consecuencia de la magnífica campaña militar llevada a cabo por el ejército español en
Marruecos entre 1859 y 1860. Tras la victoria de Uad-Ras y la firma del tratado de paz en Tetuán el 26 de abril, se le reconocieron de nuevo a España los derechos históricos sobre el viejo enclave de Santa Cruz de la Mar Pequeña con
la intención de situar en la costa saharahui una factoría que apoyara la pesca
y que permitiera a las islas Canarias mantenerse en permanente seguridad. El
artículo VIII del tratado, aceptado y rubricado por el sultán de Marruecos y la
reina de España, decía lo siguiente:

> Su Majestad Marroquí se obliga a conceder a perpetuidad a su Majestad Católi-
> ca, en la costa del océano, junto a Santa Cruz la Pequeña, el territorio suficiente
> para la formación de un establecimiento de pesquería como el que España tuvo
> allí antiguamente. Para llevar a efecto lo convenido en este artículo se pondrán
> previamente de acuerdo los Gobiernos de Su Majestad la Católica y Su Majes-

tad Marroquí, los cuales deberán nombrar comisiones por una y otra parte para señalar el terreno y límites que debe tener el referido establecimiento.

Para algunos historiadores fue decisivo que el presidente del Consejo de Ministros, Leopoldo O'Donnell, fuese natural de Tenerife. Dice Fernández-Aceytuno:

> No hay que olvidar que el general O'Donnell es canario, tinerfeño para más señas y nada tiene de extraño, que no solo sus paisanos le apremiaran sobre la necesidad expuesta por los pescadores de las islas, de tener en la costa sahariana una factoría que apoyara sus faenas de pesca, como la que antaño se tuvo, sino que él mismo como canario y como militar, sabía de la importancia y el interés que para la seguridad de las islas tenía una cabeza de playa, valga la expresión, en la costa de enfrente.

En cualquier caso, por muy claro que fuera el tratado, el problema fue que, cuando el triunfante Gobierno español se dispuso a ocupar el territorio que habían acordado vencedores y vencidos, nadie, a ciencia cierta, tenía la más mínima idea de dónde estaba con seguridad la antigua fortaleza de Diego García de Herrera, un lugar que, sin duda alguna equivocadamente, se terminaría identificando con Ifni.

Ante la falta de acuerdo se barajaron otros posibles emplazamientos para la factoría: un promontorio cercano a Agadir, las calas de Sidi Uarsiks o las desembocaduras del Uad Asaka, Uad Draa, Uad Chebeica o el mismo Puerto Cansado, donde la primitiva Santa Cruz de la Mar Pequeña. Pero como en las notas tomadas por los escribas marroquíes figuraba el nombre de Santa Cruz, Agadir, Muley Abbas, consciente de los perjuicios que le acarrearía a su monarquía la ocupación de un puerto que rivalizara con Mogador, se las arregló para prolongar indefinidamente las negociaciones sin resultados prácticos, dado el desconocimiento de las autoridades españolas sobre la ubicación del territorio que el tratado les daba derecho a ocupar.

1.2   La Conferencia de Berlín. Las expediciones

Unos veinte años después del final de la Guerra de África, comenzó en Europa un proceso que culminaría en la Conferencia de Berlín de 1885, en la que las potencias occidentales se «repartirían», literalmente, el continente africano y darían paso al apogeo del colonialismo. El proceso fue liderado por el rey Lepoldo, soberano de una nación menor, Bélgica, que tras contratar al conocido periodista y aventurero Hernry Morton Stanley, llegaría a conseguir la soberanía del inmenso territorio del Congo, y por el canciller alemán Otto Von Bismark, que deseaba para el II *Reich* su propio imperio colonial y había comenzado la penetración en Togo y Camerún.

En el siglo XIX la mayor parte de los europeos, por no decir la totalidad, despreciaban a los indígenas de otras tierras y cualquier cultura que no fuese la propia. Esos años coincidieron con la aparición de las grandes sociedades geográficas, que buscaban explorar cada lugar recóndito del planeta y llevar el desarrollo y los avances europeos hasta los más remotos lugares.

Por supuesto, la exploración debía ser seguida por una política de expansión, primero comercial, y luego militar, que asegurase el control del territorio. Eso conllevaba la creación de factorías, fuertes, bases navales y, después, puertos, que asegurasen la obtención de las materias primas de las que carecían las naciones occidentales y creasen nuevos mercados para sus productos.

España ni podía ni debía quedar al margen de esa corriente, pero la convulsa primera mitad de los años setenta lo hizo imposible. Hasta el final de la última guerra carlista, en 1876, y la Paz de Zanjón firmada en 1878, que ponía fin a la larga guerra de diez años en Cuba, los Gobiernos de Alfonso XII no pudieron ponerse al día, en la medida que lo fue permitiendo la maltrecha situación económica del país.

El rey Leopoldo, que apreciaba y valoraba el pasado explorador del todavía Imperio español, cursó el 2 de diciembre de 1876 una invitación a España para estar representada en la Asociación Internacional de Bruselas, creada para la exploración del África Central[4]. Ese mismo año, en el ámbito de la Real Academia de la Historia, se creó la Asociación Geográfica de Madrid, y sus principales responsables se integraron en la Asociación Española para la Exploración de África, filial de la belga. Eso permitió por fin incorporar a España y que, en septiembre de 1877, Alfonso XII pudiera presidir una sesión extraordinaria de la recién creada asociación[5].

Uno de los temas tratados fue, aprovechando la reciente apertura del canal de Suez, estudiar también la posibilidad de ocupar un enclave en el que crear una estación naval en el mar Rojo, algo vital para mantener las comunicaciones con Manila y los archipiélagos del Pacífico. El otro, el caso de Santa Cruz de la Mar Pequeña, que aún seguía sin ser ocupada a pesar de haber pasado dieciséis años desde la firma de la Paz de Uad Ras. Con ese objetivo se pensó en organizaron dos expediciones. La primera, dirigida por el explorador

---

[4]   A la capital belga asistió una comisión española encabezada por Merry del Val, que participó en los estudios y trabajos acerca de cómo llevar adelante la exploración del desconocido «continente negro».

[5]   Se había fundado el 16 de septiembre de ese año.

Juan Víctor Abargues de Sostén, partiría en 1880 hacia Abisinia —Etiopía— con la misión de adquirir un enclave portuario en la zona y explorar los territorios del interior, desconocidos hasta entonces[6].

Para cumplir los objetivos de la segunda se organizó una comisión hispano-marroquí, presidida por el cónsul de España en Mogador, José Álvarez Pérez, que viajaría por la costa africana a bordo del navío *Blasco de Garay* con la intención de determinar la ubicación de Santa Cruz de la Mar Pequeña. Otro de sus miembros era el capitán de navío Cesáreo Fernández Duro, experto africanista e insigne historiador que había participado en la campaña del 60 al mando del vapor *Ferrolano*.

Durante años especialistas en historia y en Marruecos habían buscado afanosamente datos en archivos, bibliotecas y sobre el terreno, que pudiesen ofrecer una pista sólida acerca de cuál era la verdadera ubicación que había tenido el viejo fuerte español. Entre ellos se encontraban Álvarez Pérez y Fernández Duro, que rastrearon la costa intensamente intentando localizar la olvidada Santa Cruz de la Mar Pequeña.

Sin embargo, a pesar de su preparación e indiscutibles conocimientos, Fernández Duro no acertó a ubicar correctamente la factoría medieval castellana, y decidió, todo sea dicho sin fundamento histórico sólido, que Ifni era el lugar buscado, tal vez desesperado y aburrido de recorrer el litoral africano barrido por el viento y un sol abrasador. La realidad es que su invención caló profundamente en los especialistas en historia y en el propio Gobierno, que deseaba acabar rápidamente con la incertidumbre.

La comisión presentó sus actas definitivas en enero y febrero de 1878 justificando las razones con que apoyaban su tesis de que el enclave buscado se encontraba en la ensenada del Uad Ifni: era el lugar más accesible de la costa; poseía huellas históricas de una posible presencia española y tenía agua potable en cantidad, de la que carecía la cuenca del Draa o el desierto, lo que concordaba con el episodio que narró Diego García de Herrera, que dijo estar en una ocasión sitiado por 10 000 infantes y 3000 caballos en Santa Cruz de la Mar Pequeña.

De forma personal, Fernández Duro hizo también una descripción de todas las posibilidades que podría encontrar España ocupando Uad Ifni: hermosas playas con arenas blancas, vegetación, tierras fértiles, numerosos caminos y veredas y, sobre todo, ventajas de orden defensivo. Estas hipótesis, reiteradas en la conferencia que dio en la Sociedad Geográfica de Madrid el

---

[6]   Las conclusiones de su viaje las presentó en 1883, en una conferencia ante la Sociedad Geográfica de Madrid, pero sus estudios y proyectos, tanto estratégicos como económicos, se diluyeron entre la apatía de los políticos españoles.

26 de marzo, provocaron que la Secretaría de Estado ordenara al Ministerio de Marina un informe sobre todos los antecedentes históricos que apuntaran la situación real del fuerte perdido.

La costa de Ifni es complicada. Azotada por fuertes corrientes ni siquiera había un puerto seguro. El territorio era áspero y seco, habitado por hombres duros y valerosos. Resulta sorprendente que, sin ninguna prueba, Francia aceptase el 27 de noviembre de 1912, en el artículo III del convenio entre las dos naciones, que Ifni era un territorio sujeto a protectorado español.

El ministerio encargó el estudio al brigadier de infantería de marina, Pelayo Alcalá Galiano, y sus conclusiones contradijeron abiertamente las opiniones de Fernández Duro y de la comisión situando el enclave buscado en el Uad Nun de las antiguas cartas y Uad Chebeica en las modernas, es decir, en Puerto Cansado. Las razones que aducía Alcalá Galiano eran que el territorio se situaba a una distancia de la isla de Lanzarote que coincidía con la mencionada por sus conquistadores; que en las cartas de Jorge Juan se hacía referencia a la calidad y cantidad de sus bancos de pesca, presentes solo en el Uad Chebeica y que, por razones políticas, convenía más ese puesto, ya que los marroquíes solo aceptaban Puerto Cansado como lugar de asentamiento para los españoles.

Pese a todo, las razones «tradicionales» de Fernández Duro se impusieron a las «técnicas» de Alcalá Galiano y el emplazamiento solicitado se situó en Uad Ifni.

De inmediato, los grandes «africanistas» de la época como Joaquín Costa, imperialistas y agresivos, no dudaron en solicitar al Gobierno de la nación el establecimiento de «estaciones navales» de la Armada, lo que excedía el ámbito de trabajo de las sociedades geográficas, pero correspondía al espíritu de la época. En noviembre de 1883, después de haberse creado en febrero de ese mismo año la Compañía Mercantil Hispanoafricana, el Congreso Nacional de Geografía celebrado en Madrid pidió, ya de forma insistente, la ocupación inmediata de Ifni, —identificado como la vieja Santa Cruz de la Mar Pequeña—, y la ocupación de al menos dos puestos en el actual Sahara Occidental, frente a las Canarias, para garantizar los derechos de pesca españoles.

También se solicitó la creación de una sociedad de africanistas que finalmente se constituyó en diciembre de ese año. Poco antes del comienzo de la Conferencia de Berlín aseguró que se había adquirido la costa entre cabo Bojador y cabo Blanco, incluyendo, con el apoyo de los pontones *Ines* y *Libertad*, la instalación de tres factorías. Desde allí, un año después, con el nombre de Sociedad Geográfica Comercial y el apoyo del Gobierno e inversores privados, se pondría en marcha la primera expedición al interior profundo del inmenso desierto.

En noviembre de 1884, mientras España mantenía esa intensa actividad africana, dio comienzo en Berlín una de las más importantes conferencias de la historia de Europa[7]. Oficialmente España solo poseía en África una minúscula posición en el golfo de Guinea, con Fernado Poo y Annobón, además, claro, de Ceuta, Melilla, las islas Chafarinas, el peñón de Alhucemas, el de Vélez de la Gomera y la minúscula isla de Perejil, que sería objeto de controversia con el Reino Unido en 1886. Si alguien deseaba que a España se le reconociese algún territorio más, habría que ponerse a trabajar, pues en realidad, el congreso solo determinaría el «reparto» de zonas de influencia, ya que la ocupación efectiva llevaría aún años.

Para España el resultado de la conferencia fue desolador. Apenas la tuvieron en cuenta. Se aseguró la zona del Río de Oro, ocupada ya por el capitán Emilio Bonelli, y confirmó su enclave en Guinea, pero estaba claro que, si deseaba lograr algo más en África, tendría que tomarlo.

En la sesión ordinaria de 9 de junio de 1885, el presidente de la Sociedad Geográfica de Madrid, Francisco Coello, informó a los socios de los acuerdos adoptados en Berlín, en especial, de la legalización a efectos internacionales

---

[7]   Participaron el Imperio alemán, Francia, Gran Bretaña, Portugal y la Asociación Internacional del Congo, patrocinada por el rey de los belgas. El resto de países: Países Bajos, Dinamarca, Suecia-Noruega, Rusia, Italia, Austria-Hungría, el Imperio otomano, Estados Unidos y España, solo tuvieron un concurso secundario.

de la ocupación de los territorios «libres». El escenario del «reparto» de África estaba listo, solo hacía falta encontrar los hombres y los medios que permitiesen hacer efectiva la presencia de España en los lugares que estratégicamente le resultaban vitales.

La Conferencia de Berlín, celebrada entre el 15 de noviembre de 1884 y el 26 de febrero de 1885, en un grabado de la época. En el centro, de frente, Otto Von Bismarck. Al fondo, los representantes de los diversos países marcan las líneas del reparto de África, mientras el compungido jedive de Egipto, Tewfik Pasha, se cubre el rostro con la mano. Solo Etiopía logró mantener su independencia. Liberia, el otro país africano que se consideraba autónomo, funcionaba de forma extraoficial como un estado más de los Estados Unidos.

1.2.1 El sueño del desierto

Emilio Bonelli Hernando pasó su infancia en Italia, Francia y Marruecos, lo que le permitió tener su primer contacto con un país que pronto conocería muy bien. Graduado en la Academia de Infantería de Toledo, en 1882, solicitó autorización para realizar un viaje por Marruecos[8]. A su regreso a España sabía perfectamente que varias compañías comerciales o pesqueras, más o

---

[8]   Huérfano de madre, su capacidad para los idiomas era tal, que con solo catorce años fue contratado para trabajar como traductor en la embajada de España en Rabat, por 50 pesetas al mes.

menos vinculadas a diferentes sociedades geográficas, buscaban establecerse en el territorio conocido como Río de Oro desde finales de la Edad Media, incluyendo a algunas británicas, por lo que en 1884, poco antes del comienzo de la Conferencia de Berlín, el Gobierno de Cánovas del Castillo, interesado en reforzar la presencia española en la zona, autorizó la ocupación formal de la costa entre el cabo Bojador y el cabo Blanco.

Oficialmente la ocupación sería meramente una operación mercantil, por lo que, si salía bien, el Gobierno español se encontraría con que dominaba el ambicionado territorio, pero si fracasaba, podría decir que se había tratado de una acción de carácter privado. Esta ambigüedad, bien calculada, hizo que Bonelli, al que se había encomendado la expedición, actuara como militar, pero también con el cargo de director de la compañía comercial que realizaría la ocupación formal, como quedó claro en la comunicación de Cánovas al ministro de la Guerra el 5 de julio de 1885.

El capitán Emilio Bonelli, responsable con sus acciones de la ocupación efectiva por España de las costas del Río de Oro, el futuro Sahara Occidental español. Logró la adhesión de las tribus locales, lo que permitió al Gobierno de Cánovas la declaración del protectorado sobre el territorio. En total la ocupación del Sahara solo le costó al Estado español la cantidad de 7500 pesetas que salieron del fondo de gastos secretos a disposición de la Presidencia del Consejo de Ministros.

A bordo de la goleta *Ceres*, al mando del capitán de fragata Pedro de la Fuente, Bonelli llegó el 4 de noviembre de 1884 al lugar en el que estaba desde febrero el pontón *Inés*. Era el lugar denominado por los nativos Dahla-es-saharía. Allí desembarcó, levantó una caseta e izó la bandera española. El puesto estaba situado en un acantilado que dominaba el Río de Oro, y sería en el futuro conocido como Villa Cisneros. Los más importante era tener agua, por lo que aseguró un pozo que había a 23 kilómetros —aparentemente construido por náufragos europeos— y contactó con los eznagas de la zona, una tribu pobre y poco poderosa, entre los que contrató a varios hombres para que iniciaran una limpieza del terreno, acumulando arena y piedras, de cara a la futura construcción de un fuerte.

Dispuesto a controlar de verdad el territorio, y no solo a realizar una ocupación simbólica, Bonelli, que hablaba un correcto y fluido árabe y había pedido poder actuar en solitario, marchó al interior en camello para tener, de primera mano, una idea de lo que le rodeaba. Tras una breve expedición, volvió a la costa y embarcó en la *Ceres* rumbo al norte. En la bahía de Cintra montó una caseta similar a la anterior que bautizó como Puerto Badía en honor al explorador español, conocido como Alí Bey[9].

En cabo Blanco, un paraje próximo y su objetivo final, ancló el segundo de los pontones que tenía, el *Libertad*. Allí levantó algo parecido a una estación geográfica y la denominó Medina Gatell. Bonelli tuvo mucho más éxito en sus negociaciones con los indígenas de cabo Blanco que en Río de Oro, tal vez por el mayor peso entre las tribus del Sahara de los Ulad Bu Sbaa, lo que se tradujo en una declaración formal de sumisión a España el 28 de noviembre de 1884.

Ese documento le sirvió al Gobierno español para promulgar un real decreto el 7 de diciembre de 1884, proclamando el protectorado sobre la costa entre cabo Bojador y cabo Blanco.

Tres semanas después la decisión se comunicaba a los representantes españoles en el extranjero para que informasen de ello a los Gobiernos ante los que estaban acreditados.

La real resolución, se adaptaba a la perfección a todos los requisitos que unos meses después establecería el Congreso de Berlín para acreditar la soberanía sobre un territorio libre de presencia europea.

El notable éxito de Bonelli provocó un grave problema. A los pocos meses de la instalación de las estaciones, el contacto con los europeos mejoró de forma radical la vida de los saharauis, pues de repente pasaron a disponer de géneros y materiales que suscitaron la envidia de las tribus guerreras del interior. Estos ahora veían cómo, incluso los despreciables pescadores eznagas, disponían de medios superiores a los suyos.

Lo que ocurrió cuando Bonelli dejó la colonia el 9 de marzo de 1885 fue lo imaginado. Entre 65 y 70 guerreros de los Ulad Bu Amar, una tribu arab, violenta y belicosa, se presentó ante la estación española, malamente armados la mayoría, pero algunos con fusiles franceses, y exigieron regalos de inmediato.

---

[9]   Aly Bey el Abbasí era en realidad el agente catalán Domingo Badía y Leblich, contador de guerra. Entre 1803 y 1808, al servicio de Manuel Godoy, viajó disfrazado de príncipe sirio por Marruecos, Argelia, Libia y varias regiones del Imperio otomano.

Los españoles presentes intentaron parlamentar, pero fue inútil. Al menos seis fueron asesinados, algunos más quedaron heridos, el *Inés* fue incendiado y los agresores se llevaron todas las mercancías almacenadas.

Salvó la situación la llegada a la zona de un fuerte grupo de Ulad Bu Sbaa, los aliados de España, que ayudaron a los supervivientes y reprendieron por su actitud a los nómadas[10]. Para el Gobierno de Cánovas, que fue interpelado en las Cortes por este suceso, ya no valía ningún disfraz. Si España deseaba tener una presencia firme en el Sahara, debía de garantizar su posición con una fuerza militar.

El 26 de mayo, una real orden dispuso la formación de un destacamento del Ejército para guarnecer Río de Oro. Partió de Las Palmas el 9 de junio, al mando del capitán de estado mayor José Chacón y, nada más llegar, se preparó para fortificar el puesto[11]. Llevaban material de construcción, víveres y agua para un mes. El 10 de julio, el Gobierno incorporó el protectorado a su Ministerio de Ultramar y, ese mismo día, Bonelli fue nombrado comisario real de la nueva colonia. Su primera acción se dirigió contra los responsables del ataque a la factoría, adentrándose después en el territorio, acompañado de un soldado moro de la compañía ceutí de Tiradores del Rif.

Durante semanas Bonelli recorrió el interior del Sahara con grupos cada vez más organizados y numerosos. Su dedicación y esfuerzo fue mejorando y aumentando el conocimiento de las diversas tribus y de las características del país, pero su éxito le valió que el marqués de Comillas, —uno de los grandes empresarios de la época—, le ofreciese un contrato en el golfo de Guinea, en el territorio sin explorar del Muni, a donde se desplazó para reconocerlo y cartografiarlo.

1.2.2 *Las dos expediciones de reconocimiento*

La marcha de Bonelli no significó que España dejase de avanzar en su conocimiento del nuevo territorio. Había todavía mucho que hacer. La Sociedad

---

[10]   El Gobierno español, absurdamente, se quejó al sultán de Marruecos, que no ejercía ningún control sobre la zona. Este hecho fue muy usado por los Gobiernos marroquíes en el siglo siguiente como justificación de su soberanía sobre el Sahara Occidental.

[11]   Eran un capitán, un teniente, un sargento, tres cabos, un corneta y veinte artilleros. Fueron sustituido en 1885 por un destacamento de infantería de marina formado por un teniente, un alférez, un sargento segundo, dos cabos, un corneta y veintiséis soldados. Pese a que se solicitó aumentar la guarnición a una brigada completa para poder repeler los continuos ataques y se autorizó el 18 de agosto de 1887 a que fuera enviada desde Cádiz, en 1891 continuaban estando los mismos efectivos, que eran relevados cada seis meses.

Española de Geografía Comercial, que seguía la senda de la Sociedad Geográfica de Madrid, de la que era heredera, solicitó ayuda al Gobierno para la realización en 1886 de dos importantes expediciones.

La primera, dirigida por José Álvarez Pérez, antiguo cónsul en Mogador, acompañado por Juan Campos, debía reconocer el país tekna, y localizar la antigua factoría de Santa Cruz de la Mar Pequeña. Al principio navegaron por la costa, cartografiando los lugares más importantes. Visitaron la desembocadura del Uad Draa, del Uad Chebeica y Puerto Cansado, donde creyeron ver los restos de la vieja fortaleza española.

La pequeña estación construida por Bonelli en Río de Oro, donde después se levantaría Villa Cisneros, en honor del cardenal que había apoyado la política africanista de Isabel la Católica. Grabado de La Ilustración Española y Americana.

En Cabo Juby estuvieron en la factoría británica del escocés Donald Mackenzie[12] y, tras detenerse en la Saguía el Hamra, lograron llegar a un acuerdo con los izarguien, que garantizaba derechos de pesca y comercio. In-

---

[12]   Mackenzie había constituido en su país la North West African Company, que comerciaba principalmente con lana, plumas de avestruz, goma y cereales. En junio de 1876 realizó un primer viaje para explorar el litoral y escogió para su factoría Cabo Juby, donde fundó Port Victoria, después de firmar un contrato con Mohamed Ould Beiruk, el Chej de Nun, por el que a cambio de una suma anual le cedía una parte de la costa. Sin respaldo oficial británico, intentó luego obtener del Gobierno Cánovas la transmisión de los derechos sobre Santa Cruz, pero solo consiguió despertar su alarma y la de la opinión pública española.

cluyeron una importante cláusula que permitía al Gobierno español la subrogación de los derechos a favor de la compañía, si estos eran cedidos. En este supuesto, España podría ejercer soberanía sobre la zona sin más límite que el reconocimiento de las leyes, costumbres y religión de los naturales.

La segunda expedición, mucho más ambiciosa, tenía como objetivo adentrarse profundamente en el desconocido desierto. La dirigía el capitán de ingenieros Julio Cervera Baviera y le acompañaban el profesor de Historia Natural Francisco Quiroga Rodríguez y un traductor, el arabista Felipe Rizzo y Ramírez, que había sido cónsul en Marruecos.

Su objetivo era reconocer el Sahara Occidental en profundidad, para así poder oponer una barrera a las intenciones francesas de unir por un corredor el Senegal con Argelia, y apoderarse de toda el África noratlántica. Tampoco se olvidaba que la bandera inglesa ondeaba en la estación de Cabo Juby. Era pues preciso actuar con celeridad.

Esta vez, el pequeño grupo que se había organizado contó con el decidido apoyo del gabinete de Sagasta, que parecía mucho más dispuesto que sus antecesores del Gobierno de Cánovas a apoyar la ocupación española del Sahara. No obstante, con su ayuda y la que de nuevo facilitaban los inversores privados, la expedición quedó excelentemente equipada, con un magnífico material de acampada, ingenios de topografía, víveres suficientes y armas modernas. Con los expedicionarios iban dos antiguos soldados de los Tiradores del Rif, tres rastreadores de los Ulad Bu Sbaa y el importante concurso de un emisario del sultán del Adrar, que aceptaba negociar con los intrusos europeos.

La marcha fue durísima. Durante el camino se desorientaron, sufrieron sed, temperaturas elevadas y tormentas de arena. A menudo tuvieron que combatir contra todo tipo de agresores y demostrarles la eficacia de sus carabinas Winchester de repetición, mucho más letales que los anticuados fusiles franceses o las cargas a camello[13] y a pie de sus atacantes, que solo lograron estrellarse contra la barrera de fuego de los españoles.

Tras dirigirse al macizo del Aguerdguer y cruzarlo, alcanzaron Tennuaca, Hasi Auhaifrit y otras pequeñas localidades, puntos de concentración de caravanas. Finalmente, lograron llegar a la sebja de Iyil el 10 de julio de 1886. Eran los primeros europeos que pisaban ese importante centro de sal mineral del desierto[14], cuyos vínculos comerciales se extendían hasta el Sudán.

---

[13]   El mehari o camello de guerra era solo usado por los más nobles de las tribus, pues era caro y difícil de conseguir.

[14]   Aunque parezca extraño, la sal es el oro del desierto, y desde hace milenios el control de sus minas y lugares de extracción es vital para los nómadas. En Iyil se arrancaba del suelo.

Cervera, al fin y al cabo un ingeniero del ejército, eligió como base un lugar que consideró defendible, al este de Iyil, y desde allí marchó hacía la sebja, donde comenzó a negociar con los notables de la región que en el futuro constituiría el Sahara español, pero que en realidad iba mucho más allá. Además de con los Ulad Bu Sbaa, aliados de España, entabló conversaciones con los Erguibat, Arosien, Uklad Tridarin, Ahel-Berikal-la y Ulad Delim —los grandes grupos tribales del desierto— y decenas de otros más pequeños.

Desde su nacimiento en el siglo XII, la ciudad de Chinguetti, en Mauritania, —que finalmente terminó en manos francesas—, fue uno de los principales ksour *o centros comerciales caravaneros transaharianos, vital para el control del interior del desierto. Situada 150 kilómetros al este de Atar en la meseta de Adrar, un paisaje entre dunas de gran belleza, estaba considerada en el oeste de África como la séptima ciudad más santa del islam y era famosa por su biblioteca coránica. En el siglo XVI varios grupos de moriscos españoles se establecieron en ella.*

Cervera y Quiroga eran conscientes de que se encontraban ante una situación única, y, si la aprovechaban, podrían lograr un éxito asombroso. Se esforzaron al máximo en lograr un acuerdo ventajoso para España, que por primera vez desde hacía cuatrocientos años, tenía la posibilidad de obtener la sumisión de todas las tribus de la zona, lo que aseguraría el control de un territorio de gran importancia para el futuro geoestratégico de las islas Canarias y de la nación.

Tras varios días de intensas negociaciones, en los que los viajeros impresionaron a los catorce jefes de las tribus presentes, aceptaron la soberanía española sobre el Sahara. Incluyendo al importante sultán del Adrar de Temar, en cuyas tierras aún vivían los descendientes de moriscos llegados en el siglo XVI.

El 12 de julio de 1886 se firmó el acta del acuerdo que entregaba a España la soberanía sobre un espacio gigantesco. Ahora lo más importante era lograr regresar sanos y salvo a la costa, pues había corrido la noticia de que los telmides de Ma el Ainin sabían que había cristianos en Iyil y no estaban dispuestos a permitir que el suelo del islam fuera hoyado por infieles.

La legendaria expedición de Cervera, Quiroga y Rizzo, tuvo un espectacular éxito y le podía haber entregado a España la soberanía sobre inmensas extensiones de desierto, pero en 1886 España no tenía fuerza ni ambición para llevar adelante una misión colonizadora como las Francia o Gran Bretaña. Foto Ristre Multimedia.

El propio sultán del Adrar de Temar proporcionó una escolta a los españoles, que regresaron por un camino diferente hasta el Atlántico. A su vuelta, los expedicionarios presentaron en Madrid el resultado de su audaz viaje. Estaba claro que era peligroso adentrarse en el desierto sin una escolta y que haría falta una fuerza militar considerable para pacificar y controlar el territorio, pero los resultados eran espectaculares.

Con los tratados firmados, Cervera y Quiroga ponían a disposición del Gobierno un territorio gigantesco de más de 600 000 kilómetros cuadrados. Más extenso que la propia España. Y aún más importante, con posibilidad incluso de ser ampliado si había voluntad política. Además, el trabajo topográfico del capitán Cervera permitió levantar un mapa a escala 1:200 000 y un plano de la península de Río de Oro a escala 1:500 000 más exacto que el de Bonelli. Se marcaron pozos de agua, rutas de caravanas, itinerarios seguros y puntos esenciales que habría que controlar, e incluso se publicó en la *Revista de Geografía Comercial*, por obra de Rizzo, una copia del acta de sometimiento a España de los jefes de las tribus.

En España, los miembros más destacados de las sociedades africanistas iniciaron una campaña de prensa que impresionó poco al Gobierno, aún afectado por el incidente con Alemania en las islas Carolinas[15]. No parecía dispuesto a enfrentarse con Francia, cuyos intereses en la región eran bien conocidos. Menos aún cuando desde marzo de ese año se había creado una comisión mixta hispanofrancesa con el objetivo de ajustar las fronteras futuras entre los territorios de África de ambas naciones.

Ilustración del asentamiento español en Villa Cisneros, un mísero fuerte con apenas treinta hombres de guarnición. Establecido en 1884, fue el primer puesto español en el Sahara Occidental. Foto GME.

Ni siquiera habían pasado seis meses desde la firma del Tratado de Iyil, cuando el Gobierno francés logró una declaración española por la que se aceptaba el paralelo 21° 20' como límite sur de los territorios españoles en África. Esta cesión *de facto*, entregaba a Francia toda la región al norte de la bahía del Galgo, incluyendo el vital Adrar mauritano, que pasaba a estar en la zona de intereses del país galo. Arrebataba así a España la sebja de Iyil, relegándola a tener solo poco más que un enclave costero, y reducido.

Las sociedades geográficas y los estamentos militares continuaron con sus presiones al Gobierno de Sagasta. Destacó la intervención en el Ateneo de

---

[15]   Ver nuestra obra *Las garras del águila*. EDAF, 2012.

Madrid, el 27 de mayo, de Rafael Torres Campos, un conocido arabista, que demostró pr activa y pasiva las cesiones que España hacía ante Francia y otras naciones europeas.

La falta de empuje del Gobierno de Sagasta, que no estaba dispuesto a llevar a las Cortes para su ratificación el convenio de Iyil, —paso previo para la comunicación oficial a las potencias europeas del establecimiento del protectorado—, condenó a España a la pérdida de un territorio de una importancia geoestratégica fundamental.

Soldado, sargento y teniente de cazadores. A pesar de sus problemas en Filipinas y en el Caribe, la España de la década de los años 80 del siglo XIX tuvo que atender a sus intereses en las costas africanas más próximas. Especialmente cuando comenzó una intensa rivalidad entre las grandes potencias europeas por hacerse con su control efectivo.
Die Sapanische Armee, de Moritz Ruhl, 1885.

En Río de Oro, la inactividad española dio a entender la debilidad del país, y tuvo consecuencias. La noche del 14 de marzo de 1887 se produjo un nuevo ataque a la factoría de Villa Cisneros, pero, y esto es lo sorprendente, llevada a cabo por los Ulad Bu Sbaa. El resultado fue la muerte del patrón del pontón *Inés*, y el hundimiento de dos barcos de apoyo que estaban en la rada. Preocupadas, las autoridades militares canarias enviaron el comandante Bethencourt, que aceleró las obras de fortificación, construyó un terraplén, emplazó un cañón de 80 mm y colocó ametralladoras que protegiesen el almacén-factoría.

El estado de la colonia era lamentable, no dejaba de ser un enclave aislado en ninguna parte y, en 1889, el Gobierno pensó en abandonarlo. En octubre de 1892, ante la falta de iniciativa española, Francia logró que los jefes del Adrar de Temar aceptasen la firma de un convenio con Francia, lo que fue publicado en la prensa e hizo que el Gobierno español indagase si era cierta la noticia. La respuesta francesa fue demoledora, pues su ministro de Negocios Extranjeros hizo saber al embajador español que los territorios al sur del paralelo 21° 20' quedaban fuera de cualquier pretensión del Gobierno de Madrid.

Años después, de una forma muy lenta que no acabaría hasta 1934, España se hizo con el control del Sahara Occidental —la que luego sería la provincia del Sahara—, y la oportunidad perdida en 1886 pronto paso al olvido. Hoy, como tantos otros casos, apenas nadie recuerda a hombres como Bonelli o Cervera, que pusieron a disposición de los intereses de su nación un inmenso territorio.

1.2.3 El caso de los cautivos

La frágil posición que mantenía España en África quedaba palpable en cualquier mínimo detalle. El 1 de septiembre de 1892, el periódico *La Época* publicó el apresamiento por «moros del desierto», a seis millas de cabo Bojador, de la goleta *Icod*, matriculada en Lanzarote. La saquearon e hicieron prisioneros a sus tripulantes: el patrón, señor Santana, los tres hijos de este, seis marineros y un pasajero con su esposa y tres hijos.

Era la noticia oficial. En realidad, el pasajero y su familia, de origen árabe habían abandonado la nave poco antes de su asalto y el señor Santana y tres de sus marineros habían logrado escapar y llegar en un bote hasta el buque español *Venganza* —su capitán regresó con ellos hasta el *Icod* para apoyarlos y, al no encontrar a nadie, se llevó a remolque la goleta—, por lo que habían desaparecido seis tripulantes.

Por mucho que el ministro de Marina hubiese dispuesto el mismo día de su captura que enviaba en su rescate al crucero *Isla de Cuba*, continuaban cautivos el 30 de septiembre, según informaba en su edición de ese día el periódico *El Imparcial*.

También publicaba que había llegado al puerto de Las Palmas el crucero *Isla de Luzón*, procedente de Cabo Juby, donde había tratado de indagar su paradero. A continuación, decía en su artículo el corresponsal de la agencia de Nilo Fabra[16]: «en la factoría de Cabo Juby había esperanzas de conseguir

---

[16] La agencia de corresponsales de Nilo María Fabra, el periodista español que había cubierto la guerra francoprusiana y la austroprusiana, sería la precursora de la agencia de noticias EFE.

el rescate de aquellos infelices mediante la suma de 250 pesetas por persona, que es el precio aproximado en que aquéllos moros estiman a un blanco, pues por un esclavo negro pagan hasta 400 pesetas, luego lo que ocurre no puede ser más natural. ¿Cómo van a entregar los moros un cautivo español, súbdito de una nación interesada en mantener su prestigio por 250 pesetas, cuando un negro vale 400, precio de que habla el telegrama, pero que todavía nos parece demasiado bajo? En cuanto los moros se hayan enterado de que ese era el ofrecimiento que les reservaban, se habrán guardado muy bien de acercarse a la factoría».

La factoría de Río de Oro. Fotografía publicada el 15 de septiembre de 1893 en el número 121 de la *Revista de Navegación y Comercio.*

El 16 de noviembre, el teniente de infantería de marina Juan González López, destinado en el destacamento de Río de Oro, en el que desempeñaba el cargo de gobernador, se ofreció voluntario para liberarlos mediante el pago de un rescate. Hablaba el árabe a la perfección y tenía acreditadas dotes de buen negociador, pero en enero aún no lo había conseguido. La prensa comenzó entonces los ataques directos sobre el Gobierno, algo que, sin duda, debería de haber hecho mucho antes. El día 20, *El Liberal* publicaba: «a pesar de que el suceso ocurrió hace seis meses, todo el mundo lo recuerda, excepto el Gobierno, que parece haberlo olvidado por completo. Tanto el conservador primero, preocupado con la disidencia del señor Silvela, como el liberal después, no menos preocupado con los nombramientos de gobernadores, diplomáticos y alcaldes, dejaron transcurrir el tiempo, como si el *Icod* y sus tripulantes no hubieran existido nunca. ¿No le parece al Gobierno que ya es hora de pensar en esos desdichados, y que urge averiguar si viven y dónde están, para lograr su rescate? ¿Qué garantía tendrá la vida de los españoles y qué garantía nuestro comercio en las costas de África, si el Gobierno, prescindiendo de los elementos de que dispone, considera como a náufragos a los que allí son secuestrados o asesinados?».

Es evidente que, ante esa actitud del Gobierno con sus ciudadanos, era muy difícil que ninguna potencia pusiera los ojos sobre las posesiones españolas de cualquier lugar del mundo.

Para mayor deshonra, el Gobierno encargó a los británicos de Cabo Juby el rescate de los súbditos españoles, una misión que confirmó el capitán general del departamento de Cádiz. Una vez que negociaron con el hombre que los tenía retenidos, Malainin, una especie de santón que los mantenía esclavizados en Sakiet-el-Hamra —Seguia el Hamra—, y se llegó al acuerdo de entregarlos por 600 pestas, en Madrid se volvió a comisionar a González para que fuese a buscarlos. Se entablaron nuevas negociaciones y Malainin pidió ahora 22 000 pesetas por el rescate, por lo que Mackenzie y sus agentes se retiraron de las conversaciones el 1 de marzo de 1893.

Los cautivos del buque Icod. *En el centro, su libertador, el teniente de infantería de marina Juan González. El incidente del barco fue una muestra de la necesidad que tenía España de controlar el litoral próximo a las islas Canarias.* Grabado publicado en La Ilustración Española y Americana.

No hay constancia de lo ocurrido los quince días siguientes, pero por fin, el día 16, llegaba la noticia del desembarco en Lanzarote de los cautivos del *Icod*, acompañados por González, que había negociado directamente con el *schy* Mohamed-el-Asin la liberación de los retenidos. Oficialmente, como veremos a continuación de nuevo en un artículo publicado nueve días después por el corresponsal de Fabra, sin satisfacer rescate alguno: «Parece que todos los infelices cautivos han olvidado las penalidades sufridas —decía— al pisar de nuevo el suelo de su patria y verse entre sus parientes y amigos. Muéstranse muy agradecidos a los favores del *schy* Mohamed-el-Asin y de sus vasallos. El *schy*, al hacer entrega de los cautivos al señor González, le dijo a este —te ruego, cristiano, que España no haga al sultán de Marruecos cargos por la prisión de tus compatriotas. Yo te los entrego sin exigirte rescate—. El señor González ofreció entonces al *schy*, en concepto de regalo, 500 duros, cantidad que el santón aceptó solo a vivas y reiteradas instancias de nuestro valiente compatriota. Al despedirse Mohamed-el-Asin de los cautivos, les preguntó si tenían motivo alguno de queja de él o de los suyos, y como los españoles le contestaran que, por el contrario, se iban agradecidos de sus atenciones, el *schy* regaló a cada uno de ellos doce duros, para que al llegar a tierra de cristianos se comprasen ropa».

Era lo que ahora se llamaría una noticia «políticamente correcta», pero habían estado secuestrados seis meses, algo que no hubiesen permitido jamás británicos o franceses.

El 5 de abril llegó a Madrid el teniente González, el héroe del momento, se entrevistó con los ministros de Marina y Estado, y entregó a este último el tratado hecho con los «moros» de Río de Oro. Fue condecorado con la placa de primera clase de la Orden Naval de María Cristina —la primera que se entregaba a la infantería de marina— pensionada con la diferencia de sueldo entre su actual empleo y el inmediato superior. Su periplo por la capital terminó dando una conferencia en el Ateneo y participando en un banquete ofrecido por sus compañeros de armas en el hotel Rusia.

1.3 LOS TRATADOS CON FRANCIA. LOS TRES TERRITORIOS

EL PRINCIPAL PROBLEMA QUE SURGIÓ EN IFNI, y que no se le escapará al lector si se ha fijado en las fechas, fue la lentitud exasperante de la respuesta española y la falta de vigor, voluntad e iniciativa para ocupar de forma real el enclave, problema que se arrastraría cansinamente a lo largo de la segunda mitad del siglo XIX, y una gran parte del XX, y eso a pesar de la intensa presión para que se cumpliese el tratado de 1860 que realizaron las sociedades africanistas.

Otro enorme parón se produjo cuando los sucesos de Las Carolinas y la guerra de 1898 en Cuba y Filipinas obligaron al Gobierno a dejar una vez más abandonado el tema, aunque finalmente, la pérdida de las posesiones asiáticas y americanas hizo que España se volcara sobre las africanas.

En 1902, Francia, necesitada de aliados para consolidar su situación internacional, ofreció a España el reparto de Marruecos dejándole dos zonas, una al norte, entre los ríos Sebú y Muluya, y otra al sur, en Uad Ifni. El Gobierno español, temeroso de la postura que pudiese mantener Gran Bretaña ante esa situación, no aceptó hasta un año después, cuando tenía ya la seguridad de que los británicos lo permitían.

Segismundo Moret, ministro de Gobierno del gabinete de Sagasta. Varios historiadores mencionan los turbios intereses de Moret en la expedición, pues era también el director del Banco General de Madrid, que financiaba a la Compañía Comercial Hispano-Africana en Río de Oro. Retrato realizado en 1902 por Salvador Escolá. Congreso de los Diputados, Madrid.

Ya era tarde, Francia había llegado a un acuerdo con Gran Bretaña, no necesitaba a España y no estaba dispuesta a cederle Tánger, que se eliminaba de la que había sido la propuesta inicial. Pese a todo, en 1904, las tres naciones firmaron una convención en la que decidieron que, si el sultán no podía mantener el orden, España y Francia establecerían un protectorado en Marruecos.

Alemania, marginada de todas las conversaciones, desembarcó sus tropas en Tánger en 1905. Para evitar la guerra, se convocó una conferencia internacional en Algeciras que discutiría todas las cuestiones sobre Marruecos. La reunión se celebró entre el 15 de enero y el 7 de abril de 1906. En los resultados, los intentos alemanes por participar en el reparto del país se vieron frustrados, pero se acordó el derecho de todas las naciones de lograr acuerdos económicos y se aceptó que hubiera dos zonas de influencia, una de Francia y otra de España, con derecho para intervenir en ellas cuando cualquiera de las dos lo creyese necesario para sus intereses.

Dos columnas de legionarios franceses se dirigen a reforzar durante la crisis de Agadir las posiciones ocupadas por su Gobierno en Marruecos.

En esas circunstancias, fue un gran hombre y aventurero, quien haría el primer intento serio de ocupar Ifni. Se llamaba Francisco Bens Argandoña y había nacido en La Habana en 1867. Primer gobernador político-militar de Río de Oro, nombrado en diciembre de 1903, el 17 de enero de 1904 desembarcó en la bahía de Villa Cisneros, donde el control español seguía siendo epidérmico y poco sólido. Bens trató de atraer a los nativos y comenzó a enviar expediciones al interior para ir conociendo el territorio y poder controlarlo de forma efectiva.

En 1907 Bens alcanzó Argub, y en 1910, realizó una expedición de 400 kilómetros hasta Atar en el Adrar de Temar, hoy en Mauritania, que ya estaba bajo dominio francés. Ascendido a comandante, planeó la ocupación de Cabo Juby, cabo Blanco y la nunca ocupada Ifni. Para este último objetivo encontró la oposición del consul de España en Mogador, Gustavo de Sostoa, que consideraba que Ifni estaba dentro de su zona de «responsabilidad». La verdad es que era así, pues además el cónsul había mantenido serias reuniones con notables de la zona, y el propio Gobierno español consideraba que Mogador era el punto más adecuado para organizar cualquier expedición que se intentase con el objetivo de ocupar Ifni. Además, era el puerto desde el que partiría la expedición tal y como se había acordado con Marruecos en 1911.

Manuel García Prieto, que era el presidente del Consejo de Ministros, muy influenciado por el desastre militar ante los marroquíes en el Barranco del Lobo el año anterior[17], quiso que previamente a cualquier intento sobre Ifni, se enviase una expedición de reconocimiento con el doble propósito de tantear a la población local y localizar las mejores zonas de desembarco. La comisión especial que debía formalizar la soberanía estaba formada por el cónsul español de Mogador, un oficial de Estado Mayor y un guía marroquí. Debían marchar a su destino en el cañonero *Infanta Isabel*, que el 16 de marzo de 1911, partió hacía Ifni, alcanzando la rada de puerto y desembarcando para entrevistarse con los jefes de los Ait Ba Amram, señores del lugar.

Los comisionados les explicaron con detalle cuál era su misión, y su intención de incorporar a la Corona española el país, para lo que les entregaron regalos, recordándoles que su acción correspondía a lo acordado ente el sultán de Marruecos tras la guerra de 1860. El 24 embarcaron con rumbo a Canarias. La sensación era buena y, convencidos de que no habría ningún problema, se preparó en Santa Cruz de Tenerife a las tropas que debían desplegarse en el territorio, al mando del coronel Ricardo Burguete, hombre de gran experiencia militar obtenida en Cuba, Filipinas y Melilla.

Marruecos se encontraba en esos momentos en una completa anarquía, por lo que el sultán, cuya posición era totalmente insostenible, pidió ayuda a Francia. Según lo acordado en Algeciras, las tropas francesas y se movilizaron[18]. Alemania, que nunca había estado de acuerdo con las decisiones de la conferencia envió también un cañonero a Agadir.

El 1 de mayo, fecha en la que debía reunirse en Mogador la comisión mixta hispano-marroquí, los africanos no acudieron, pues el sultán alegó que la ocupación española de Larache y Alcazarquivir cambiaba la situación. Por si fuera poco, en España, Alcalá Galiano sostenía que Santa Cruz de la Mar

---

[17]   En 1909 las tropas españolas sufrieron un grave revés en el Barranco del Lobo, en Melilla, con graves repercusiones en la política interior española. La victoria final en la guerra permitió la ampliación de la zona de influencia melillense por la cuenca del río Kert hasta Zeluan y Nador, por una parte, y hasta el cabo Tres Forcas por la opuesta.

[18]   En 1911 Marruecos estaba en completo caos. Según lo dispuesto en la Conferencia de Algeciras, el sultán pidió ayuda a Francia. Las tropas francesas ocuparon la capital Fez, y España Larache y Alcazarquivir.

Pequeña correspondía a Uad Chebeica, negando la tesis de Fernández Duro, que seguía insistiendo en que Ifni era el lugar correcto.

El paso de esta polémica a la prensa por parte de los defensores de una u otra postura, la mayor parte miembros de las sociedades geográficas, hizo que fuese conocida por los franceses, que rápidamente iniciaron una campaña para impedir la ocupación española de Ifni, alegando que interfería a las negociaciones internacionales sobre Marruecos, temiendo el Gobierno español que una acción militar fuese tomada como una agresión a Francia, o al menos como un movimiento poco amistoso.

El cañonero alemán SMS Panther. *Era uno de los seis de la* Clase Iltis *de la* Kaiserliche Marine. *Todos sirvieron en las colonias alemanas de ultramar. Fue botado el 1 de abril de 1901 en el Kaiserliche Werft Danzig. Su dotación la componían 9 oficiales y 121 suboficiales y marineros.*

El problema era que los preparativos militares estaban ya muy avanzados, y se había fijado como nueva fecha el 3 de septiembre, no estando dispuestas las autoridades militares españolas a detener las operaciones si los marroquíes no se presentaban. El acorazado *Carlos V* serviría de escolta y el transporte *Almirante Lobo*, embarcaría una unidad expedicionaria, formada por una compañía del regimiento de infantería Tenerife 64, otra del regimiento de infantería Las Palmas 66, una sección de ametralladores, una compañía de zapadores, una de radiotelegrafía, una de municionamiento y una sección de sanidad.

La ocupación de Ifni fue anunciada a bombo y platillo en la prensa de las Canarias y se organizaron banquetes y celebraciones, pero el Gobierno, alarmado por las consecuencias negativas que para la política española podía tener seguir adelante con la operación militar, y sin duda presionado por los franceses, canceló la misión. En realidad, no había ningún motivo serio para hacerlo, y se trató de una cesión sin sentido, frustrante e inexplicable.

La palpable tensión entre Francia y Alemania, que, posteriormente desembocaría ya en la Primera Guerra Mundial, obligó a firmar un acuerdo franco-alemán por el que Alemania renunciaba a Marruecos y aceptaba el protectorado francés sobre este, a cambio de una cesión de territorios en el África Ecuatorial.

El tratado entre España y Francia se demoró por el asesinato del presidente del Gobierno, José Canalejas; finalmente, el 27 de noviembre de 1912 se llegó a un acuerdo definitivo que repartía el protectorado. A España se le reconocía el derecho al territorio de la zona norte, estableciéndose la capital en Tetuán y el enclave de Ifni, así como al resto del territorio sahariano, en las condiciones que habían quedado establecidas con el convenio de 1904. A cambio, España cedía un trozo del Muluya, el margen izquierdo del Uarga y una pequeña franja en el derecho; no muy grande, pero productiva y fértil en grado sumo —el valle del Uarga era considerado el granero del Rif—. Con estas cesiones los franceses tenían lo que querían, —así acabó por confesarlo abiertamente en sus memorias Raymond Poincaré, por entonces primer ministro de Francia—, tierra suficiente como para conectar Orán y Fez a través de Taza.

Al oeste del Marruecos español también se cedió terreno entre la laguna de Ez-Zerga y el paralelo 35, pero el mayor problema fue que se varió considerablemente el tamaño de Ifni; el territorio de soberanía española quedó reducido al terreno comprendido entre los ríos Uad Bu Sedra y Uad Nun. Se perdió la zona entre el río Tazeronalt y el Uad Bu Sedra. Por lo tanto, el protectorado español del Ifni y el protectorado del sur de Marruecos quedaron desconectados. Entre este protectorado sur y Río de Oro se situaba una extensión de desierto considerado por el tratado *res nullius* o tierra de nadie, aunque se reconocía el derecho de España a ocuparlo.

En lo concerniente a la forma en que España ejercería su poder, el tratado de 1912 establecía importantes matices, en todo caso, coherentes con la propia decisión de no exigir la administración del territorio por no querer asumir las responsabilidades de la misma. Además, ya en el Acta de Algeciras España había admitido la idea de la unidad del Imperio, y en el tratado de 1912 no hizo sino admitir los hechos aceptando que su protectorado estuviese bajo la autoridad civil y religiosa del sultán, por muy teórica que fuese dicha autoridad; esta admisión acabaría por provocar innumerables conflictos interpretativos en el futuro. El sultán ejercía su poder a través del jalifa, un delegado residente en Tetuán, escogido entre dos candidatos propuestos por el Gobierno de Madrid, cuyos actos administrativos eran controlados por un alto comisario español.

Gabriel Maura, portavoz de la oposición conservadora y experto en las relaciones con Marruecos, diría durante el pleno en el que se dio a conocer el tratado en las Cortes: «Recorta todos nuestros derechos y no da entera satisfacción a ninguno de nuestros intereses; cada uno de estos intereses, recortados, o mal satisfechos, es un peligro, un rozamiento y un conflicto para el mañana».

Tenía razón. Esa dejadez en todo lo referente a la política marroquí acabaría por desembocar en la guerra abierta y en sangrientos episodios como el desastre de Annual.

En febrero de 1913, comenzó el despliegue de tropas en el territorio, con la ocupación pacífica de Tetuán por parte del general Felipe Alfau Mendoza. A la mañana siguiente, el diario *ABC* publicaba en titulares: «La bandera de España tremola al viento sobre la Alcazaba de Tetuán como hace 53 años». Recordaba así la entrada en la ciudad del ejército de O'Donnell en 1860. Con los sucesos de la guerra de 1909 en los alrededores de Melilla aún demasiado recientes, los efectivos militares españoles en Marruecos alcanzaban los 50 000 hombres. El inicio de la Guerra Mundial acabó por detener el avance para evitar conflictos con otras potencias y conservar la neutralidad.

El segundo intento sobre Ifni no se realizó hasta 1919. El conde de Romanones, ministro de Estado, no había olvidado que el territorio de los Ait Ba Amram seguía sin ser ocupado, y decidió que, una vez acabado el conflicto que había desangrado Europa, era el momento de hacer efectiva su anexión, de una vez por todas. El 15 de febrero fue interpelado en las Cortes y aseguró que en breve se procedería a su control. Así lo había acordado ya con Francia.

La misión fue encomendada al gobernador de Río de Oro, Bens, que ilusionado con el encargo recibido y dispuesto a cumplirlo con eficacia y celeridad, inició contactos con los jefes locales, haciéndoles ver la conveniencia de la sumisión pacífica a España, pero como no contaba con elementos navales de apoyo, no pudo transportar de inmediato al territorio a las tropas que había preparado, aunque no tenía autorización del Gobierno para ello.

El 9 de marzo, se envió un telegrama desde Madrid al Sahara para indicar a Bens que la operación se retrasaba, lo que a juicio del experimentado gobernador de Río de Oro era un error enorme, puesto que los Ait Ba Amram se estaban impacientando y acabarían teniendo una actitud hostil hacia España si no se llegaba a una rápida solución y percibían que España no cumplía su palabra.

Decidido a actuar, aunque fuese por su cuenta, el 20 salió de Villa Cisneros acompañado de algunos notables saharauis y de don José Rojas Moreno, conde de Casas Rojas, un diplomático buen conocedor de la región. Iban en el Río de Oro, un viejo y maltrecho barco, que apenas podía navegar con seguridad. El 22 llegaron a su destino, y el intérprete de Bens, Salem Barca, partió en un bote con una carta de presentación del militar español. Desgraciadamente el bote naufragó por el oleaje, pero los tres marineros españoles y el intérprete fueron bien tratados.

Mientras esperaban que el buen tiempo les permitiese desembarcar, el 6 de abril llegó a la zona el *Infanta Isabel*, el mismo cañonero protagonista de los sucesos de 1911, que le comunicó la orden de volver a Cabo Juby de inmediato. Bens no podía oponerse a la orden, pero intentó antes alcanzar algún tipo de acuerdo con los líderes del país, por lo que les solicitó que se entrevistasen con él en el cañonero español, sirviendo de testigos su capitán y el conde de Casas Rojas.

Tipos bereberes en una fotografía tomada en 1912. En sus orígenes el territorio de Ifni estaba poblado por la tribu de los Guezulas, que se situaron en el siglo XV en las estribaciones del Anti-Atlas y en los llanos del Sus, caracterizándose, frente a otras tribus circundantes, por vivir del pillaje y del robo, lo que les confirió un evidente aislamiento racial y cierto carácter de bárbaros.

Los enviados de Ifni aceptaron expresamente la sumisión a España, solicitando que esperasen un día para que llegasen los diez elegidos por los notables que marcharían a España, casi como rehenes, como prueba de la buena voluntad de los naturales. La dura realidad es que no tenían otra opción, pues el *chej* Ahamed uld Heiba, claro líder de la zona, sabía que los alemanes, a los

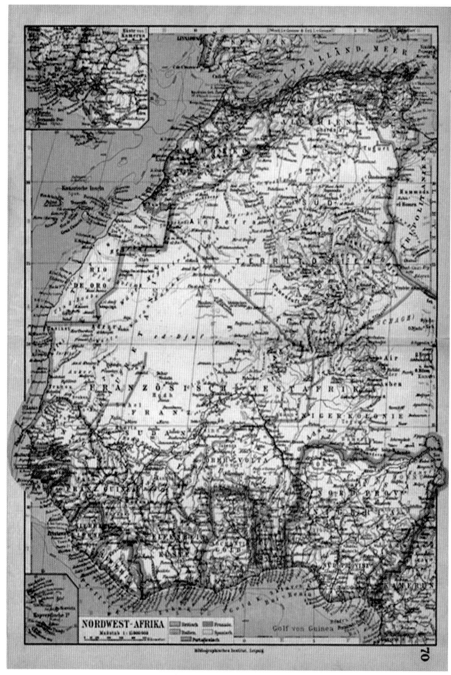

Mapa muy detallado del noroeste de África, con el desierto del Sahara y la división política existente en el momento de su edición. Pueden verse los territorios españoles, franceses, portugueses, italianos y británicos. Fue publicado en 1928 por el Instituto Bibliográfico de Leipzig, Alemania.

que consideraba sus aliados, habían perdido la guerra con los franceses, que además, acababan de vencer a su hermano en el Adrar.

Los historiadores, tanto españoles como foráneos, no se ponen de acuerdo sobre las razones o motivos por los que Bens, sin esperar, decidió repentinamente abandonar Ifni y volver al Sahara, ¿cuál fue el motivo real? Las explicaciones de Bens no son satisfactorias y, tal vez, hubo un cierto temor a los nativos, a los que se había regalado comida y provisiones, pero quizá lo que deseaban eran armas y municiones.

La otra posibilidad es que, ante la falta de un apoyo militar serio, Bens juzgase que lo más sensato era conformarse con las manifestaciones de lealtad de los naturales. Había demostrado en su vida, sobradamente, que era un hombre audaz y con recursos, luego es muy posible que su decisión fuese la correcta. En cualquier caso, era evidente que España había fracasado de nuevo, y con la muerte de El Heiba, poco después, el mayor enemigo de Francia en la región, la posición española volvió a ser muy precaria.

En cualquier caso, las protestas españolas ante Francia no fueron demasiado enérgicas. El Gobierno estaba involucrado en una guerra contra las cabilas que le suponía un enorme esfuerzo en hombres y dinero, que no finalizó hasta 1927, tras el desembarco de Alhucemas, y no podía dedicar recursos a otras aventuras. Al menos, hasta la pacificación definitiva de la zona española, que supondría el inicio de la reorganización administrativa de sus posesiones de ultramar. España contaba con las plazas de soberanía de Ceuta y Melilla, los peñones de Alhucemas y Vélez, las islas Chafarinas, el territorio de Ifni —aunque aún estuviera sin ocupar—, la zona del protectorado de España en Marruecos, sus territorios del Sahara en África Occidental y los de África Ecuatorial, con las islas de Fernando Poo y Annobón, y la Guinea Continental con los islotes adyacentes.

Mientras España daba vueltas a su política interna, Francia proseguía su expansión por el sur marroquí, haciendo retroceder a las bandas rebeldes hacia las tierras de los Ait Ba Amran, en Ifni, afines a los españoles de Cabo Juby, el país Tekna. Que las bandas rebeldes se pudiesen refugiar en el territorio que le correspondía a España empezó a preocupar a los franceses, por lo que, como ahora si les interesaba, en 1931, nada más declararse en España la II República, enviaron una petición al nuevo Gobierno para que tomase el territorio en función de los artículos III y IV del convenio firmado el 27 de noviembre de 1912.

Tampoco le venía mal a las autoridades españolas, que a través de la ansiada factoría en la región podían influir más directamente en el África Occidental, a la vez que satisfacían los intereses económicos canarios.

En 1932 comenzaron los preparativos y se procedió a una reorganización completa de la estructura de mando del Gobierno General del Sahara, cambios que afectaron también a las dos mias que había —una de caballería y otra de dromedarios—, así como a la policía indígena. La colonia quedó en manos de un nuevo responsable, el eficaz y competente comandante de infantería del Servicio de Aviación Eduardo Cañizares Navarro, en un momento en el que los izarguíen del norte estaban alzados en armas contra España, y la situación en Ifni no era precisamente favorable para realizar una nueva intentona, pues los franceses se habían decidido, por fin, a presionar en el sur de Marruecos, avanzando por el valle del Sus y amenazando con ocupar por la fuerza el territorio de los ba amranis si seguía su progresión.

El viejo fuerte español de Villa Cisneros, hoy Dajla, uno de los mejores restos de la huella española en el Sahara Occidental, el antiguo Sahara español, está en la actualidad destruido, fruto de la desidia y el descuido de los marroquíes. Foto ICoMoS.

Curiosamente, los franceses, que estaban a punto de romper la resistencia de los líderes del clan Ma El Ainím, que lideraban la oposición, y que intentaron convencer a los ba amranis de que España sería un señor mejor que Francia, nación a la que odiaban. No es de extrañar que en el verano del 32, una delegación de los Ait Ba Amram se dirigiese a Cabo Juby para pedir a España que ejerciese, de una vez por todas, los derechos que le otorgaba el tratado de 1860.

Una vez más la situación internacional era confusa e hizo dudar al Gobierno, que había recibido la información de Cañizares. Francia comenzó a presionar, llegando a tantear la posibilidad de dar algunas ventajas a España en Tánger —ciudad internacional— a cambio de la renuncia a los derechos sobre

Ifni, pensando tal vez que, como España siempre cedía por perjudicados que quedasen sus intereses, con casi toda probabilidad volvería a pasar lo mismo.

Sin embargo esta vez el Gobierno español estuvo a la altura, la oferta era tan desigual e injusta que se dio largas a los negociadores franceses y, finalmente, no se llegó a ningún acuerdo definitivo. Además, todo el mundo sabía en 1933 que los franceses no tenían nada fácil ocupar Ifni, por lo que el intento español de 1932 no llegó a culminar en un éxito, pero quedó claro que en esta ocasión Francia no había triunfado, básicamente porque Belkasem ben Gadi, un duro guerrero, estaba librando en la zona una implacable guerra de guerrillas contra las tropas francesas a las que mantenía a raya con valor y eficacia.

No obstante, el Gobierno español sabía que tarde o temprano, el ejército francés acabaría imponiéndose a los rebeldes, por lo que el Gobierno de la República decidió volver al plan de 1933, y poner fin al eterno trabajo pendiente de la ocupación de Ifni, lo que no impidió la aparición del tradicional miedo de los Gobiernos españoles, principalmente por la presencia de las bandas armadas de Belkassem.

A pesar de todo, Cañizares decidió preparar la expedición. Seleccionó a una treintena de *askaris* de la mía de Tropas Nómadas al mando del teniente Fernando Álvarez Amado, que embarcó en el decrépito *Almirante Lobo*, junto al propio comandante Cañizares, Argimiro Maestro, que era el cónsul en Marraquech, y varios oficiales del Ejército y notables saharauis y de la zona próxima a Ifni, que habían sido reclamados por España y convencidos para unirse a su causa.

La expedición no empezó con buen pie, ya que los hombres de Belkassem detuvieron a los emisarios ba amranis que iban a unirse a los expedicionarios españoles en wel Uad Asaka, donde había llegado el 3 de agosto el *Almirante Lobo*. Viendo que no llegaban, el comandante Cañizares marchó al norte, alcanzando la rada de Sidi Ifni, capital del territorio, el día siguiente.

Tras esperar varias horas inútilmente, por fin un pequeño carabo de pescadores se acercó al buque español, donde los nativos fueron muy bien tratados. Al regresar a tierra, con ellos fueron el teniente Álvarez Amado y varios de los notables saharauis y el intérprete. Al llegar a tierra, fueron rodeados por una masa armada de ba amranis, equipados algunos con modernos fusiles *Lebel* franceses y el resto con viejas espingardas y armas blancas. Allí se produjo un incidente que acabó en una pelea en la que el grupo de comisionados españoles fue detenido.

Llevados ante dos influyentes *chejs*, el oficial español se dio cuenta de que obedecían las órdenes del *chej* Madani del Sus, al servicio de los franceses, y opuesto a la presencia de los españoles —Belkassem iba más allá y se oponía a todos los europeos—. Álvarez intentó exponer que las intenciones españolas eran pacíficas, pero no obtuvo por respuesta más que una agria queja del caíd Ahamed de Sbuia, que le dijo que España había llegado varios meses tarde.

Por lo menos, a pesar de la oposición de los más exaltados, los españoles y sus acompañantes fueron liberados y se les permitió regresar al buque, no sin que antes el teniente Álvarez hiciese un nuevo intento para convencerles de que las intenciones de España eran beneficiosas para todos ellos.

Ya en el barco, Cañizares, informado de lo ocurrido por Álvarez, decidió probar otra vez al día siguiente, enviando al chej Bucharaya, un gran amigo de España, y al intérprete Salem Burka, a lo que se opuso el teniente Álvarez, que aseguraba que si desembarcaban sería hechos prisioneros. Lo que ocurrió fue peor, al llegar a tierra fueron rodeados por la multitud armada, humillados y finalmente ejecutados.

La expedición española, desencantada, triste y sabiendo que solo había cosechado un nuevo fracaso, regresó a Cabo Juby. De nuevo el intento de ocupación de Ifni había terminado en un humillante fracaso, con el triste resultado de la muerte de un aliado de España y de un fiel y esforzado funcionario. Nadie lo dijo oficialmente, pero parece claro que tal vez la mano oculta de Francia estuvo detrás de que, de nuevo, España cosechase otro tropiezo.

El Gobierno español no estaba dispuesto a sufrir una nueva afrenta y se dispuso de nuevo a realizar un intento que debía ser claro y definitivo. El momento coincidía con la aproximación de las columnas móviles del coronel Trinquet a Ifni. Si se quería hacer algo, había que actuar con celeridad. Por último, era preciso seleccionar al hombre adecuado para la misión, y no pudo elegir mejor, el coronel Fernando Capaz Montes, un militar con gran experiencia en Marruecos, donde había logrado una gran fama.

Su mayor éxito fue una misión que le confió el general Goded, jefe de Estado Mayor del alto comisario Sanjurjo, que le ordenó someter a toda una serie de cabilas de la región de Gomara, desarmándolas y nombrando autoridades indígenas adictas al poder español. Al mando de una harca rifeña de unos mil hombres y apoyado por la armada y aviación, logró en dos meses someter a diez cabilas y confiscó casi tres mil fusiles, entrando en Xauen el 10 de agosto de 1926.

Poco después fue ascendido a teniente coronel y luego a coronel, interviniendo en operaciones de pacificación en la zona, siendo nombrado después delegado de Asuntos Indígenas de la Alta Comisaría de España en Marruecos en 1927, donde estableció un eficaz sistema para vigilar las cabilas rifeñas sometidas por medio del Servicio de Intervenciones Militares.

Destinado en Cabo Juby, ya con el Gobierno de la República, adquirió una notable experiencia en el territorio, y cuando recibió la orden, por su conocimiento de las costumbres y psicología de los nativos, consideraba vital hablar con claridad a los *ba amranis* y explicarles que España iba a ocupar el territorio, no dejándoles lugar a dudas. También había que elegir tropas adecuadas para la misión, asunto en el que Capaz no tenía la más mínima duda, pues pensaba que los tabores de la Mehal-la de Gomara eran lo que necesitaba.

No hace falta ser un especialista en historia para darse cuenta de hasta qué punto España cedió ante Francia en África, desde el Rif a Ifni, y desde Guinea Ecuatorial al Sahara, se despojó a España de cientos de miles de kilómetros cuadrados, reduciendo sus territorios a la nada, desde Tánger a las selvas del Muni y desde el Adrar a la bahía del Galgo, miles de kilómetros cuadrados fueron arrebatados a España de la forma más miserable, ante la indiferencia e inactividad de nuestro Gobierno.

Curiosamente, la situación de 1934 iba a ayudar a España en su constantemente fracasada intención de ocupar Ifni, que parecía estar acompañada de una lamentable mala suerte y falta de decisión, o de las dos cosas.

La ocupación de Ifni, obra de Carlos Sáez de Tejada que representa la llegada de los españoles al territorio africano en 1934, durante el periodo de la II República. Allí permanecerían treinta y cinco años.

Es posible que a Francia, alarmada ante la necesidad de librar una guerra dura en Ifni, entre las montañas, tal vez, le pareció mejor una ocupación española pacífica de un territorio, a la postre insignificante, que perder hombres y dinero en ese secarral.

La historia del proceso que llevó finalmente a la ocupación de Ifni parece sacada de una novela de aventuras. Hábilmente, Capaz usó los servicios de Sid Ahamed el Bachir, un antiguo soldado de los Regulares de Arcila, buen conocedor de Ifni, a quien encargó la misión de contactar con los notables y jefes más prestigiosos para que supiesen que España estaba dispuesta a hacerse con el control de Ifni de una vez por todas.

En Ifni, Sid Ahamed el Bachir recibió un saco lanzado desde un trimotor *Fokker* que al mando del comandante Angulo sobrevoló el zoco de Arba el Mesti. En el saco, además de una bandera española, había un detallado sistema de señales que debía permitir al enviado del coronel Capaz informar desde tierra a los pilotos españoles sobre cuestiones que iban desde el estado del mar a la disposición favorable u hostil de las tribus. El Bachir hizo su trabajo tan bien, que el 4 de abril logró convencer a los ba amranis de la conveniencia de plegarse a la voluntad de España y a la pronta llegada de sus soldados. No habían pasado ni 24 horas de su aviso, cuando desde la costa pudo verse la silueta de un buque de guerra que arbolaba la bandera tricolor de la República española. Era el cañonero *Canalejas*.

Tras una serie de contactos que se mantuvieron durante un día entero, el 6, el coronel Capaz, desde el puente del cañonero, vio con sus prismáticos que la bandera que había entregado a su fiel amigo y servidor El Bachir ondeaba en morabo de la capital Sidi Ifni. Ahora el coronel sabía que podía desembarcar y, acompañado de sus mejores colaboradores, tomó tierra, recibiendo todo tipo de regalos de los lugareños y de sus líderes, y, a caballo, se dirigieron a la alcazaba de Amesdog.

Aunque todo iba bien, Capaz era consciente de que un desembarco masivo no iba a ser sencillo. Desde piedras y rocas a cactus, había todo tipo de obstáculos naturales, por lo que de inmediato puso, tras llegar a un acuerdo con los jefes de los ba amranis, a más de 1200 hombres a trabajar. El 7, tras un impresionante trabajo, dejó limpia y nivelada una superficie llana que fue balizada para servir como un improvisado aeródromo y el 10 ya había sido capaz de lograr alistar a una decena de *askaris* para su futura unidad de tiradores.

Las peticiones de los notables de Ifni sobre respeto de religión y no entrega de las armas antes de dos años fueron aceptadas, por lo que con toda la rapidez posible comunicó a Canarias el éxito de su misión, cuyo paso siguiente era el inmediato envío de tres tabores de la Mehal-la de Gomara que, tras embarcar en el *España número 5*, que con la escolta del torpedero *Cánovas*, llegó a Sidi Ifni el 11, coincidiendo con el aterrizaje en el improvisado aeródromo del primer avión español llegado las islas, llevando al capitán Antonio de Oro, y dos días más tarde al también capitán Maldonado, que serán los dos eficaces colaboradores de Capaz en la ocupación del nuevo enclave español.

El primer problema era fijar con claridad la frontera norte, que se había establecido en el tratado de 1912 entre España y Francia en el río Bu Sedra, que no existía. Los franceses lo identificaban con el Uad Solguemat y los españoles con el Azit-Tiguinit, situado más al norte, por lo que los franceses decidieron por su cuenta dar por bueno el Solguemat y establecer en el puesto de Mirleft una pequeña guarnición. Ante se presentó el coronel español, plenamente consciente de que no había ninguna posibilidad de ocupar la posición.

El coronel Oswaldo Capaz desembarcó el 6 de abril de 1934 en Ifni, tomando posesión efectiva de su capital y del resto del territorio. Una vez realizada oficialmente la ocupación fue nombrado gobernador civil y militar.

En los días siguientes, se encontró con franceses en todos los rincones de Bu Fissan, en la llanada de Tagragra, por lo que mandó ocupar el Had de Bifurna, a solo 7 kilómetros de la posición anterior. El tratado de 1912 permitía a España avanzar hasta 25 kilómetros de la costa, por lo que también ordenó al teniente Romero Sixto que llevase su tabor hasta Id Aisa, 6 kilómetros al este de Tingusit Igurramen, que ya estaba ocupado por Francia.

El 18 las tropas indígenas españolas ocuparon la margen derecha del Uad Asaka, poco antes de que llegasen los franceses y el 19 la pequeña sección a caballo del capitán Maldonado tomó Telata de Isbuia. Capaz, que incansable con su avioneta sobrevolaba el territorio que estaba dispuesto a ocupar, encontró franceses en El Quesabi, teniendo que aterrizar en Tiliuin[19], donde sus tropas se

---

[19]   Como veremos, Tiliuin pasó a la historia en 1957, cuando 60 tiradores de Ifni defendieron el puesto ante el ataque de cientos de marroquíes del *Yeicht Taharir* (Ejército de Liberación Nacional). El 25 de noviembre varios *Heinkel* He-111 bombardearon las posiciones enemigas, y 75 paracaidistas al mando del capitán Sánchez Duque se lanzaron sobre la posición para reforzarla. El 3 de diciembre, miembros de la VI bandera de la Legión llegaron al puesto, rompiendo el cerco y reconquistando el aeródromo.

encararon sin dudar con una columna de blindados franceses, muy superior en potencia de fuego, que llegaron poco después y retrocedieron al verles.

A base de decisión y empuje, Capaz iba logrando sus objetivos, usando cuando fue preciso a los propios ba amranis, con los que fue formando improvisadas harcas con las que se tomó el oasis de Ug-gug y Tugunfel, adelantándose una vez más a los franceses, dando el día 21 por ocupado el territorio. Había actuado con valor y sangre fría, habiendo sido capaz de mantener la calma, lo que le permitió llevar a buen término su misión sin disparar un solo tiro.

Concluida la ocupación y ascendido a general, Capaz, reconocido en la prensa española como el «conquistador» de Ifni, dedicó varias semanas a explorar el territorio con detalle, animando a trasladarse al mismo a una comisión científica que debía estudiar las características geológicas del país, pensando en su posible explotación minera, agrícola o ganadera. Mantuvo su intensa actividad hasta junio, cuando el Gobierno español nombró gobernador general al comandante de infantería Benigno Martínez Portillo.

Para entonces, el éxito de Capaz había permitido la creación del Batallón de Tiradores de Ifni, compuesto de tres tabores con tres mías cada uno, más una de zapadores, con el que consolidó la ocupación de una «cuña» de 25 kilómetros de profundidad. La extensión ocupada, 1500 kilómetros cuadrados de superficie con 84 kilómetros lineales de abrupta costa atlántica, estaba situada en el noroeste de África, entre los paralelos 29° 34' N y 29° 0' S.

Para denominar el territorio el Gobierno español pudo elegir a efectos legales y administrativos entre varias opciones. El que en principio tenía más posibilidades era sin duda Santa Cruz de la Mar Pequeña, pues permitiría establecer un enlace, más imaginativo que real, con el antiguo asentamiento castellano. Otro nombre posible era usar el de Amezdog, un importante aduar o El Mesti, que era el nombre de la cabila de los Ait Ba Amran más próxima, pero se decidió, con claras intenciones políticas, ser respetuosos con la tradición local y se empleó el nombre de Sidi Ifni, que viene a significar algo así como el «Señor de la Laguna[20]».

Durante los siguientes 35 años el pequeño enclave español progreso y se desarrolló. Durante la Guerra Civil, sus unidades de tiradores combatieron con brillantez en el bando nacional y el nivel de vida aumentó de forma notable, mejorando la sanidad, la educación y la calidad de vida, sirviendo al Ejército no solo como campo de prácticas y formación en el desierto, sino también como escuela de costumbres y aprendizaje del idioma.

---

[20]   Sostiene Kebir Abdelmalik que el nombre Ifni significa en idioma bereber «laguna», «embalse» o «estanque» de origen natural. Parece identificarse con el agua empantanada en la desembocadura del Asif n'Ifni, como consecuencia de riada o de marea alta.

En esos años, la mayoría de los españoles que tuvieron la suerte de pasar por el territorio tuvieron de verdad un sincero aprecio por los nobles y honrados ba amranis, que a su vez aceptaron en líneas generales, con caballerosidad y respeto, la soberanía española sobre su tierra, algo que no logró romper la política insidiosa y agresiva de los primeros Gobiernos del reino de Marruecos tras la independencia de 1956, y ni siquiera la guerra de 1957-58, en la que España, victoriosa en el Sahara contra las bandas del *Yeicht Taharir* aceptó unas humillantes tablas.

Cuando en 1969, se entregó el territorio a Marruecos, se acabó perdiendo la obra fruto del esfuerzo de centenares de españoles, civiles y militares, que trabajaron con ahínco y dedicación en intentar que el enclave español de la costa de África Occidental progresase al máximo posible.

En cuanto a Capaz, demostró, como Bens en el Sahara, que pertenecía a la mejor estirpe de militares, cultos, valerosos y nobles, que demostraron que, con la palabra, las buenas acciones y una conducta honrada, podían lograr someter territorios habitados por guerreros ariscos y hostiles sin tener que usar la violencia y la fuerza.

Los años siguientes no fueron afortunados para el general Capaz. En 1936, entre el odio y el rencor, que crecían sin freno[21], terminó la vida del hombre que entregó a su país el último territorio ultramarino de su historia.

1.4 Cuestión de límites

A la ocupación de Ifni siguió la de Daora y Smara y, posteriormente, ese mismo año, la de Aargub, algo que no estuvo exento de problemas con Francia. Eso motivó movimientos *in situ* de ambas naciones tendentes a socavar la implantación efectiva de la otra y que acabaron, tras las oportunas protestas diplomáticas, con el inicio de los trabajos de una Comisión de Límites que empezó sus trabajos en Rabat el 12 de junio de 1934. Las negociaciones se vieron interferidas por dos reivindicaciones paralelas: la liberalización del régimen aduanero de Marruecos que pretendía Francia, al mismo tiempo muy preocupada por la influencia alemana en la zona, y el revisionismo español, que pretendía rectificar los errores cometidos en 1912 con una serie de peticiones que parecían excesivas: unir Ifni con el Sahara mediante una franja costera de

---

[21]   Hay grandes discrepancias entre los historiadores acerca de si Capaz estaba o no vinculado al golpe del 18 de julio. Fernández-Aceytuno da por hecho que no se oponía al golpe y María Rosa de Madariaga lo califica de netamente «africanista». Sin embargo, Stanley Payne lo califica de «militar moderado, con tendencias republicanas». Este debate no afecta, en absoluto, a su magnífico desempeño en la ocupación de Ifni y en el resto de su carrera.

25 kilómetros de profundidad desde el río Nun o Asaka (frontera sur de Ifni) al Draa; incorporar la denominada «zona sur del protectorado» (Tarfaya) a la zona de soberanía plena del Sahara —una propuesta que hubiera evitado problemas dos décadas más tarde—; rectificar las fronteras meridionales del Sahara para incorporar la totalidad de la península de cabo Blanco, con la bahía del Galgo y las salinas de Iyil, y asegurarle a Ifni una zona de influencia suficiente para su viabilidad.

Tropas de un tabor de Tiradores de Ifni en la posguerra. El comportamiento de las tropas del territorio en la Guerra Civil española había sido magnífico, y demostraron que eran unos luchadores duros y valerosos.

Las reuniones continuaron en 1935, sin que Francia cediese en su política dilatoria hasta que llegó la respuesta el 28 de septiembre con la negativa oficial a fijar la frontera septentrional de Ifni más allá del río Soulguemant y a reconocer la franja litoral pretendida por España, aunque este último punto se dejaba pendiente para una discusión posterior.

Luego, entre 1938 y 1941, en parte durante la Guerra Civil, se construyeron en Río de Oro los puestos militares de Bir Gandús, Tichla y Zug, dotados de radio y campos de aterrizaje; en Saguía el Hamra, El Aaiún y Guelta Zemmur y en la zona sur del protectorado, Tantan, Sahel el Harcha, Derua, Meseid del Draa y Tizguirremtz. De todos estos emplazamientos solo El Aaiún se desarrolló con rapidez. Se convirtió en cabecera de la Delegación Gubernativa del Sahara español. Una denominación que hasta entonces se aplicaba exclusivamente a la zona norte del territorio, puesto que el resto era Río de Oro, con autoridad gubernativa propia.

El proceso de ocupación experimentó un nuevo impulso con la Guerra Civil por tres razones: la mala relación de los vencedores con el Gobierno francés; la visión africanista de muchos de los oficiales levantados contra la República, que consideraban al Sahara como el auténtico escudo defensivo del archipiélago canario y la repentina importancia geopolítica que adquirió el África Occidental al comenzar en septiembre de 1939 la Segunda Guerra Mundial.

La Guardia Mora de Franco, jefe del Estado español, que tenía su origen en el 2.º escuadrón de caballería del tabor del Grupo de Fuerzas Regulares de Tetuán, asignado en febrero de 1937 como escolta en el Cuartel General del Generalísimo. La Guerra de Ifni-Sahara fue el final de la unidad, pues el apedreamiento de su escuadrón de caballería cuando rendía honores en la presentación de cartas credenciales de nuevos embajadores fue la muestra de que ya no se aceptaba su existencia, ni en la callada y sometida España del momento. Su desaparición fue, en cierto modo, el final de una época.

La firma del armisticio franco-alemán el 22 de junio de 1940 y la entrevista celebrada en Hendaya por Hitler y Franco hicieron concebir al nuevo régimen dictatorial, cuyos mandos se habían curtido en las campañas marroquíes, la esperanza de que el «nuevo orden» que empezaba a dominar Europa corregiría las que ellos consideraban flagrantes injusticias cometidas con España durante el reparto de África. Sobre todo, por Francia, a la que consideraban la principal responsable del deficiente reparto de Marruecos y de la continua reducción de las zonas de influencia en África Ecuatorial y Occidental.

Se pedía un nuevo imperio ultramarino: el retorno de Orán a la soberanía española; una extensión de la influencia sobre un Marruecos unido y la desaparición de las limitaciones arancelarias impuestas por la Conferencia de Algeciras; la consideración de la ocupación de Tánger, realizada el 14 de junio de 1940, como definitiva y la ampliación de la zona de soberanía española en la costa atlántica del continente africano. Además, dos reivindicaciones respecto al golfo de Guinea; una que afectaba a Gran Bretaña, puesto que se reclamaba una zona en la costa de Nigeria desde Calabar hasta cabo Formoso, y otra que atañía a los intereses franceses al reclamar la costa continental desde el estuario del Muni hasta cabo López, con una penetración hacia el este por el cauce del río Ogué hasta el río Ubangui. Por supuesto, sin olvidar Gibraltar, e incluso haciendo referencia a lo mal que se trató a España durante la expedición a Cochinchina que dio origen a las posesiones francesas en Indochina.

Despertar de ese sueño a costa de la Francia derrotada fue tan rápido que ni siquiera hubo que esperar a que Alemania comenzara a sumar derrotas en el campo de batalla. Hitler no estaba ni remotamente dispuesto a poner en peligro la colaboración de la Francia sometida, a cambio de obtener el favor de un aliado tan débil y poco fiable como era España en 1941. Por mucho que el régimen franquista intentara convencer durante años de lo contrario.

1.5 Dueños de la nada

Es obvio que los posibles derechos históricos españoles derivados del territorio de Santa Cruz de la Mar Pequeña, como de las cláusulas del tratado de paz con Marruecos de 1860, sobre el territorio de Ifni, quedaron en entredicho a partir del nacimiento de las Naciones Unidas y del moderno independentismo, pues la nueva situación política del mundo hizo imposible para cualquier nación europea mantenerse indefinidamente en territorios africanos[22].

En realidad el detonante del nacimiento del moderno independentismo en Marruecos fue un hecho producido durante la Segunda Guerra Mundial, la Operación *Torch* —antorcha—, o lo que es lo mismo, los desembarcos anglo-americanos en el norte de África el 8 de noviembre de 1942, solo unos pocos días después del hundimiento alemán en El Alamein. Cuarenta y ocho horas

---

[22]   Algunos especialistas en el África española, como Fernández-Aceytuno, consideran que de no haber sido por el conflicto de 1957-58, España hubiese entregado Ifni a Marruecos antes de 1969.

después, el almirante Darlan, representante del Gobierno de Vichy, ordenó el cese del fuego y en unos pocos días todo el África francesa estaba en manos de los aliados o de los partidarios de De Gaulle.

La llegada de los estadounidenses, con sus ingentes cantidades de material, equipo y dinero, causó asombro en la burguesía urbana marroquí, más aún cuando algunas señales parecían indicar que había una cierta simpatía de los americanos por la causa de los pueblos sometidos al colonialismo. Por si había alguna duda, en la conferencia celebrada en Casablanca en 1943, el presidente Roosevelt no se recató en presencia de De Gaulle y del sultán Mohamed V, en aludir a la futura recuperación de la soberanía plena de Marruecos[23].

Sin embargo, durante la guerra no hubo apenas incidentes y los soldados marroquíes, englobados en el Ejército francés, combatieron brillantemente en Italia, pero en marzo de 1945, poco antes del final del conflicto, nació la Liga Árabe, que entre sus objetivos tenía uno muy claro, la recuperación de la independencia de los territorios árabes sometidos a ocupación o protectorado por naciones europeas.

Habitualmente se considera que el *Manifiesto del partido del Istiqlal*, de principios de 1944, es el nacimiento del independentismo marroquí moderno, aunque tendencias anticoloniales habían existido desde hacía largo tiempo. No obstante, hubo que esperar hasta los años cincuenta, que fue cuando la oposición a los franceses comenzó a ganar fuerza. Con el apoyo de grandes sectores de la población, que iban desde las aguerridas tribus del Atlas a las del desierto del sur, pasando por comerciantes, estudiantes y habitantes de las ciudades, las primeras muestras de insurrección alarmaron a los franceses, que, como en Indochina, no estaban dispuestos a ceder ante los movimientos de liberación que proliferaban en sus territorios de ultramar.

Cuando en agosto de 1953 los franceses destituyeron al sultán de Marruecos, Mohamed V, y lo desterraron a Madagascar, se abrió un periodo de violencia que comenzó en septiembre y que se tradujo en centenares de atentados y muertos —hasta junio de 1955, 784 atentados, con 41 franceses y 254 marroquíes pro-franceses muertos—, revueltas que afectaron a las grandes ciudades y al campo, donde fueron asesinados medio centenar de franceses y en la durísima represión de las fuerzas coloniales, miles de marroquíes. El año 1954, con la crisis del ejército francés en Indochina[24] y el comienzo de la revuelta argelina, la situación francesa se hizo muy complicada y se decidió la vuelta de Mohamed V, abriéndose negociaciones que condujesen al final del protectorado.

---

[23]   Marruecos fue la primera nación del mundo en reconocer la independencia de los Estados Unidos. Es una curiosidad frecuentemente olvidada.

[24]   Fue el año de la derrota de Dien Bien Phu ante las fuerzas del Vietmin.

Para Ifni, el resultado de lo que estaba ocurriendo en la vecina zona francesa era de gran importancia. Los franceses habían insistido siempre en denominarlo «el enclave», palabra que era útil para afirmar la rareza que constituía dentro de un territorio homogéneo, pero había algo más. Para los Ait Ba Amrám, la soberanía española había sido conveniente y, en cierto modo, bien recibida, pues afirmaba su singularidad dentro del bloque de la tribu Guezula, a la que pertenecían y que le facilitó separarse de los vecinos de las cuencas del Nun y el Sus que habían aceptado la soberanía francesa.

Pero el impacto del regreso del sultán de su exilio de Madagascar sacudió a todos los pueblos del protectorado hispano-francés, incluyendo a los ba amrani y especialmente a la población joven, que impactada por la propaganda anticolonialista y la presión de los movimientos independentistas, empezó a sentirse identificada con sus vecinos. En estos sucesos estaba, obviamente, el nacimiento de un serio problema para los intereses de España.

Poco a poco la pacífica situación que se había vivido durante más de un decenio en el territorio empezó a complicarse. Por motivos de edad el general Venancio Tutor Gil fue relevado del mando y se nombró en su lugar como gobernador del África Occidental Española a otro general, Ramón Pardo de Santayana, del arma de Artillería, que con una brillante trayectoria profesional había combatido en Marruecos en las campañas de 1916 y 1922. Su llegada coincidió con los graves conflictos que se estaban dando en la zona francesa, pero vio cómo, lentamente, el territorio de Ifni empezaba a inquietarse, tanto por los rumores que venían del otro lado de la frontera como por la propaganda del *Istiqlal*, que había instalado emisoras de radio muy próximas a la zona de soberanía española.

A los crecientes rumores y los sucesos citados se unió un hecho que generó gran inquietud, la presencia de huidos de la zona francesa refugiados en Villa Cisneros que intentaron ganar adeptos a la causa de la independencia incluso entre los *askaris* de las compañías indígenas españolas, logrando un cierto éxito, que culminó en el caso de Ifni en una manifestación no autorizada por la Delegación Gubernativa el 16 de noviembre de 1955, que fue disuelta sin contemplaciones[25].

Pocos días después, el 23, se produjo un incidente en la frontera cuando un grupo armado con pistolas obligó a los campesinos a que dejasen de trabajar —era viernes—, y el 29 se detuvo a un «agente» del *Istiqlal* que actuaba entre la población. Estos hechos no parecían tener demasiada importancia, pero unidos a los rumores que circulaban, cada vez con más intensidad, sobre presuntas actividades guerrilleras en la zona norte del territorio, alarmaron a

---

[25]   Los manifestantes portaban retratos del sultán y banderas de Marruecos. Los detenidos fueron deportados a Villa Cisneros.

la población española y, con independencia de la veracidad o no de los sucesos —que en gran parte eran pura fantasía—, las autoridades comenzaron a prepararse para lo peor.

El nuevo gobernador redactó, él mismo, unas instrucciones en las que establecía como objetivo esencial asegurar la soberanía española, que contenían medidas encaminadas a fortalecer la autoridad de los cargos indígenas leales a España. En ellas prohibía la mención del sultán en el rezo en las mezquitas y ordenaba vigilar con atención los contenidos de las enseñanzas en las escuelas islámicas, pero nada impidió el incremento de la tensión, y el 3 de diciembre, una bomba casera explosionó en la casa de Si Lahsen Hamuadi, jefe de la facción —*anflus*— de los Id Isugun y lo mismo pasó el 27 en la casa de otro *anflus*, el de los Ait Abdalah.

El suceso más grave tuvo lugar el 2 de enero de 1956 en el *aduar* de Sidi Inno. Fueron abatidos tres nativos cuando un grupo de tiradores de Ifni apoyó a la policía y abrió fuego contra un grupo de manifestantes. El suceso fue muy utilizado por la propaganda marroquí, pero el hecho de que en el incidente participaran tropas nativas bajo mando francés agravó lo ocurrido, pues demostraba a las claras que los franceses ya no dominaban la situación.

Sin embargo, las cosas iban a cambiar bien pronto, el motivo era sencillo: Marruecos estaba a punto de recobrar su independencia.

Tras su regreso de Madagascar, en noviembre de 1955 el sultán estaba ya en su puesto, y el 2 de marzo de 1956 Marruecos volvía a ser una nación independiente, con lo que, técnicamente, el protectorado quedaba liquidado. Solo había un problema, la zona norte y una parte de la zona sur seguían bajo control español.

España había jugado la carta anticolonialista y se negó a reconocer a Ben Arafa —situado por los franceses en el puesto de Mohamed V cuando le desterraron a Madagascar—, había apoyado claramente a los dirigentes del *Istiqlal*, a los que llegó a dar asilo, y llegó incluso a realizar algunos movimientos tendentes a sustituir la influencia francesa en el protectorado, algo a todas luces imposible.

Además, la independencia marroquí situó al Gobierno español ante una situación insostenible, ante la población del país, especialmente la burguesía acomodada, y a ojos del mundo entero, que por fin estaba empezando a aceptar a la paupérrima y aislada España franquista, por lo que la visita de Mohamed V a Madrid para presionar la cesión española fue tensa y complicada. El Gobierno español insistió en mantener sus privilegios, y continuó entorpeciendo en lo posible la política francesa. Pero el gran problema de lo que iba a ocurrir en el futuro derivó de algunas particularidades del nacionalismo marroquí.

De hecho, el principal, el que iba a condicionar lo que ocurrió luego, tenía como origen que el Ejército de Liberación —del que luego hablaremos—

no quería solo la independencia de Marruecos, sino la completa expulsión de los europeos del norte de África, algo que Mohamed V, una vez en el trono, veía no solo como deseable, sino también posible. El nacionalismo burgués marroquí, que ocupaba el poder desde el fin del protectorado y que estaba firmemente aliado con la monarquía, se opuso a los intentos de constituir una república que defendían una parte de los líderes del Ejército de Liberación, por lo que sin su apoyo, los más radicales tenían de antemano perdida la partida.

La creación de las FAR —Fuerzas Armadas Reales—, el Ejército del Reino de Marruecos, pretendió reforzar el control del monarca de todos los resortes del poder, y tras arduas negociaciones se logró integrar en ellas a varios miles de hombres del Ejército de Liberación durante el verano de 1956. También se consiguió que el Ejército de Liberación del Norte lograse aceptar un alto el fuego en marzo de 1957, tras la muerte en atentado de varios de los líderes republicanos —las brigadas especiales de la policía marroquí, bajo el control del príncipe Muley Hassan, abatieron a más de medio centenar—, si bien quedaban en el sur miles de combatientes, de los que muchos participarían en las acciones militares en Mauritania, Ifni y el Sahara español.

No obstante, aunque España aceptó la integración en el nuevo reino marroquí de la zona norte del protectorado, usó la falta de control del Gobierno de Marruecos sobre el sur como pretexto para no entregar el territorio de Tarfaya —entre el Draa y el paralelo 27° 40'—, a pesar de que por su estatus jurídico era parte del protectorado, de acuerdo con las cláusulas del tratado con Francia de 1912.

En cuanto a las tesis expansionistas, que más adelante acogió con auténtica pasión la monarquía marroquí —al principio indiferente—, eran obra de Al-lal el Fassi, que en 1931 había creado el *Comité d'Action Marocaine*, del que luego nacerá el *Istiqlal* y que tras su detención en 1937 y deportación a Gabón se convirtió en los años cincuenta, cuando vivía en Egipto, en el líder intelectual del independentismo marroquí, erigiéndose en el adalid del expansionismo, pues era partidario de crear un gran reino que se extendiese a parte de Argelia, Mali y la totalidad de Mauritania, Ifni y el Sahara español.

En un discurso afirmó que «no habremos hecho nada hasta que no liberemos a los Ait Ba Amran de Ifni, Río de Oro, Tinduf, el Sudán marroquí», lo que demostraba a las claras sus intenciones. Hacia 1957, las más altas instancias del Gobierno se habían «convertido» ya a las tesis del Gran Marruecos, lo que no pasó desapercibido ni a los servicios de información franceses ni a los españoles.

Esta presión del Istiqlal sobre los territorios en litigio empezó muy pronto y ya en febrero de 1956 los franceses descubrieron un complot en Tinduf —Argelia— y en junio se produjeron combates en Um Laachar, también en

Argelia, antecedentes de la ofensiva del Ejército de Liberación en Mauritania que iba a comenzar el año siguiente.

Para el sultán Mohamed V la situación tenía buena pinta. Francia, la antaño orgullosa república, estaba empantanada en una guerra en Argelia de la que no era capaz de salir y cedía constantemente, pues primero Marruecos y después Túnez habían recobrado su independencia, e incluso en Mauritania, se había situado un Gobierno autóctono, con la esperanza de que siguiese ligada a la metrópoli. Todo esto, unido a la evidente debilidad española, animó al monarca marroquí a seguir presionando, convencido de que el sueño del Gran Marruecos estaba a la vuelta de la esquina.

Por si fuera poco, además, el patinazo anglo-francés en Suez en noviembre de 1956, que puso a los europeos e israelíes en un grave compromiso internacional, permitió a Mohamed arriesgarse un poco más, y en noviembre de ese mismo año el Ejército de Liberación aprovechó el desconcierto para comenzar sus ataques contra las posiciones francesas en el desierto del Adrar. España, dubitativa y sin una política clara, consciente en el fondo de sus limitaciones, como dice Gastón Segura Valero, «volvió a jugar un ridículo tancredismo que la deslizaría, al primer descuido, hacia un patético atolladero, donde el régimen evidenciaría con largueza todas sus carencias».

El Gobierno marroquí, que había actuado en la sombra, pasó a la acción directa en agosto y reclamó la entrega de la zona de Tarfaya y de Ifni, oponiéndose en el primer caso a la propuesta española de llevar el asunto al Tribunal de La Haya y reivindicando los territorios ante la ONU en octubre de 1957, cuando el Ejército de Liberación estaba a punto de atacar el África Occidental Española.

1.6 La organización política del AOE

En 1936, España disponía en Marruecos de un ejército de 32 000 hombres. Al producirse la sublevación contra el Gobierno, triunfó en Ifni, como en el resto de los territorios dependientes del alto comisario de España en Marruecos, si bien con la oposición inicial de sus jefe de guarnición, los comandantes Montero y Pedemonte.

Dada la situación bélica de la metrópoli y la implicación de la población nativa en la contienda[26], no se pudo establecer una administración consolidada ni realizar grandes esfuerzos por su desarrollo.

---

[26] La unidad de Tiradores de Ifni estuvo constituida por 9000 hombres reclutados entre los voluntarios indígenas y tuvo un balance final de bajas superior al millar de muertos. Usados como tropa de choque, los ba amrani combatieron de forma soberbia.

Solo a partir del fin del conflicto, mientras Europa se desangraba en la Segunda Guerra Mundial, se realizaron importantes obras de infraestructura básicas en vivienda, sanidad, educación y comunicaciones, con un considerable esfuerzo económico. De igual forma se realizaron también puestos militares a lo largo de las fronteras del territorio y una red de pistas, que se mostrarían totalmente insuficientes en la guerra de la que vamos a ocuparnos.

En 1942, con la liberación del Marruecos francés, que hasta entonces había estado dependiendo del Gobierno colaboracionista de Vichy[27], los marroquíes fundaron partidos políticos en todo Marruecos. En el protectorado español surgieron el Reformista y el Unionista, respaldados por Ahmed Belbachir Haskouri, la mano derecha del jalifa y tolerados por España, que rápidamente se fusionaron en el Partido Reformista y publicaron un manifiesto pidiendo la independencia.

El 20 de julio de 1946 se declaró por decreto el Gobierno del África Occidental Española, que comprendía el territorio de Ifni y Sahara, constituido este último por la zona sur del protectorado de Marruecos, la Saguía el Hamra y la colonia de Río de Oro. Estaban a cargo de la Presidencia del Gobierno a través de la Dirección General de Marruecos y Colonias y se regían por un gobernador que había de ser general o jefe de los Ejércitos de Tierra, Mar o Aire. Esta era la situación político-administrativa, cuando en los años cincuenta comenzó la crisis.

1.6.1 El Ejército de Liberación

El *Yeicht Taharir*, había nacido en 1955 como heredero de las bandas armadas irregulares que habían actuado contra los franceses desde 1953. La contundente reacción francesa hizo que una gran parte de los grupos se tuvieran que refugiar en el Rif y el Atlas, en lugares remotos y aislados. A finales de octubre se incrementaron los atentados y actos de sabotaje y la situación se hizo cada vez más complicada.

En el verano habían surgido problemas y el *Istiqlal* había convencido a miembros de las tribus para unirse como voluntarios a las bandas armadas que se estaban formando y a aportar los medios necesarios, como camellos y material para la campaña que se estaba preparando en la Mauritania francesa.

Uno de los líderes incluso informó en Smara a los mandos militares españoles y quedó claro que el reclutamiento anti-francés se estaba haciendo en las propias narices de las autoridades españolas. Era un rifeño llamado Mesfiou ben Hammu, que predicaba la guerra contra los europeos y que contaba con el

---

[27]   Recuerde el lector la película *Casablanca*.

apoyo del *Istiqlal*, que con su millón y medio de militantes era una fuerza más que respetable.

El comité ejecutivo se reunió en Madrid en noviembre de 1955 y estableció los principios que debían de sentar su futuro, y en enero, de nuevo en Madrid, volvieron a reunirse, con el apoyo y la ayuda del *Istiqlal*, los mandos del nuevo Ejército de Liberación, que dividió su zona de operaciones en tres: Rif, medio y alto Atlas y sur. En la zona sur, donde se cuestionaría poco después la posición española, el responsable fue el peligroso y agresivo Hammu.

El diario *El Alam*, órgano del *Istiqlal*, publicó en su edición del 7 de junio de 1956 el dibujo de lo que debía ser el Gran Marruecos, que debería de tener su frontera sur en el Senegal, comiéndose también una zona sustancial de Mali y hasta de Argelia. También, el núcleo que trabajaba con Ben Hammu comenzó a preparar una serie de ataques contra los puestos fronterizos franceses en Mauritania y Argelia. Por entonces, el *Yeicht Taharir* no tenía aún la fuerza necesaria, pues carecía de combatientes, material moderno y medios económicos, pero tenía a su favor no solo al partido, sino incluso al ambicioso príncipe Muley Hassan.

La organización del Ejército de Liberación progresó adecuadamente. Se seleccionó a los mejores hombres, se estableció una fuerte y dura disciplina de estilo francés y se organizó a las tropas en rahas —batallones— de seis *mías* o compañías denominadas *ferkas*. Los mandos eran marroquíes; muchos habían combatido en Indochina y algunos eran desertores de la Legión Extranjera.

En total, a comienzos del verano de 1956, el *Yeicht Taharir* disponía de casi 2000 hombres uniformados, armados con fusiles *Lebel* franceses y *Mauser* españoles, y subfusiles españoles —unos 600, procedentes del Parque de Artillería de Granada, que estaban en Ceuta, de donde fueron entregados a las FAR, que, a su vez, se los dieron al Ejército de Liberación— y estadounidenses —*Thompson*—. Las ametralladoras eran francesas con algunos BAR —*Browning Automatic Rifle*— americanos y granadas italianas *Breda* y españolas PO1 y PO2. Tenían por último unos pocos morteros. El material americano había sido robado de sus bases en Marruecos y también poseían 50 camiones *GMC*, 100 *jeeps* y otros vehículos procedentes de requisas. Sus víveres incluían desde ganado hasta leche en polvo americana.

Aunque ahora nos parezca extraño, durante el verano del 56 los miembros del Ejército de Liberación hicieron una ostentación descarada de sus actividades en pleno territorio español, diciendo todo el tiempo que sus actividades estaban preparadas solo contra los franceses. No es de extrañar que en septiembre, en concreto el día 16, el propio Ben Hammu expresara en Tan Tan a un oficial español su deseo de entrar en el Sahara para convencer a las tribus de la necesidad de mantener su fidelidad a España.

La respuesta española dada el 20 por el propio general Pardo de Santa-yana, director general de Plazas y Provincias Africanas, fue clara, y manifesta-ba el interés del Gobierno en no dejar libertad de movimientos al *Yeicht Taharir* en territorio bajo soberanía española.

El 29 de septiembre Ben Hammu se entrevistó con el comandante Ál-varez-Chas, mostrando sus ambiciones y las necesidades y apoyo que deseaba para seguir adelante con sus operaciones contra los franceses en Mauritania. En la entrevista el comandante descubrió hasta qué punto las bandas armadas se habían infiltrado en el territorio español. Tras trasmitir su inquietud a sus superiores, se llegó a la conclusión de que era prioritario ganar tiempo hasta que llegasen los refuerzos necesarios de Canarias o de la Península.

El 1 de octubre el general Pardo de Santayana informó de la próxima intrusión en el Sahara español de insurgentes armados del *Yeicht Taharir* y pidió instrucciones en caso de encuentro armado entre las bandas y tropas españolas. No hubo respuesta y lo cierto es que a finales de año la presencia de las partidas armadas era un hecho constatado y lo que se temía que iba a ocurrir sucedió finalmente el 14 de enero del 57, cuando un grupo armado de Al lal atacó la sanga francesa de Haisa Chaiman, aun a pesar del ataque aéreo al que les so-metieron los franceses.

La guerra se extendería como la pólvora a lo largo de la frontera mauri-tana en los días siguientes, cuando se supo que en la emboscada a seis camiones franceses murieron seis oficiales y fueron incendiados los vehículos[28]. Como era habitual en ellos, la reacción francesa fue rápida y eficaz, y contó desde el primer momento con el apoyo de las tribus enemigas de los erguibat saharauis para poder así perseguir a la partida de Al lal, que según el general Bourgound quedó prácticamente destruida.

El 26 de enero el general Pardo de Santayana se trasladó al sur, a Villa Cisneros, para seguir de cerca las operaciones en el territorio vecino y ordenó el despliegue de tropas de la Legión formando un triángulo en Aguenitm, Tichla y Auserd, con la misión de desarmar a los fugitivos que venían de Mauritania y enviarlos a Marruecos. Según los datos españoles —del Grupo Nómada De la Gándara—, cayeron cincuenta insurgentes en combate, quedando treinta y cin-co prisioneros de los franceses y ochenta y cinco acogidos en el Sahara español.

Tras conversar con los miembros de Al lal y tras complicadas negocia-ciones, se logró enviar a un centenar de componentes del Yeicht Taharir al norte, quedando en espera de traslado una veintena más. La operación de desarme y traslado fue por lo tanto un éxito, y se debió a la buena gestión y eficacia de los legionarios y de los aviadores que intervinieron.

---

[28]   No hay coincidencia en las fuentes entre las fechas y las características del combate, pero puede entenderse el mismo como el que abrió la lucha en Mauritania.

Si la situación era grave al comenzar 1957, pronto iba a empeorar. El caíd Embarec, al mando de una *raha* del sector que iba de Um Laachar a Fort Trinquet y el caíd Yilali, que se encontraba el 9 de febrero en los montes Deloaa y el 10 en Zemmur Labiad, comenzaron a realizar movimientos sospechosos en territorio francés en la zona fronteriza con el Sahara español, y el 30 de enero, al menos dos grupos armados pasaron la frontera por Tisguirremtz para atacar el puesto francés de Um Laachar.

Un CASA C-2111 Pedro, que en España prestó un servicio eficaz en momentos como la crisis de Ifni de 1957 y, en el posterior conflicto del Sahara, en misiones de bombardeo, reconocimiento e incluso trasporte de pasajeros.

El 3 de febrero un oficial del Grupo Nómada de Smara detectó la partida del caíd Embarec en Ergueiua, en territorio español, ocultos y camuflados para evitar ser localizados por los aviones franceses. El oficial español simuló una avería del *jeep* y no fue molestado, pero sus observaciones, unidas a otras conocidas que mostraban concentraciones del *Yeicht Taharir* en la frontera con el territorio francés, parecían demostrar que se estaba preparando alguna acción militar contra Fort Trinquet o la pista que unía Fort Gourad con Tinduf. Si esto era cierto, una de las cuestiones importantes era que la agresión, de producirse, vendría desde territorio español.

Los franceses detectaron los movimientos de los hombres de Embarec el 12 de febrero, siendo perseguido hasta el Sahara español, donde los guerrilleros del caíd se ocultaron en el Uad Ergueiua, lugar en el que habían sido vistos por el oficial español unos días antes. Los franceses, como era de esperar, no se quedaron inactivos y el día 13 cuatro T-6 y un MD-115 con base en Fort Trinquet atacaron las posiciones de los insurgentes y las dos unidades de infantería motorizada, una de senegaleses y otra de la Legión Extranjera, entraron en su persecución en territorio español.

Un grupo de Tiradores de Ifni. La situación se agravó en el otoño de 1957 y los soldados españoles, muchos de ellos reclutas sin experiencia, vieron con nerviosismo el incremento de los incidentes y la tensión. Foto Manuel Gónzalez Moreira.

El 14, en Ergueiua, tras una serie de combates que duraron toda la jornada, la partida resistió los asaltos franceses, escapando del cerco por la noche. Los insurgentes afirmaban haber causado más de 150 bajas a los franceses —una exageración—, pero es cierto que capturaron a un suboficial senegalés.

La otra partida, la del caíd Ylali, fue descubierta por los aviones franceses de Fort Trinquet el 25, en un lugar llamado Moscat, en Uad Tamlalet. Fue sometida a constantes ataques de los MD-115 y T-6, que se turnaron para no perder el contacto con el grupo armado, mientras que los aviones, que habían agotado su munición, iban a Fort Trinquet a repostar y recargar. La partida pudo escapar por la noche dejando el terreno sembrado de camellos muertos, jaimas destrozadas y todo tipo de restos. Una patrulla española llegó a la zona y pudo ver lo que quedaba, mientras era sobrevolada en su marcha por los T-6 franceses.

Aunque el Ejército de Liberación había logrado un claro éxito defensivo en Ergueiua, lo cierto es que Ben Hammu no estaba del todo conforme. La dura respuesta francesa y la complejidad logística de enviar a sus hombres al corazón de Mauritania planteaba serios problemas, por lo que podía fijarse un nuevo objetivo más sencillo. Durante los meses anteriores el *Yeicht Taharir* había logrado establecerse de manera sólida en el Sahara español donde contaba con hombres, depósitos de suministros, material y una buena infraestructura, por lo que ¿por qué no liberar ese territorio y dejar la correosa Mauritania francesa para más adelante? Para hombres como Hammu, un verdadero halcón de la guerra, España había demostrado una y otra vez su debilidad, algo que jamás deja de aprovechar un guerrero árabe.

Las incursiones francesas en territorio español y los bombardeos de sus aviones casi a placer favorecían al Ejército de Liberación, pues Hammu podía afirmar con seguridad que España era incapaz de gobernar el territorio, por lo que no le resultó difícil convencer a muchos jóvenes nómadas de que lo mejor era unirse a las bandas armadas si querían de verdad ser los dueños y señores de su destino.

1.7 El plan Madrid

La escasa presencia de europeos era uno de los mayores quebraderos de cabeza de los mandos. En el Sahara, con una extensión aproximadamente del tamaño de la mitad de España, solo vivían en 1950 12 287 saharauis y 1 340 españoles, siendo la densidad de 0,05 habitantes por kilómetro cuadrado y la proporción de efectivos entre nativos y europeos era de 3 a 1 en las unidades militares y de 10 a 1 en la policía.

Aunque en el Sahara la independencia de Marruecos no tuvo la trascendencia que en Ifni, los síntomas inquietantes fueron en aumento y el l III tabor del Grupo de Tiradores de Ifni que estaba de guarnición en el El Aaiún, con una compañía destacada en Villa Bens y Villa Cisneros, era por su tropa ba amrani poco de fiar para muchos, a pesar de las continuas declaraciones de su comandante Víctor Lago, que decía que no había nada que temer.

En Ifni, según el último censo, la población española era de 2267 personas en 1950 frente a 38 295 nativos, pero el territorio era mucho más difícil de defender. Ya a principios de 1956, un escuadrón de bombarderos B-21 —*Heinkel* He-111— fue enviado desde la base de Gando, en Canarias, a El Aiun y Sidi-Ifni. Se incrementó el número de aviones de transporte —todos venerables *Junkers* Ju-52, T 2B, en el código español—, hasta alcanzar el número de 19, y se asignaron dos bimotores anfibios.

En abril, la I bandera paracaidista del Ejército de Tierra fue enviada a Fuerteventura y en julio, ante la gravedad de la situación, se trasladó a Sidi-Ifni, siendo enviada por un puente aéreo la II bandera, en enero del 1957, para su relevo. Los incidentes en 1956 fueron en aumento y el gobernador, alarmado por la posibilidad de que acabase alguno de ellos en un baño de sangre, decidió autorizar las manifestaciones pacíficas.

Progresivamente, según subía la tensión, se fueron estableciendo los objetivos principales si la situación derivaba en un enfrentamiento a gran escala y se decidió que, sin lugar a dudas, el aeropuerto de Sidi Ifni era el objetivo esencial a proteger, pues era el cordón umbilical que unía el territorio con las Canarias. Al mismo tiempo se ordenó que las tropas no se desperdigaran por los puestos del interior y se concentraran en la defensa de las posiciones esenciales, a fin de evitar un desastre como el de 1921[29].

Los incidentes fueron en aumento por el progresivo acercamiento de los ba amranis a la causa del sultán, en muchas ocasiones para sorpresa y disgusto de las autoridades civiles españolas y militares, que veían cómo antiguos amigos leales a España desde tiempo atrás, se inclinaban poco a poco hacia el lado marroquí. Incluidos importantes comerciantes y hasta concejales.

Ese abril hubo un grave incidente con dos muertos en el lado de los ba amranis y tres heridos entre la policía indígena, lo que hizo que se intensificaran las patrullas y la vigilancia en el interior, pero tanto en Ifni, como en el Sahara se cometieron graves errores.

Hacia 1955 las tribus del Sahara convivían en paz como nómadas en un régimen pastoril libre, sin necesidad de acreditarse con ningún tipo de documentos, pero en marzo de 1956 se estableció un sistema de impuestos y una tarjeta de identidad en la que aparecía el título de «pastor» como identificador de actividad, algo considerado denigrante por los orgullosos guerreros de las tribus. La de Izarguién, la más numerosa en el El Aaiún, se negó a realizar la ofrenda al nuevo gobernador, al decir que como pastores carecían de dinero.

Hubo un error más, la inclusión del té y el azúcar, que para los nómadas son elementos de primera necesidad, dentro del grupo de impuestos que englobaba al alcohol, los vinos, el tabaco y las joyas, y además, se incluyó un impuesto sobre la riqueza ganadera que carecía de tradición. Se indicó a Madrid que se trataba de graves errores, pero el Gobierno no cedió, no quedando otro remedio a las autoridades militares que cumplir con las órdenes, para lo cual se hubo de movilizar a los Tiradores de Ifni, a un escuadrón de caballería, a la policía y a las unidades nómadas.

---

[29]   Es habitual en la prensa actual, cuando se trata el asunto de Ifni, decir que hubo una total imprevisión por parte española, pero no hay nada más lejos de la realidad.

El general Pardo de Santayana cesó por edad el 23 de mayo, si bien recibió órdenes de esperar al nuevo gobernador, el general Gómez-Zamalloa, que se demoraría hasta el 23 de junio. La situación cuando el nuevo gobernador se hizo cargo del mando era notablemente peor en el Sahara que en Ifni, ya que había casi un millar de hombres armados del Ejército de Liberación, bien organizados y equipados, que contaban con puntos estratégicos clave en el territorio.

Además, aunque el núcleo principal del Ejército de Liberación se encontraba al norte del Draa, con más de 4000 hombres, le resultaría muy sencillo reforzar de forma casi inmediata a las tropas que tenían en el Sahara, donde se disgregó en al menos 16 grupos que no podían ser eliminados con los escasos medios disponibles, que estaban formados por 400 hombres del III tabor de Tiradores de Ifni, 700 de la XIII bandera de la Legión y 660 de la IV bandera, además de unidades de policía que no podían realizar una acción contra las bandas, ya que esta no podría ser sino militar.

Zamalloa impartió órdenes para quitar a los europeos de los puestos más expuestos, de forma que a finales de agosto habían sido todos evacuados y dejados a cargo de nativos, medida que impactó de forma muy negativa en los nómadas, que se sintieron abandonados y muchos de los cuales pasaron a engrosar las filas del *Yeicht Taharir*. También fijo ciertos acuerdos con los franceses, a pesar de las dudas que seguían agobiando al Gobierno español, que claramente no sabía cómo enfrentarse a una situación que se le iba de las manos.

El 27 de julio la Junta de Defensa Nacional elaboró el denominado Plan Madrid que establecía diversas fases. Si las primeras tenían éxito, no sería necesario realizar las siguientes. Eran:

a) Presionar diplomáticamente al Gobierno de Marruecos.
b) Obligar a las partidas más importantes a abandonar el territorio.
c) Iniciar ataques aéreos sobre las concentraciones de bandas armadas.
d) Controlar todas las fronteras.

No se establecía ninguna colaboración con los franceses —tradicionalmente considerados un Gobierno hostil—. De todas estas fases no se llegó a aplicar ninguna y el Plan Madrid se perdió en el olvido. En septiembre las bandas armadas que operaban a sus anchas en el Sahara comenzaron a realizar claras acciones antiespañolas y los vuelos de observación comprobaron la existencia de constantes movimientos de vehículos y camellos en dirección a Tafudart y Smara, apreciándose también que los grupos que habían operado contra los franceses en Mauritania se habían ido concentrando en el sur, llegando las bandas a detener un convoy español en octubre.

Estas y otras acciones fueron cambiando la relación con Francia y comenzaron los intentos de aproximación al país vecino, aunque poco antes, del 20 al 24 de septiembre, ya hubo unas reuniones en Dakar —Senegal— entre los estados mayores de ambas naciones en las que se estudió la realización de operaciones combinadas más adelante denominadas «Teide» y «Ecouvillon». Aunque los militares españoles, conscientes de las deficiencias de su ejército, deseaban la intervención francesa, el Gobierno no estaba aún por la labor y la decisión de iniciar acciones en cooperación se fue retrasando.

No obstante, las continuas acciones agresivas de las bandas armadas decidieron al mando a establecer un sistema defensivo en El Aaiún, Villa Bens, Villa Cisneros, Aargub y Güera, dándose por perdidas Smara, Tan Tan y Auserd, donde los escasos efectivos eran incapaces de mantener la soberanía española.

El 13 de diciembre de 1957, en Francia, en un Consejo de Ministros presidido por Gaillard, se debatió acerca de solicitar a España la realización de acciones militares combinadas. Los ministros de Ultramar —Jacques— y Exteriores —Pineau— no querían colaborar con España, pero sí lo deseaban Delmas —Defensa— y Ely —jefe del Estado Mayor—, aunque en realidad a ninguno le agradaba colaborar con el régimen de Franco. Las negociaciones en España las llevó adelante el embajador Guy de la Tournelle, con Castiella y con el ministro del Ejército, a quien correspondió la dura tarea de convencer al generalísimo. No le costó demasiado, pues en los ámbitos militares españoles se sabía perfectamente que expulsar al Ejército de Liberación del Sahara era una tarea muy complicada para los medios disponibles y la penuria de nuestras Fuerzas Armadas, en tanto que para los franceses, sobrados de material, medios y hombres, las operaciones se enfocaron como una mera operación poco más que policial.

El día de Reyes de 1958, por parte española estaba decidida la cooperación a la máxima escala posible, y el 14 de enero se reunieron en Las Palmas los mandos españoles y franceses para poner en marcha las operaciones encaminadas a expulsar a las bandas armadas del Yeicht Taharir del Sahara español, pero antes habían sucedido muchas cosas.

1.7.1 La guerra de agosto

Durante la primavera de 1957 la situación en Ifni era cada vez más inquietante, pero todo parecía seguir en calma. La labor principal de las autoridades militares era asegurarse de que las posiciones permanecían comunicadas y la vigilancia sobre las bandas armadas se mantenía. Comenzó la instalación de alambradas y la protección de los reductos y fuertes con sacos terreros. También se sembraron algunos campos de minas en los puntos más vulnerables.

En Ifni la presencia de los paracaidistas con sus equipos y uniformes modernos que destacaban en medio del aspecto netamente colonial de las tropas acantonadas en el territorio, y el hecho de ser tropa europea, ayudó a dar confianza a los residentes españoles y a sus familias. Los oficiales de los Tiradores de Ifni acudían también con frecuencia a las maniobras de los «paracas», para ver en vivo sus modernos sistemas de entrenamiento.

A esta mejora en la confianza se unió a finales de julio la autorización para que los familiares de los mandos de las guarniciones pudiesen residir junto a ellos, lo que elevó la moral y dio ambiente de normalidad. Otro hecho que acentuó la sensación de que las cosas volvían a su cauce se produjo el 20 de junio, cuando los comerciantes levantaron el cierre de sus tiendas y negocios en el zoco, que mantenían desde la detención y deportación a Fuerteventura de varios ba amranis acusados de subversivos.

Las tropas expedicionarias no fueron equipadas de forma especial para un terreno árido como el de Ifni y se encontraron en una guerra con el mismo pobre material que tenían en Europa. Fue muy meritorio su comportamiento con tan escasos medios. Foto de Guillermo Perales, del regimiento Tetuán, n.º 14.

Al sur en el Sahara, el *Yeicht Taharir* mantenía sus posiciones en el territorio de soberanía española y algunos líderes tekna se quejaban de las constantes incursiones francesas desde Fort Trinquet, y en diversas entrevistas con militares españoles los jefes tribales se quejaban también de la presión que suponía para ellos la presencia amenazadora de las bandas armadas del Ejército de Liberación.

Por si fueran pocos los problemas, el verano del 57 fue uno de los más secos en 100 años y no había agua en los pozos para el ganado y los camellos. La situación en el interior fue tan grave que se hizo necesario enviar convoyes de camiones con agua para evitar no solo que el ganado pereciese, sino incluso los propios saharauis, pues en la región de Tifariti y Guelta de Zemmur se llegó incluso al hambre, y de ser un lugar repleto de agua en el que es incluso posible bañarse, no había una gota y los pobres nómadas excavaban desesperadamente entre el barro para intentar encontrar algo de agua, mientras en medio de esta dramática situación los jefes de las bandas exigían a los erguibat hombres y medios para la guerra contra los infieles. Así estaban las cosas cuando en agosto se produjo un grave incidente.

El 11 de agosto un destacamento del *Yeicht Taharir* que se había infiltrado en territorio español atacó a una patrulla que se había acercado a Id Aissa para reparar el tendido telefónico. Las tropas españolas repelieron la agresión abatiendo a un insurgente de las bandas, pero perdiendo, probablemente por deserción, a un soldado nativo. Por razones de prestigio o tal vez para demostrar la férrea voluntad de no ceder, más aún en un caso como el que acababa de suceder, en el que la agresión se había producido dentro de la zona de soberanía española, se tomó la decisión de responder con un ataque aéreo, pero el bombardero *Heinkel* He-111 que iba a efectuar la misión de represalia se estrelló, falleciendo el comandante Álvarez-Chas y toda su tripulación.

El comandante era gran conocedor de la región y apreciado por los ba amrani, por lo que su pérdida fue importante. El capitán Villoria, que fue enviado a la zona de Tagragra a evaluar la situación, comunicó que los nativos se mostraban hostiles y agresivos, que había al menos 80 hombres armados en el antiguo puesto francés de Tiguisil Igurramen y que no lograba contactar con la posición de Id Aissa, por lo que aconsejaba la evacuación de la Bifurna y Hameiduch, por ser puestos muy difíciles de defender, así como concentrarse en la defensa de Tiugsa, para lo que era preciso evacuar a las familias de los oficiales y suboficiales. La escalada del conflicto parecía imparable.

Con independencia de lo que pudiese ocurrir, a los riesgos a los que se enfrentaba el AOE, la propia estructura del Ejército español de la época y la falta crónica de equipos modernos y medios de transporte, se unía la necesidad de dotar de medios motorizados adecuados a las unidades de infantería e incluso de la Legión. Además, la licenciatura de los soldados del reemplazo de 1955 dejaría a las unidades desplegadas en el desierto del Sahara y en Ifni sin hombres experimentados, a pesar de que llamar experiencia a lo que tenían los pobres conscriptos era de broma.

Lo que sí que es verdad es que la situación era tan grave que se hizo un plan en el Sahara para evacuar la totalidad del personal europeo de las posiciones establecidas en el interior. El temor a lo que se veía venir hizo que se redujera de forma ridícula la munición de las tropas indígenas, dejándose solo 100 balas por hombre y quitando a todos las granadas de mano, sustituyendo el mosquetón Mauser de 7,92 por el de 7 mm. Todas estas acciones generaron inquietud en la tropa, al tiempo que daban la sensación de que España les abandonaba a su suerte.

La noche del 10 al 11 de agosto, fuerzas del *Yeicht Taharir* penetraron en territorio español de Ifni. En total ni siquiera llegaban a 100 hombres, pero el desafío era tan abierto que exigía una rápida respuesta. El 14 la agrupación de combate B, al mando del capitán Juan Sánchez Duque, con la 7.ª compañía de la I bandera paracaidista y una sección de la 6.ª, reconocieron la pista que unía Tamucha con Id Aissa y el día siguiente se envió a Tiugsa un tabor de Tiradores de Ifni.

Estas acciones —conocidas por los militares españoles como la guerra de agosto— tenían como objetivo demostrar que España estaba dispuesta a defender su territorio. Un combate en Tinguisit Igurramen el 16, en el que cayeron cuatro insurgentes, motivó una enérgica nota al Gobierno marroquí a través del ministerio de Asuntos Exteriores español, de la que el Gobierno marroquí se excusó torpemente para intentar justificar que las FAR no controlasen la frontera de su propio país.

En cualquier caso, los días 17 y 18 la aviación española inició una serie de vuelos de reconocimiento para detectar movimientos de posibles bandas hostiles en la frontera, al tiempo que los tiradores y los paracaidistas recorrían los puntos más amenazados a la búsqueda de posibles infiltraciones de irregulares del Ejército de Liberación.

El 20 de agosto, en medio de la enorme tensión que había en la zona, un avión francés detectó a un mercante en el cabo Leven, junto a la costa, y al menos un centenar de personas en las playas. Al día siguiente el propio general Bourgund informó de que sus aparatos de reconocimiento habían detectado restos de desembarco de material en el Uad Bu Isafen, lo que se unía a los extraños informes sobre la presencia de buques con bandera soviética en las cercanías de la costa sahariana. Tanto barcos españoles como aviones franceses tenían constantes encuentros con naves rusas, lo que hacía posible que las bandas armadas se estuviesen aproximando en las mismas narices de las autoridades españolas.

Los encuentros con estos misteriosos buques rusos fueron en aumento, y el 2 de septiembre el pesquero *Gene-pesca Tercero* tenía a la vista un gran carguero de unas 9000 toneladas con otros cuatro más pequeños junto al cabo Blanco, cuando captó emisiones de radio en ruso. Esos barcos fueron también localizados por aviones de reconocimiento franceses dos días después, pues sospechaban que llevaban armas a las bandas.

La situación se agravaba por momentos y comenzó a considerarse la necesidad de abandonar las guarniciones del interior del Sahara, complicada decisión que, como veremos, tuvo importantes consecuencias. Pero antes había algo primordial, había que preparar las defensas de las capitales, El Aaiún y Sidi Ifni, cabezas de la soberanía española en el AOE.

Aunque hoy nos parezca extraño, Ifni carecía de un puerto en condiciones, por lo que enviar refuerzos era extremadamente complicado. En realidad, tras los ataques del Yeicht Taharir *se convirtió en una mera «cabeza de playa».* Foto GME.

1.7.2 *Preparados para lo peor*

A primeros de octubre el Estado Mayor de las fuerzas del AOE había preparado un completo informe acerca de las posiciones que ocupaba el *Yeicht Taharir* en el Sahara. Como es lógico el informe fue enviado al Estado Mayor del Ejército para su evaluación y también a las autoridades de la Dirección General de Plazas y Provincias Africanas. El número de partidas localizadas a lo largo y ancho del Sahara español se evaluó en trece, si bien no todas tenían la misma entidad, tanto por el presumible número de sus componentes como del armamento y vehículos que empleaban. Todas eran muy móviles, por lo que se consideró que la exploración aérea era vital para conocer su verdadera fuerza, pues muchas de ellas eran grupos de nomadeo en camellos que se dedicaban a proteger y cuidar los campamentos o a realizar acciones de contrabando de armas en la costa.

Como era también lógico, la mayor parte de las unidades destacadas en el Sahara tenían planes de defensa propios que se habían ido más o menos renovando desde los años cuarenta y que tenían su origen en el diseñado por Bonelli y completado por el comandante Bens en 1920. Por tanto, debían ser actualizados para que volviesen a ser de utilidad, aunque tenían algo en común, y es que en todos los casos estaban contemplados los puntos esenciales que había que proteger, como los pozos y depósitos de agua, los almacenes, el grupo electrógeno, el aeródromo y los establecimientos del Gobierno y la administración[30]. Asimismo, todos los planes incluían una cierta desconfianza hacia el papel que podrían jugar los «nativos».

Desde cualquier punto de vista, el viejo fuerte cuadrado de los años veinte seguía siendo de utilidad y en su única puerta se debía situar —en el viejo

Un grupo de soldados de la 1.ª batería de Artillería a lomo en Sidi Ifni. Los mulos se empleaban —y se siguen empleando— para el transporte de artillería en terrenos montañosos. En Ifni fueron de gran utilidad, a falta de algo mejor. La imagen recuerda algo a las de la Guerra Civil, aunque sea veinte años más antigua. Foto de José Badía Faulí.

---

[30]   Uno de los lugares a defender, que aparece siempre citado, es la iglesia parroquial, que se pensaba sería objetivo inmediato de los insurgentes si había una revuelta.

plan de defensa— el único cañón entonces disponible. Desde las troneras y las almenas se podía batir con fuego de ametralladora una amplia llanura que se sembraría de alambradas y luego se establecería un amplio perímetro exterior. Cuando en 1957 se renovó todo, se podía ya contar con más fuerzas de defensa y con más y mejores armas.

Los responsables de la defensa, primero Pardo de Santayana y después Zamalloa, diseñaron un plan más acorde con la situación real que se preveía, que incluía una línea de defensa para proteger a El Aaiún de posibles ataques exteriores. Mostraba claramente lo poco que se confiaba en los saharauis, al cubrir el perímetro un total de 4 kilómetros que quedó listo ya en octubre de 1957. Su defensa estaba encargada a una sección de morteros de la XIII bandera de la Legión, dos secciones de ametralladoras, una del III tabor de Tiradores de Ifni —compuesta solo por europeos—, dos compañías de infantería y una del servicio de automovilismo; unidades claramente insuficientes, por lo que la policía recibió órdenes de proteger una zona del perímetro y la vigilancia y defensa del vital aeródromo quedó en manos de la Legión.

El 10 de octubre estaba ya listo el plan de defensa renovado, que establecía tres puntos de apoyo:

Número 1. El fuerte, defendido por la compañía expedicionaria del regimiento Tenerife 39.

Número 2. El sector norte, defendido por una sección de la compañía expedicionaria del regimiento Las Palmas 50 y policía.

Número 3. Para cerrar cualquier penetración en la capital se contaba con el resto de las tropas del regimiento Las Palmas 50 y la plana mayor.

Afortunadamente, en diciembre llegaron refuerzos de infantería y más legionarios y se creó una sección, una especie de milicia, con civiles que vivían y trabajaban en la ciudad, a los que se llamó «los gabardinas» por ser una prenda habitual en ellos durante las frías guardias nocturnas. Con estos nuevos apoyos se modificó ligeramente el plan, quedando una parte de la II bandera de la Legión de reserva para realizar contraataques.

En Sidi Ifni los planes de defensa se actualizaron antes, en julio de 1957, con la bandera paracaidista, pero con el inconveniente de la separación entre los acuartelamientos de la policía y los tiradores.

En ambos territorios la presencia evidente de las bandas armadas del Ejército de Liberación ponía a las unidades militares y de policía en permanente alarma y los incidentes, cada vez más graves, se sucedieron en los meses de octubre y noviembre. Como ejemplo se pueden citar varios, como el producido el 1 de septiembre en Tiliuin, donde un grupo de civiles izó la bandera de Marruecos y, tras disparar al aire huyó, siendo el lugar controlado al día siguiente por los paracaidistas de la II bandera, o varios incidentes más graves en los días posteriores, en los que hubo tiroteos entre insurgentes de las bandas y policías y tiradores, en los que, si bien no se produjeron bajas, se mostraron pistas evidentes de que algo grave iba a ocurrir.

De hecho, el 5 de octubre, en un intercambio de disparos un grupo de reconocimiento del II tabor de Tiradores de Ifni sufrió en Tagüenza cuatro heridos. Estos incidentes eran, obviamente, muy graves, pero había algo más, y es que las constantes acciones militares francesas, incluso en territorio español, provocaban un incremento de la tensión que era imposible que no afectase a los militares españoles. Por ejemplo, un ataque de 4 T-6 y un MD-315 de la aviación francesa contra la sanga del Raudat el Hatch, en el Sahara español, que provocó el desplazamiento al norte de cientos de hombres de las bandas y otro ataque el 25 de octubre al avión correo de Smara —un *Junkers* Ju-52—, que recibió varios impactos de bala.

Esta agresión no debía dejarse sin castigo si se deseaba mostrar la firmeza española a la hora de defender el territorio, por lo que el 27 de octubre, con autorización desde Madrid, nueve *Heinkel* He-111 lanzaron 156 bombas contra el grupo armado de Tafudart —el número IV—. Fue una respuesta contundente y demostró a las claras —a pesar de que, obviamente, el bombardeo no causó graves daños— que el alto mando del AOE no se iba a quedar con los brazos cruzados ante las agresiones de las bandas armadas y, sobre todo, dio algo de tranquilidad a los militares, que veían cómo sus jefes estaban dispuestos a responder con la fuerza al uso de la fuerza por los insurgentes, algo que agradecían, ya que la pasividad de las semanas anteriores había intranquilizado a muchos.

La implicación directa del Gobierno del reino de Marruecos era, con mucho, lo más preocupante, porque al margen de las declaraciones oficiales, a nadie se le escapaba que el Yeicht Taharir no actuaría, bajo ningún concepto, sin atenerse a las «órdenes» de Rabat. El 22 de octubre hubo una reunión en Draa en Engleimin de los mandos del Ejército de Liberación, presidida por el maquiavélico príncipe Muley Hassan, en la que se preparó la campaña de insurrección en el Sahara, quedando las tropas bajo el mando de Ben Hammu.

Estos hechos, conocidos por los servicios de información de España y Francia, alimentaban los rumores de la próxima caída o entrega del los territorios del AOE a Marruecos en breve, lo que también estimulaba a las bandas, bien aleccionadas por sus líderes y por la radio de Rabat, que pensaban que el poder español en el Sahara se desvanecía. El 29 los aviones españoles detectaron la entrada de al menos 400 hombres a Sidi Ahamed Larosi y a Chebeica, movimientos en la costa de Tan Tan y en el Uad Draa. Todas estas acciones y la intensa actividad de las bandas en todo el territorio eran una prueba evidente de que la situación estaba totalmente incontrolada, por lo que es normal que los franceses, en especial el general Bourgund, estuviesen alarmados.

El miedo francés a que los españoles se viesen desbordados se notó el 1 de noviembre, cuando el coronel Cuffaut aterrizó con tres T-6 en El Aaiún y dejó claro al general Zamalloa que había 12 más a disposición de los pilotos españoles en Fort Trinquet[31]. El Gobierno español nunca respondió al ofrecimiento, pues, tal vez por vergüenza, prefirió usar medios propios, a pesar de que no era tan sencillo.

Bourgund siguió insistiendo en los días siguientes, convencido de que España necesitaría el apoyo francés si deseaba seguir teniendo la situación bajo control. Así estaban las cosas cuando el 8 de noviembre el jeep correo que iba de Villa Bens a El Aaiún fue atacado con fuego de armas ligeras por insurrectos del Ejército de Liberación. La valiente actuación de un policía indígena salvó la valija, pero quedó ya bien clara una cosa: el *Yeicht Taharir* era el enemigo y la situación se iba a complicar inevitablemente. Parecía claro que el ataque masivo se produciría, solo quedaba saber cuándo.

---

[31]   En aquel momento se estaban poniendo a punto aviones en Tablada y Matacán, a pesar de que los del último aeródromo eran T-6, y por lo tanto su participación estaba siendo complicada, por ser parte de los recibidos por el Convenio con los Estados Unidos.

2.ª PARTE

Y de repente, la guerra

En la noche del 23 de noviembre de 1957 empezaba en Ifni, territorio español situado en la costa sur de Marruecos, la última guerra colonial librada hasta ahora por España. Una guerra silenciada, que fue ocultada de cara a la opinión pública, y muy censurada. Una guerra corta pero intensa de la que la sociedad española de la época tuvo muy poca información y de la que hoy en día todavía se sabe menos.

Ifni 1957-1958. La prensa y la guerra que nunca existió.
LORENZO M. VIDAL GUARDIOLA

2.1 Ataque sorpresa

A las 04:00 horas del 23 de noviembre de 1957 todas las comunicaciones telefónicas de los puestos del territorio de Ifni con la capital fueron cortadas, y a las 05:40 se escucharon en las proximidades de la capital los primeros disparos. Una guerra que oficialmente jamás iba a existir acababa de comenzar.

El primer objetivo del la fuerzas guerrilleras del *Yeicht Taharir* fue el depósito de armas, que se encontraba guarnecido por tropas de artillería. Los atacantes no lograron llegar, pues una sección de paracaidistas de la II bandera, al mando del teniente Antonio Calvo, que estaba desplegada en el cauce del Asif Ifni en apoyo de los policías situados en la zona, les cortó el paso, entablándose un violento intercambio de disparos de armas ligeras, en el que cayeron abatidos un paracaidista y un artillero del Grupo a Lomo y resultó herido un policía. España acababa de sufrir sus primeras bajas en acción.

A las 07:00 los insurgentes atacaron con fuerza en el sector norte, con la esperanza puesta, tal vez, en que la población ba amrani se sumara en masa a la revuelta, pero no fue así. Además, los tiradores que defendían la zona les causaron cinco muertos y once heridos, sin bajas propias. Este indudable éxito probó que la capital estaba asegurada y el comandante Francisco Mena, del Grupo de policía número 1, logró calmar a la población a lo largo del día, pues si bien la respuesta había sido la adecuada, la sorpresa había infundido un lógico temor en los civiles y algo de desconcierto entre los militares, por más que se esperase algo así.

En realidad el problema no estaba en Sidi Ifni, sino en las localidades y puestos del interior, pues es probable que la estrategia de Ben Hammu y de los líderes del *Yeicht Taharir*, fuese intentar la ocupación del mayor número de puestos y poblaciones con rapidez, tal vez con el objeto de que, una vez logrado un alto el fuego, a España no le interesase mantener los costosos enclaves en los que aún pudiera conservar su soberanía y acabase cediendo el territorio.

Se trataba por tanto de una estrategia conservadora, pero razonable, pues por mucho que el Ejército de Liberación se esforzase, y por muy débil que fuesen las tropas españolas, el hábil Hammu sabía que no podría conquistar la totalidad del AOE. Era pues una apuesta arriesgada pero calculada.

Una vez comenzados los combates, la suerte de los puestos fue muy diferente, Bifurna, defendida por un cabo y cuatro soldados indígenas, se rindió el mismo día 23 y nunca se ha sabido si hubo o no resistencia armada. En Hameiduch, el sargento José Osorio, que mandaba un pequeño pelotón de tiradores, aguantó el asalto de una fuerza diez veces mayor hasta el día 28, en el que ya sin municiones ni comida se rindieron. Los supervivientes narraron posteriormente que fueron testigos de cómo el sargento fue asesinado en su presencia.

En Tamucha la lucha fue más intensa. El destacamento tenía una guarnición europea, una sección de Tiradores de Ifni, al mando del teniente Gonzalo Fernández. La defensa tenía dos posiciones, algo muy habitual en todo el territorio, una al mando del propio teniente y la otra al mando de un sargento, Juan Isaac Ros. Pronto se escucharon los primeros disparos y las dos posiciones quedaron aisladas entre ellas.

El Aaiún, poco antes del comienzo de la guerra. Era una minúscula y tranquila ciudad en la que era difícil imaginar lo que iba a ocurrir.

No ha quedado nunca muy claro lo que ocurrió, pero el 25 se escuchó un nutrido fuego de armas automáticas y las fuerzas del Ejército de Liberación asaltaron las posiciones españolas. La defensa fue imposible y tanto el teniente como el sargento resultaron abatidos[32]. Después de la guerra se comentó que las bandas se llevaron como trofeo la cabeza del teniente Fernández.

En el Zoco de Arba el Mesti la guarnición era más fuerte, ya que contaba con veintiocho soldados europeos y cuatro indígenas de Tiradores de Ifni, apoyados por un pequeño grupo de policías. Milagrosamente, aguantaron violentos ataques sin sufrir ni una sola baja. Día tras día fueron hostigados por guerrilleros enemigos, pero siguieron sin sufrir ni un rasguño y, a pesar del cansancio, la falta de sueño y la escasez de municiones y comida, aguantaron hasta su liberación el 1 de diciembre, tras una brillante resistencia.

---

[32]   El informe de la Tercera Sección del Estado Mayor dio como bajas un oficial, un suboficial y un soldado, muertos, tres heridos y dieciséis desaparecidos.

Tiugsa, puesto importante y de tradición desde el año 34, tenía un defecto clásico de los puestos de Policía y del Ejército, y es que estaba dividido en dos unidades o destacamentos, uno de policía y otro de tiradores —una sección y una compañía, respectivamente—. Esta circunstancia impedía que se apoyasen mutuamente y desde el 23, tras intensos ataques, la situación comenzó a ser complicada, a pesar de que en un momento de calma en el intercambio de disparos unos cuarenta soldados indígenas y sus familias, que vivían en el pueblo, se sumaron a los defensores en un honorable gesto de amistad y apoyo a España.

En la madrugada del 26, un pelotón al mando del sargento de tiradores Antonio Alaniz, apoyado por el fuego de dos fusiles ametralladores FAO y dos subfusiles Z-45 y por los disparos de cobertura de un pelotón mixto de tiradores y policías, asaltó una loma desde la que se hostigaba el puesto, y luego rechazó un virulento ataque con granadas de los guerrilleros cuando estos, intentaron recobrar la posición perdida[33].

El día 29 los atacantes comenzaron a usar morteros de 81 mm con los que causaron un grave daño al puesto. Este ataque motivó, además, el intento

Tropas españolas colocan alambradas en el perímetro defensivo del El Aaiún, la capital del territorio, poco antes del comienzo de los ataques de las bandas armadas del Yeicht Taharir *en noviembre de 1957*

---

[33]   Al volver encontraron el cadáver del cabo retirado Luis Gastarena, propietario de una tienda y un buen amigo de los ba amranis, asesinado de un tiro en la nuca y con los ojos fuera de sus órbitas. En un artículo del semanario *AOE*, de 22 de diciembre de 1957, se le describía como «un caballero que repartía su casa, su pan, su ropa y su dinero con todos y con especial atención a los niños del país, con los que jugaba y repartía golosinas de su tienda…». Al parecer los insurgentes no dieron valor alguno a sus actos.

de deserción de siete policías indígenas, lo que confirmaba la sensación que tenían los mandos desde el día anterior, cuando habían comenzado a hablar entre ellos, acerca de las dudas que tenían sobre su lealtad. Afortunadamente, ese mismo día, la aviación lanzó municiones y comida en paracaídas sobre el puesto asediado, lo que contribuyó a aumentar la moral, algo a lo que también contribuyeron los constantes ataques de los *Heinkel* contra las posiciones del enemigo.

La comida no faltó en ningún momento, pues unos días antes del comienzo de los ataques la guarnición se había «apropiado» de un rebaño de cabras y ovejas. Si a esto sumamos que se habían recibido municiones de sobra, la resistencia se pudo mantener firme hasta que, por fin, el 7 de diciembre, los soldados que ocupaban los puestos avanzados vieron con felicidad que se aproximaban tropas españolas que fueron recibidas con la alegría imaginada. En total, las bajas en Tiugsa fueron un soldado muerto y un sargento y dos soldados heridos entre los policías, y un oficial y seis soldados heridos entre los tiradores.

En líneas generales la resistencia en los puestos que habían aguantado había sido más que notable, teniendo en cuenta los medios con los que se contaba, la falta de comida, agua, municiones, el mal diseño de las posiciones defensivas y la pobreza de las comunicaciones, y en los que habían caído era evidente que la diferencia entre el número de asaltantes y los defensores había sido abrumadora. Queda no obstante narrar lo sucedido en un puesto cuya defensa y lo que ocurrió en sus inmediaciones atrapó la imaginación del público de la España de la época, a pesar de la censura impuesta por el régimen. Ese puesto era T`Zelata Des Sbuia o en su nombre españolizado, Telata de Isbuia.

En Telata, que como los demás puestos había sido atacado el 23, los sitiados rechazaron con éxito todos los ataques y los dos destacamentos existentes, uno de policía y otro de tiradores, consiguieron mantener sus posiciones, a pesar de que los guerrilleros habían abatido a un sargento y dos policías indígenas de un total de ochenta que habían intentado unirse a los defensores españoles, por lo que los dos destacamentos de las dos secciones de la guarnición habían quedado mermadas en sus efectivos[34].

Los combates fueron intensos los días 24 y 25, y desde el 24, la guarnición sabía que había una sección que intentaba conectar con ellos a tan solo unos 4 kilómetros, en Sidi Ahmed el Maagaimini —era la formada por los paracaidistas del teniente Ortiz de Zárate—. El Cuartel General solicitó a los sitiados que intentasen hacer un esfuerzo para contactar con los paracaidistas, pero el teniente Cuevas les comunicó que con los escasos medios y hombres con los que contaba era imposible.

---

[34]   Solo dos policías se unieron al *Yeicht Taharir*, el resto escaparon al campo, por lo que parece que su intención de acercarse a los defensores europeos era honesta.

El 28 los guerrilleros lograron atravesar las alambradas y, apoyados por los disparos de sus morteros, intentaron asaltar el puesto principal, siendo rechazados gracias a que los defensores consumieron la única caja de granadas de mano que tenían. Los siguientes días transcurrieron bajo constantes intercambios de disparos de armas automáticas y ligeras, y el impacto de las granadas de los morteros, que hacían mella en la moral de los sitiados, que no podían responder con algo parecido, y en lo material, pues dañaban las precarias defensas.

Observación aérea. Disponer de información sobre los movimientos de las bandas armadas del Ejército de Liberación y conocer sus lugares de concentración era esencial para el éxito de las operaciones, por lo que no es de extrañar la importancia que se le concedió. Foto GME.

En la capital, preocupado por lo que sucedía en Telata, el propio general Zamalloa dio la orden, el mismo 23 de noviembre, de socorrer a la guarnición sitiada. La decisión era arriesgada, pues hasta la tarde no se supo aún a ciencia cierta si la propia capital corría peligro, y en cuanto a lo que sucedía en los puestos del interior, solo había confusión y noticias en ocasiones contradictorias, si bien era evidente que todos estaban bajo fuertes ataques de los insurrectos.

A nuestro juicio la decisión adoptada fue correcta, pero se podía haber preparado mejor. Algo había que hacer, no podía aceptarse que la iniciativa quedase en manos del enemigo y era preciso devolver con contundencia el golpe, y para hacerlo, el general no contaba, a su juicio, con nada mejor que las modernas unidades paracaidistas. Por su entrenamiento, profesionalidad y armamento, se consideró que eran las más adecuadas para intentar la arriesgada operación, que se le encargó a Ortiz de Zárate, al mando de la 3.ª sección de la 7.ª compañía de la II bandera paracaidista del Ejército de Tierra. Como luego veremos, algunas de estas cosas, como lo relativo al material, que se daban por supuestas, no estaban tan claras.

Con la llegada de los DC-3 y DC-4 los Junkers-Ju 52 se concentraron en el Ala 36 con base en Gando, cuyo aeropuerto vemos en la foto. Estos duros aviones se mantuvieron en uso en funciones de transporte hasta los años setenta.

Conocedor de su misión, el teniente hizo una pequeña arenga ante los hombres de su sección y a un oficial le dijo su inmortal frase: «entraré en Telata o en cielo». La suerte estaba echada.

La sección partió, según el diario de Operaciones de la 7.ª compañía, a las 17:35, organizados sus 37 hombres en tres grupos de combate, una escuadra que llevaba un único mortero de 50 mm formada por cinco hombres, otros seis con ametralladoras de la 10.ª compañía como apoyo, así como dos enlaces de transmisiones, un médico, un practicante y cuatro conductores que se encargaban de la ambulancia con la que se debía de evacuar a los heridos.

Pasaron la noche cerca de la capital y salieron camino de su destino a las 10:00, tras limpiar la pista que estaba bloqueada y rechazar en un tiroteo a un grupo de insurgentes a los que causaron dos muertos y un herido. Por entonces ya sabían que la guarnición de Telata estaba cercada, pero resistía.

El 26 entablaron un duro combate contra una fuerte concentración de tropas enemigas, al menos unos doscientos guerrilleros, que con armas automáticas atacaron a los paracaidistas, convencidos de que por su inferioridad numérica sería fácil aplastarlos. Tras intentar fortificarse en una cresta, de la que antes hubo que desalojar al enemigo, acción en la que cayeron dos paracaidistas, y pese al fallo de las comunicaciones, lograron enlazar mediante una vieja radio Marconi con Sidi Ifni para pedir apoyo de la aviación, cuyos dos únicos Heinkel se estaban quedando sin bombas[35].

El desastroso material siguió dando problemas, el mortero dejó de funcionar al cuarto disparo y, desafortunadamente, en el intercambio de disparos cayeron un paracaidista más y el propio Ortiz de Zárate. El sargento Juan Moncada tomó el mando y, a pesar de que la sección estaba copada y había perdido a su jefe, siguió resistiendo con valor y habilidad.

La comida y el agua no tendrían que haber sido un problema, pues les llegó desde el aire, en ocho paquetes[36] y un garrafón que les lanzó un solitario Heinkel He-111, pero los paracaidistas solo pudieron recuperar dos de los paquetes, por lo que, ante la falta de alimentos, algunos «paracas» no tuvieron más remedio que tomar hojas de chumbera.

Lo más grave era, obviamente, la falta de agua, que hacía que la resistencia fuese cada vez más difícil. Tras rechazar duros ataques el 29 y el 1, ese último día los paracaidistas asaltaron en una brillante ataque un aduar en el que consiguieron agua de una cisterna de lluvia que había en el lugar con el que llenaron un garrafón y todas las cantimploras que pudieron.

Gracias al agua, los recuperados paracaidistas pudieron mantener viva la defensa hasta que, por fin, el 2 de diciembre, la 21.ª compañía de Tiradores de Ifni del capitán Agustín López, logró contactar con la sección sitiada.

La operación de la 3.ª sección ha sido frecuentemente criticada e incluso algunos historiadores la califican de «misión imposible», pero en realidad no fue así. Se trató, eso es cierto, de una operación arriesgada, en la que es posible que el teniente Ortiz de Zárate y sus hombres hubiesen podido alcanzar la sitiada guarnición de Telata aprovechando las sombras de la noche y usando caminos secundarios, pero eso hubiese hecho imposible el cumplimiento de su misión principal, que era llevar la ambulancia y ayudar a los heridos de la posición sitiada. Se trataba de intentar sorprender al enemigo

---

[35]   El teniente paracaidista José Frías O'Valle creó un tipo de bomba con un bidón de 200 litros detonado por una granada, que se arrojaba a mano desde el Heinkel, haciendo el efecto a pequeña escala del Napalm. Se conoció este tipo de artefactos como «frías».

[36]   Al parecer llevaban pan, chorizo y latas de sardinas en conserva. Una comida muy típica de los soldados españoles en las guerras de los siglos XIX y XX.

en un momento de confusión inicial, y eso sí era posible. Simplemente hoy en día se olvida con frecuencia que en las guerras, una faceta horrible del ser humano, la gente muere.

Un C-47 Dakota—al fondo—y el inconfundible morro de un CASA C-2111A, bombardero medio basado en el Heinkel He-111. Entre 1950 y 1956, España compró motores Rolls-Royce Merlin con lo que modernizarlos y mejorar su rendimiento.

Sin embargo, muchas críticas son razonables. Tal vez el general Zamalloa despreció a los integrantes del *Yeicht Taharir* sin saber demasiado de ellos. Por de pronto, el material falló en parte calamitosamente, así por ejemplo, ninguno de los radioteléfonos J-TEB que llevaba la sección funcionó. Igualmente, podían haber recibido constante apoyo aéreo de cobertura que al menos ayudase a limpiar las concentraciones de los guerrilleros del Ejército de Liberación, pero la escasez de aviones tampoco lo hacía tan fácil y la falta de vehículos acorazados o blindados impedía usar alguno de ellos como apoyo. A cambio, se tenía que haber dado algo más de poder de fuego a la unidad, con más granadas de mano, fusiles ametralladores FAO o subfusiles y, por supuesto, algún mortero de 81 mm y lanzagranadas tipo *bazooka*.

En la capital, Sidi Ifni, adonde fueron llevados sus restos antes de enviarlos a Madrid, el general Zamalloa presidió una emocionante ceremonia en la que, personalmente, colocó sobre la boina negra del joven teniente fallecido, puesta sobre el féretro, la Medalla Militar individual[37]. A veces los gestos son importantes.

---

[37]   En su cartera el teniente llevaba escrita una oración que decía: «Señor, haz que mi alma no vacile en el combate y mi cuerpo no sienta el temblor del miedo. Haz que yo sea en la guerra como lo fui en la paz. Haz que el silbido de los proyectiles alegre mi corazón».

2.2 UNA SITUACIÓN COMPROMETIDA: TILIUIN Y TENIN DE AMEL-LU

DE TODOS LOS PUESTOS QUE HABÍA EN EL TERRITORIO hubo dos que sufrieron especialmente, el primero era Tiliuin, el más alejado de Sidi Ifni, que, situado en el suroeste era difícil de apoyar, y tenía el mismo defecto que la mayoría de los puestos del interior, al contar con destacamentos separados para los tiradores y la policía. Además, estaba cerca del puesto de mando del *Yeicht Taharir*. El segundo era Tenin de Amel-lu, que fue el último de todos en poder ser liberado.

El puesto de Tiliuin tenía, como hemos dicho, una oficina de la Policía Territorial al mando del teniente Juan Pradillo y una sección de tiradores al mando del teniente José Alvar; recibió los primeros ataques, como en el resto de Ifni, el 23 de noviembre, y los rechazó todos sin bajas mortales, a pesar de que la proximidad al Cuartel General del Ejército de Liberación en Goulimin hizo que los guerrilleros le prestasen una especial «atención». Por lo tanto, desde el primer momento el propio general Zamalloa, consciente de la lejanía y aislamiento del puesto, prestó especial cuidado a los planes para su liberación, que como veremos, se concretarán en la operación «Pañuelo».

El caso de Tenin de Amel-lu es una interesante muestra de lo que se puede hacer con ingenio y valor. Tenía una oficina de policía realmente importante con la mayoría de sus miembros indígenas y estaba al mando de un teniente peninsular. Tras la llamada Guerra de Agosto, se envió como refuerzo una sección de Tiradores de Ifni al mando del teniente Arturo González, pero quien tomó el mando, el 22 de noviembre, solo un día antes del comienzo de los ataques, fue el teniente Manuel de la Pascua, oficial del arma de artillería procedente de Tabelcut, al que le correspondía por antigüedad.

Los ataques comenzaron la noche del 22 de noviembre con un asalto como en la mayor parte de las posiciones, con fuego de armas automáticas y fusiles, alcanzando en algunos casos los atacantes distancias de solo 100 metros de las posiciones defensivas de policías y tiradores.

La defensa fue en cierto modo improvisada por los tres oficiales del puesto en un descanso en los combates. No obstante, resultó muy eficaz. Lo primero que se hizo fue fortificar lo mejor que se pudo la posición. El teniente Arranz se encargó de diseñar y supervisar los trabajos al mando de un grupo que se dedicó con ahínco a mejorar las defensas. Se cubrieron con cemento todas las ventanas y vanos, dejando solo mirillas para los tiradores. Se bloquearon los pasos y las entradas y se establecieron ingeniosas trampas por si el enemigo lograba atravesar las defensas exteriores. Incluso se cavó un túnel hasta el pozo de agua.

Todas las medidas defensivas realizadas sobre los edificios y sus dependencias se complementaron con una actitud resueltamente ofensiva, por lo que se acordó realizar contraataques y acciones por sorpresa a la más mínima ocasión, para mantener una cierta presión sobre los atacantes[38]. No es de extrañar que dadas estas medidas y el espíritu optimista de los defensores, la guarnición se comportase extremadamente bien y solo sufriese una baja, un tirador muerto.

Tiradores de Ifni. Sus uniformes, incluidos los característicos tarbuch rojos, son casi idénticos a los de la Guerra Civil de dos décadas antes. Sin embargo, los subfusiles y las ametralladoras ligeras FAO 30 —ZB-26— daban a sus pelotones y escuadras una mayor capacidad de fuego. Aun así el aspecto es arcaico y fuera de su tiempo, como si fuesen restos de una época colonial antigua y olvidada.
Foto Miguel Gómez.

Tras la operación llevada a cabo por el teniente Ortiz de Zárate, desde España se envió a Sidi Ifni a un comandante de Estado Mayor que debía quedar como segundo en el mando, por encima de los capitanes que formaban el Estado Mayor de la Jefatura de Fuerzas del AOE. No hubo problemas, pues el comandante Jesús Ruiz Molina se integró perfectamente en el equipo y trabajó con esfuerzo en la preparación de los planes y proyectos para liberar las guarniciones asediadas en todo el territorio.

La primera de estas operaciones se bautizó con el nombre de «Netol», y debía garantizar la liberación de Telata y Mesti, en tanto que la segunda,

---

[38]   Algunas de las salidas fueron muy brillantes, como las realizadas para conseguir comida o traer al puesto a las familias de los defensores indígenas del puesto.

bautizada como «Gento[39]», tenía como objetivo Tiugsa y Tenin. Más adelante habría otras, todas, al igual que estas, con imaginativos nombres.

El lenguaje deportivo, muy bien conocido en la milicia, y más aún por hombres jóvenes como los que constituían el Estado Mayor de la Jefatura de Fuerzas del AOE, se utilizó durante toda la campaña y no fue extraño en el gabinete de cifra emplear términos propios del fútbol para sustituir palabras estrictamente militares, como córner o penalti, en lugar de flanco o asalto.

Los planes de «Netol», romper el cerco a la sección de Ortiz de Zárate y liberar el Zoco de Arba el Mesti, exigían el lanzamiento de una compañía paracaidista en el aeródromo de Tiliuin, para reforzarlo y poder apoyar la defensa del fuerte. Era una operación complicada incluida en la orden P-2, que fue bautizada como «Pañuelo» y quedó encomendada a la 7.ª compañía de la II bandera paracaidista al mando del capitán Juan Sánchez Duque[40], que

Paracaidistas españoles junto a sus inseparables Junkers 52. Llevan el equipo de salto con la chichonera. En campaña utilizaban el casco de acero norteamericano modelo M-1, usado desde 1953 por algunas unidades especiales. La guerra de Ifni-Sahara fue su prueba de fuego y en ella se realizaron sus primeros saltos de combate, como en la toma de Hagunia y Smara.

---

[39]   Las denominaciones de las operaciones eran ingeniosas y simbólicas. «El Netol» era un insecticida matacucarachas y «Gento» el rápido e incisivo extremo izquierdo del Real Madrid, buena denominación para una acción que exigía velocidad y capacidad de penetración.

[40]   Por razones obvias, a esta compañía la faltaba la 3.ª sección, que era la de Ortiz de Zárate.

El ataque marroquí a Sidi-Ifni

23 de noviembre de 1957

ESPAÑA

MARRUECOS

Islas Canarias   SIDI-IFNI

ARGELIA

SÁHARA OCCIDENTAL ESPAÑOL

MAURITANIA

Incursiones del ELN - *Ejército de Liberación Nacional* (Marruecos)

Guarniciones españolas y movimientos de tropas

Combates y emboscadas

El inicio del ataque

El 23 de noviembre de 1957 comenzó la guerra a las 5,40 horas con el ataque de los marroquíes a un polvorín de Sidi-Ifni. El asalto fue repelido con éxito por los legionarios españoles. Las demás guarniciones de Sidi-Ifni fueron atacadas de forma coordinada por el ELN. Una decena de puestos aislados soportó lo peor de la incursión, la mitad de ellos sucumbió. Los demás puestos lograron aguantar hasta la llegada de los refuerzos.

MARRUECOS

OCÉANO ATLÁNTICO

Agadir

Tabelcut   Bifurna   Id Aisa

Sidi Borya   Hameidusch

SIDI-IFNI   Tiugsa

Sidi Daud   Tamucha

Tenin   Tiguisit

Biugta   Mesti

Sidi Uarsik   Taguensa

Ortíz de Zárate

Telata   Ug Gug

Sidi Inno   Tiluín

REGIÓN DE IFNI

N

estaba destinado a realizar el primer salto de combate de la historia del paracaidismo español.

Durante la noche del 28 de noviembre la sección se preparó en el aeródromo de Sidi Ifni para la operación, que debía llevarse a cabo a primera hora de la mañana. Se dispusieron equipos, armas, material sanitario y municiones, y el capitán se reunió con sus oficiales para explicarles la misión, cuyo salto se realizaría a la mínima altura posible, a fin de reducir al máximo el efecto del posible fuego enemigo. A las dos secciones que formaban lo que quedaba de la compañía, se agregó una escuadra con morteros de 81 mm y un pequeño equipo sanitario. Cada hombre desayunó café con leche y torrijas, y les entregaron los paracaídas, dos por paracaidista, provisiones de boca individuales y las armas, en total, 54 mosquetones *Mauser*, con 120 cartuchos cada uno, 6 subfusiles Z-45, con 350 cartuchos cada uno, 5 fusiles ametralladores FAO-Oviedo, con 520 cartuchos por unidad y, por último, 10 pistolas de autocarga *Star*, con 50 cartuchos cada una.

Paracaidistas del Ejército de Tierra. Su llegada a Ifni animó a la población civil e incluso a las tropas, pues su apariencia moderna y su armamento y entrenamiento contribuyeron a elevar la moral.
Foto GME.

Cinco *Heinkel* He-111 habían ametrallado y bombardeado a primera hora de la mañana las posiciones del *Yeicht Taharir* en los *aduares* de Agadir, Morabtien y Sidi Lahsen, sobre el vértice de Intlam, a fin de aislar a las tropas que iban a ser lanzadas, y se atendió especialmente a Sid Amar Musa, punto en el que se pensaba por los reconocimientos que el enemigo tenía situados sus morteros.

A las 10:16 despegaron cinco *Junkers* Ju-52 con los paracaidistas que fueron lanzados en dos escalones, uno de combate, formado por cinco patrullas, y otro de abastecimiento, con seis paquetes de municiones, un mortero de 50 mm, otro de 81 mm y los lanzagranadas.

Por culpa del viento una de las patrullas cayó muy al norte de la zona de aterrizaje prevista y se desplazó hasta Uad Asarasar, error o accidente que los especialistas consideran que a la postre fue beneficioso para la operación, ya que engañó a los insurgentes, que pensaron que el objetivo final era la zona de Intlán, por lo que se desplazaron hacia el este, dejando sin protección el área en la que descendió el grupo principal de la fuerza española.

Algunos autores más críticos con el desarrollo de la campaña por parte española señalan, como hace Gastón Segura Valero, que el desplazamiento de esta sección «ni siquiera merecería recordarse, si no fuera porque es una muestra más de las muchas temeridades que imponía la pobreza del ejército de entonces a nuestros soldados[41]».

Una vez en tierra, los paracaidistas se reagruparon y tras tomar posiciones al norte y sur del fuerte se encontraron con los asediados[42], que habían limpiado un pasillo en el campo de minas para que los paracaidistas pudiesen entrar sin problemas. No se habían producido bajas y se había demostrado que la coordinación de las operaciones aeroterrestres era factible y eficaz para sorprender al enemigo. No es de extrañar que el alto mando estuviese muy contento del éxito de la operación «Pañuelo».

Pasado el mediodía el capitán Sánchez Duque comunicó la situación al mando en Sidi Ifni y pidió el envío de municiones y dos morteros, material que se les lanzó a las 15:00 horas. Ahora solo quedaba esperar a los legionarios y salir de allí.

Tras el asalto paracaidista, el capitán Sánchez Duque se hizo también cargo de la defensa, pues era a quien le correspondía por grado y antigüedad y quien, por lo tanto, estaba al mando cuando las bandas atacaron con ferocidad desde las 05:00 del día 30, conocedores sus mandos del éxito de la operación de apoyo a los defensores de Tiliuin. Durante todo el día hostigaron con fuego de armas automáticas y de fusil las posiciones españolas, sin lograr éxito alguno y sin poder atravesar las alambradas del perímetro, dejando varios muertos en el campo.

Durante los días siguientes los paracaidistas y los componentes de la guarnición siguieron rechazando uno tras otro los asaltos que el enemigo llevaba a cabo sin gran convicción y sin dar señales de comprometer la seguridad del puesto.

El día 5, sin demora alguna, y en cumplimiento de las órdenes recibidas, se recogió toda la documentación, se destruyó todo lo que no se podía llevar y podía ser de utilidad para el enemigo, y se arrió la bandera española,

---

[41]   Sin entrar en polémicas absurdas, la pobreza del Ejército no tiene nada que ver con ese suceso, y además no resultó mal, como señala acertadamente Fernández-Aceytuno.

[42]   Para la empobrecida España de la época fue un detalle que el teniente Pedro Soto recogiera todos los paracaídas y el material abandonado, ya que cada paracaídas costaba 30 000 pesetas, una verdadera fortuna en 1957.

dirigiéndose todos hacia Telata de Isbuia. Con metódica profesionalidad, los legionarios de la VI bandera apoyaron el ordenado repliegue hacia Sidi Ifni que se realizo sin contratiempos.

2.3 OPERACIÓN «NETOL»

EL SIGUIENTE PASO FUE LA OPERACIÓN PARA LIBERAR LOS PUESTOS de Telata, Arba del Mesti y Tiliuin, con la intención de abrir la carretera Telata-Anamer-Sidi Ifni y poder realizar un repliegue sobre Biugta.

La columna motorizada la mandaba el coronel Félix López Maraver, con el IV tabor de Tiradores de Ifni, la VI bandera de la Legión, la I bandera paracaidista, el batallón expedicionario Soria 9 —dos compañías—, una sección de zapadores de la compañía expedicionaria del regimiento de Ingenieros número 6 y destacamentos de automovilismo y sanidad. Como en la operación «Pañuelo», en «Netol» se debía contar con un importante apoyo aéreo.

Fue el IV tabor el primero en entrar en combate en la desembocadura del Uad Coraima, tomando las alturas los tiradores tras un intenso combate en el que hubo un muerto y dos heridos. Los paracaidistas avanzaron hacia Biugta, y la 2.ª compañía que iba en vanguardia asaltó las posiciones enemigas después de duros combates. Tras la caída de Biugta, atacada con granadas de mano y fuego de armas automáticas, y en la que resultó muerto un paracaidista, prosiguió el avance, siempre en contacto con elementos hostiles del Ejército de Liberación, por lo que la 3.ª compañía tuvo que ser enviada para limpiar de enemigos las alturas en las que se ocultaban los tiradores de las bandas armadas, produciéndose violentos combates en los que se llegó al cuerpo a cuerpo y en los que fueron abatidas varias decenas de enemigos.

Una vez limpias las zonas de vegetación en las que estaban apostados los insurgentes, se ocupó el aduar fortificado de Bija Alasa y, tras la huida de sus defensores, se logró liberar el Zoco de Arba del Mesti en las últimas horas de la tarde del 1 de diciembre sin bajas propias.

Unidos, los tiradores y los paracaidistas se replegaron juntos hasta Biugta. El problema ahora estaba en el Bu Gasdir, pues en sus alturas se había concentrado un grupo armado enemigo que bloqueaba las líneas de avance tanto de los legionarios de la VI bandera como de los tiradores del IV tabor. Correspondió a la 2.ª compañía paracaidista el asalto apoyada por las ametralladoras y los morteros de la 5.ª, si bien, ante el ataque aéreo previo, la resistencia enemiga estaba ya muy debilitada y apenas hubo oposición.

Con la ocupación de Anamer el día 4, quedó libre la circulación para los legionarios y tiradores de Ifni, que tras liberar a la sección del fallecido Ortiz de Zárate, contactaron el 2 de diciembre a las 07:00 con los sitiados de Telata cuando iban hacia Tiliuin. El 4 llegó un convoy para evacuar el destacamento de Telata a la capital, esperando antes la llegada de la columna que había salido de Tiliuin tras el asalto aerotransportado de la operación «Pañuelo». En total, en Telata cayeron dos soldados de tiradores y un suboficial y un soldado de policía, con siete tiradores y un policía heridos.

El 4 de diciembre, ya de noche cerrada, a las 22:00, el comandante Ernesto León Gallo, de la columna Maraver, logró alcanzar el puesto con sus legionarios de la VI bandera y, junto con la guarnición de Tiliuin, se replegaron a la capital el 5.

Los legionarios de la VI bandera que habían marchado y combatido sin tregua desde el día 1, recibieron la orden el 6 desplazarse hasta Tiugsa, donde se les encomendó una nueva misión, la ocupación de la cota 646 —formaba

Una de las más famosas fotos de la guerra. Carmen Sevilla rodeada de paracaidistas de los ejércitos del aire y tierra en Sidi Ifni en diciembre de 1957. Tanto la popular actriz y cantante andaluza, como Elder Barber, el humorista Gila y otros artistas estuvieron entreteniendo a las tropas en un intento de dar sensación de normalidad en lo que, en la práctica, era una guerra no declarada.

parte de la operación—. Sin embargo, en tanto los legionarios se preparaban para actuar se produjo un incidente que tuvo honda repercusión, incluso en la silenciada opinión pública de la España franquista.

Ocurrió que una sección de infantería del regimiento Soria 9 que protegía los trabajos de limpieza de una sección de zapadores en la pista de Tiugsa, fue advertida por el jefe de la VI bandera de la Legión de que era muy peligroso realizarlos por haber enemigos en las proximidades en un terreno abierto en el que era muy difícil protegerse, y prohibió continuar. Cuando el alférez de complemento Rojas, que estaba al mando de la sección del Soria, ordenó realizar la maniobra a sus camiones para dar la vuelta, el enemigo abrió fuego con armas automáticas y morteros alcanzando a varios camiones y a sus ocupantes, entre ellos al propio Rojas, que cayó por el impacto de una de las granadas de mortero. Afortunadamente, los legionarios de la VI bandera apoyaron a los infantes y zapadores y, tras un brutal combate en el que se llegó al cuerpo a cuerpo, obligaron al enemigo a retirarse, al precio de dos muertos, tres heridos y un desaparecido.

La muerte heroica del alférez Rojas, cuando pistola en mano animaba a sus hombres a combatir y mantener sus posiciones, acto por el que recibió la Medalla Militar individual, causó un grave conflicto en la Península, pues hubo quejas de los familiares de los militares de las milicias universitarias, dando a entender que la guerra debía de ser una cosa de profesionales y no de universitarios «aficionados». Aunque el malestar no existía en realidad, y fueron muchos los oficiales y suboficiales de las milicias que querían mantenerse en sus puestos, el alto mando decidió ante el miedo a la opinión pública la repatriación de todos los que había en las unidades expedicionarias.

En líneas generales puede decirse que «Netol» salió bien y cumplió sus objetivos, las unidades que participaron apenas sufrieron bajas y se actuó con valor y decisión. Sirvió también para que los componentes de las unidades expedicionarias perdieran el miedo al enemigo, si bien se comprobó la tradicional habilidad árabe para la guerra de emboscadas y sorpresa, pero para los medios con los que se contaba y el tipo de guerra que se estaba desarrollando, el resultado había sido excelente.

2.4 OPERACIÓN «GENTO»

COMO HEMOS VISTO, la operación que tenía como objetivo la liberación de Tiugsa y Tenin había sido denominada con el nombre del delantero del Real Madrid, y debía de realizarse mediante un avance por la carretera de Tiugsa en dirección a las dos cotas que dominaban la llanura —codificadas como 646 y 405—, para luego alcanzar, liberar y evacuar las guarniciones de Tiugsa y Tenin.

El coronel Crespo del Castillo tenía a sus órdenes las fuerzas que debían realizar la operación, que estaban constituidas por la II bandera paracaidista, menos la 7.ª compañía, bajo el nombre de «Agrupación Crespo», la VI bandera de la Legión, el II tabor de Tiradores de Ifni, una compañía de fusiles y una sección de morteros del batallón expedicionario Soria 9, y destacamentos de transmisiones, automóviles y sanidad. También se contaba con los mulos y acemileros del Soria 9 y con apoyo aéreo.

Las tropas partieron al amanecer del día 5 y dos compañías de la Agrupación Crespo, las compañías 6.ª y 10.ª, cayeron en una emboscada en los altos de Alat Ida Usugún. Junto a ellas, también los infantes del Soria, pues siguieron su avance sin detenerse. Como consecuencia del combate, las bajas fueron numerosas y no se logró estabilizar la situación hasta el día siguiente.

Tras incorporar al operativo a la I bandera paracaidista, que estaba de reserva, la operación se dividió en dos ejes de avance, uno para ir hasta Tiugsa, formada por la nueva Agrupación Crespo, que ahora tenía a los nuevos paracaidistas, y otro hacia Alat Ida Usugún, con los efectivos de la II bandera.

El día 6 hubo problemas, pues cuando la VI bandera de la Legión actuaba contra las bandas armadas protegiendo las líneas de avance de la Agrupación Crespo en dirección a Tiugsa, sufrió bajas por «fuego amigo» de un *Heinkel* He-111, que tenía la misión de bombardear la zona de Cabeza de Ratón, que había sido ya ocupada sin una gran resistencia, pues las bandas de los ba amrani demostraron que no tenían mucha capacidad para aguantar en las posiciones defensivas por ventajosas que estas fueran, si eran atacadas y asaltadas con firmeza. La misión de bombardeo se retrasó, pero como no había enlace por radio no se pudo anular, causando en la acción tres heridos propios. A pesar de todo, el 7 enlazaron con los sitiados liberando la guarnición. El primer objetivo de «Gento» se había logrado.

El repliegue fue complicado, pues las tropas del *Yeich Taharir*, viendo cómo se perdía la posibilidad de aniquilar a la fuerza española sitiada, algo que daban por seguro, atacaron con toda su energía a los paracaidistas, que sufrieron varias bajas en los duros combates.

A mediodía del 7 se liberó la guarnición de Tenin de Amel-Lu, que llevaba sitiada desde el 23 de noviembre, rechazando feroces ataques de las bandas armadas. Se ha achacado las duras pruebas a las que fueron sometidos los paracaidistas, al hecho de que el repliegue del puesto no se produjese de inmediato aprovechando el factor sorpresa. Fue, sin duda, un error, ya que la compleja columna, que incluía heridos y civiles —mujeres y niños—, tenía que atravesar una zona llana, rodeada de montañas y vegetación.

Tras largas y desesperantes horas la columna, que debía haber salido al amanecer, no logró partir hasta las 10:30, muy tarde. Hasta esa hora la 8.ª compañía no acabo de demoler el fuerte y, para poder salir y proteger el convoy, situó sus secciones de forma escalonada.

Los guerrilleros del *Yeicht Taharir* se dejaron de ver casi de inmediato en las lomas vecinas, teniendo claro que los paracaidistas desplegados ante sus narices no eran ni siquiera un centenar —de hecho eran sesenta—, por lo que comenzaron a ver factible su aniquilación. Para suerte de los soldados de la 8.ª compañía, que iba siendo lentamente rodeada desde las alturas, sus camaradas de la I bandera que habían sido informados por los legionarios y permanecían en el collado de Alat Id Usugún para esperar a los rezagados de Tenin, se situaron con sus ametralladoras y morteros en una cresta desde la que atacaron a los partisanos impidiendo que acabasen con la 8.ª compañía. Aun así perdió catorce hombres —cuatro muertos, cuatro heridos y seis desaparecidos—.

Cerca de las 16:30 del 8 de diciembre, la vanguardia de la columna que procedía de Tenin, llegó a Aid Brahim escoltada por la I bandera paracaidista, y una hora después, todo el grupo, ya reunido, se ponía en marcha hacia Sidi Ifni, llegando a la capital entre las 05:00 y las 07:00 de la mañana del lunes. Se había logrado liberar los puestos sitiados, pero el enemigo había atacado con energía a las secciones más atrasadas, causando numerosas bajas y una situación comprometida, que se había resuelto malamente, pues en cierto modo se fracasó a la hora de conseguir suprimir los fuegos enemigos, quedando como único consuelo que al menos se había logrado llegar a Sidi Ifni.

Tras el asalto paracaidista a Tiliuin —operación «Pañuelo»— y las operaciones «Netol» y «Gento», se había conseguido liberar las guarniciones de los puestos sitiados y replegarse a la capital Sidi Ifni. Con el rescate se había logrado algo importante, como era el hecho de no perder completamente el control de la situación y evitar el resonante triunfo que para el Ejército de Liberación hubiese supuesto el tomar todos los puestos y hacer prisioneras a sus guarniciones y a los civiles que en ellos permanecían, golpe que políticamente habría sido demoledor y humillante para el Gobierno español.

Sin embargo, es evidente que el éxito era relativo y limitado, porque en los puestos abandonados y demolidos con explosivos, la bandera española no se volvería a izar jamás. El Ejército español había tenido serios problemas para detener los ataques de unas fuerzas enemigas que, a pesar de su nombre pomposo, Ejército de Liberación Nacional, no pasaban de ser bandas armadas irregulares que tampoco disponían de un material y un armamento de primera. Por lo tanto, uno de los problemas que surgió para el Gobierno fue cómo contar a la opinión pública española lo que estaba sucediendo, pues la férrea censura de los primeros momentos no se podía sostener por más tiempo. ¿Qué se le podía decir a la población?

Las declaraciones oficiales de los primeros días de diciembre hablaban claramente de agresión y, si bien se centraban en la «sorpresa» para poder justificar los reveses sufridos, se dirigía a Marruecos una mezcla de palabras de apaciguamiento y amenazas. Como bien dice Lorenzo M. Vidal Guardiola, el Ejército español dio la cara en Ifni, pero poco podía hacer «con una organización oxidada y anquilosada y con un material muy escaso, pobre y antiguo».

Por si fuera poco, en algunas ocasiones, no siempre, los miembros de *Yeicht Taharir* tenían armas ligeras comparables o mejores que las de los soldados españoles que defendían en penosas condiciones los puestos de Ifni y, todo ello, apoyado por escasos aviones antiguos que recordaban a los de la Segunda Guerra Mundial e incluso a los de la Guerra Civil, mientras que en la Península, España contaba con nada menos que 150 modernísimos reactores F-86 *Sabre*, que no se podían utilizar en los combates por culpa del contenido de los acuerdos con los Estados Unidos.

La situación durante lo que quedaba de diciembre fue de punto muerto, y la actividad militar bajó en intensidad, si bien continuaron los combates de forma esporádica. La escolta de convoyes entre los puestos aún defendidos quedó a cargo de los Tiradores de Ifni y las operaciones de reconocimiento en manos de las secciones de la 2.ª compañía paracaidista.

Lo que había quedado bien claro era que los manejos del sultán y del príncipe Muley Hassan no podían ocultarse y el Gobierno tenía que actuar de alguna forma o perdería toda credibilidad. Lo que hizo, en el mismo momento en que los paracaidistas combatían para tomar Tiugsá y Tenin, fue la última demostración de fuerza española al viejo estilo de las potencias coloniales.

2.5 LA RECUPERACIÓN DE IFNI

DURANTE LOS ÚLTIMOS DÍAS DE DICIEMBRE, en la capital del territorio de Ifni parecía haber vuelto la calma, pero todos sabían que no era así. Los combates, si bien habían bajado de intensidad, continuaban, y el sonido de los disparos en las cercanías de los puestos avanzados españoles era habitual. Para el Gobierno español situado ante la evidencia de que se encontraba en medio de una guerra, al oprobioso silencio con el que había tratado de evitar que se conociera en su verdadera dimensión lo que estaba ocurriendo en el Sahara e Ifni siguió un intento de demostrar dos cosas, que España había sido «traicionada» por los marroquíes y que la respuesta militar era «justa» y «proporcionada». Se deseaba, por lo tanto, tranquilizar a la población con noticias alentadoras que demostrasen el tradicional valor de los soldados españoles y su compromiso con los valores que España representaba.

La contraofensiva española en Sidi-Ifni

Operaciones `Netol´ y `Gento´

Junkers JU-52
El ejército español empleó estos vetustos aparatos en tareas de transporte y lanzamiento de paracaidistas

Heinkel He-111
Avión de origen alemán que utilizó el ejército español para bombardear posiciones enemigas en Sidi-Ifni

Puestos conquistados por el ELN (Marruecos)

Posiciones españolas bajo asedio

Paracaidistas

→ Operación `Netol´ (1 a 5 de diciembre de 1957)
Para la liberación de los puestos asediados de Mesti, Telata, Tiluín y la sección del Teniente Ortíz de Zárate

⇢ Operación `Gento´ (5 a 8 de diciembre de 1957)
Tuvo como objetivo liberar los puestos asediados de Tenin y Tiugsa

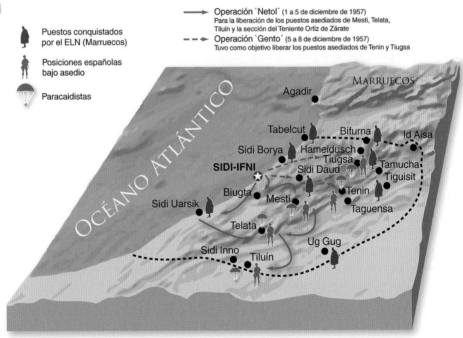

REGIÓN DE IFNI

Podemos ver este tipo de informaciones en dos artículos recogidos por Lorenzo M. Vidal Guardiola[43], así, el 24 de diciembre de 1957 el periódico *Información* destacaba en portada: «Veinte muertos a los atacantes en el Sahara español. Una banda fue sorprendida por nuestras tropas y puesta en fuga». De forma parecida a lo que aparecía en la controlada prensa de la época, una nota del Ministerio del Ejército decía: «Desde el pasado día 12, no se han registrado actividades de importancia en nuestros territorios de la costa occidental deÁfrica. Tan solo en Ifni, algunos tiroteos contra partidas a las que se ocasionaron bajas».

Se ocultaba bajo la apariencia de buenas noticias hechos de los que no se quería hablar, como que en Ifni, a pesar de las brillantes operaciones de rescate llevadas a cabo en la última semana de noviembre y las primeras de diciembre, el territorio en manos españolas no era más que una auténtica ratonera en la que unos pocos miles de hombres defendían un exiguo perímetro en torno a la capital o que, en el Sahara, se había abandonado el interior y solo se controlaban enclaves en la costa.

Mientras en España se podían leer sesgadas informaciones acerca de lo que ocurría de verdad o las familias con miembros en los territorios del AOE se debían contentar con las noticias de Radio Nacional, viviendo en una permanente incertidumbre, los mandos militares del AOE y de Estado Mayor Central trabajaban sin descanso para tomar una decisión sobre las acciones que debían emprenderse contra el enemigo.

Obviamente, el primer asunto a tratar era ver si era posible volver a tomar posiciones en la frontera internacional del territorio de Ifni, lo que obligaría a reconquistar el terreno perdido, algo que tanto el capitán general de Canarias como el gobernador general del AOE veían muy complicado y que según algunos autores, como Fernández-Aceytuno, exigiría tantos medios y hombres de refuerzo que no se atrevían ni a sugerirlo a Madrid. No obstante, era evidente que, para cualquier militar profesional, la sensación que quedaría si no se reconquistaba el territorio perdido y se destruía o expulsaba a las bandas del Ejército de Liberación sería, si no de derrota, al menos de fracaso.

En cualquier caso, la decisión de ocupar de nuevo el terreno perdido correspondía al alto mando en España, pero se adoptaron una serie de decisiones rápidas, si bien meditadas, que trataban de equilibrar en su justa medida lo que se «quería» hacer con lo que se «podía» hacer. En consecuencia, tras analizar la situación y viendo los medios disponibles, se pensó actuar en los

---

[43]   Su obra *Ifni 1957-1958. La prensa y la guerra que nunca existió* es esencial para seguir la evolución de la información publicada en revistas y periódicos, y la forma en la que se escamoteó a la sociedad española la verdad de lo que estaba pasando en África.

dos escenarios de lucha, Ifni y el Sahara, de forma diferente. En el primero el objetivo esencial debía ser mantener segura la «cabeza de playa» en torno a la capital y garantizar que el Ejército de Liberación no progresase ni un metro más. En el Sahara, por el contrario, se veía factible la expulsión de las bandas del territorio mediante el diseño de una amplia operación con empleo de elementos mecanizados y acorazados y el apoyo de la aviación. En ambos casos se atendió a los oficiales de las tropas que se encontraban en el campo de batalla, muchos de los cuales era buenos conocedores del terreno y podían aportar valiosa información.

Básicamente los trabajos se dividieron en dos, en tanto una parte de la Sección de Operaciones del Estado Mayor Central se dedicaba a diseñar las futuras acciones militares, que luego se plasmarían en la *Instrucción General 357-15*, la otra se ocupaba de preparar la inmensa estructura logística que sería necesario dejar lista para enviar al Sahara y a Ifni el material y los hombres con los que asegurar la defensa y organizar la contraofensiva.

La situación se agravó de repente por una mezcla de informaciones recibidas de las principales fuentes de información existentes, una no demasiado fiable que procedía de canales diplomáticos a través de los consulados y la embajada, y otra que procedía de la zona de combate. El hecho es que el 9 de diciembre, al poco de la liberación del último puesto, el de Tenin de Amel-Lu, el Estado Mayor Central comunicó al general Zamalloa que del análisis y estudio de la información recibida parecía que el *Yeicht Taharir* preparaba un asalto masivo e inminente contra la capital Sidi Ifni[44].

Al general Zamalloa se le había enviado la meticulosa Instrucción General 357-15, que, a pesar de detallar el sistema defensivo de Sidi Ifni hasta extremos exagerados, era un documento flexible que permitía trabajar y luego hacer las oportunas y necesarias modificaciones. Basándose en ella, el equipo del Estado Mayor del AOE se preparó par defender los puntos que se veían más amenazados y cumplir las órdenes llegadas de Madrid. El ataque masivo se preveía para el día 11, con posible intervención de las FAR —las Fuerzas Armadas Reales, el Ejército marroquí— en apoyo del Ejército de Liberación[45].

En este punto es importante reflexionar de nuevo sobre el aislamiento internacional de España y las consecuencias nefastas de la política torpe, errá-

---

[44]   Parecía haber aumentado el tráfico de vehículos entre Agadir y Mirleft de forma intensa, lo que se interpretó como una prueba más de que se estaba preparando algo importante.

[45]   En este grave momento, el general Franco era plenamente consciente de que el sultán Mohamed V, que seguía negando la implicación de su Gobierno en las acciones del ELN, tenía que recibir algún tipo de «mensaje».

tica y vacilante de los Gobiernos franquistas, y es que ante la grave posibilidad de verse involucrada en un conflicto de gran envergadura, España estaba de nuevo sola.

Obviamente el general Franco sabía que desde el instante inmediato de la consecución de su independencia, Marruecos se había convertido en un elemento esencial de la política norteamericana y que los Estados Unidos ayudarían al sultán Mohamed V, incluso frente a España[46], siempre que el conflicto fuese limitado, algo lógico desde el punto de vista de la estrategia global americana, en la que nuestro país poco podía aportar en el conjunto del escenario internacional, siendo sin embargo Marruecos una pieza fundamental de la estrategia occidental en el norte de África y el mundo árabe. Precisamente en los días del ataque a Ifni el sultán estaba de viaje oficial en los Estados Unidos y sus comunicados de prensa ante las preguntas de los periodistas se podían resumir en breves notas como una en la que decía, sencillamente, que «tenía la esperanza de que la actuales dificultades se resolverían en breve con negociaciones[47]».

Cuando España suscribió los acuerdos con los Estados Unidos en 1953, Franco sabía que se iba a perder soberanía y autonomía en política exterior, pero a cambio obtuvo el reconocimiento de la primera potencia mundial, la salida del aislamiento angustioso de los años anteriores, el primer paso para entrar en la ONU y la consolidación de su poder soberano absoluto e indiscutible, algo que, obviamente, no tenía precio. El problema, por tanto, más allá de lo que se pueda pensar, estuvo no en la falta del apoyo americano, sino en la incapacidad de los gobernantes españoles para actuar con decisión a la vista de lo que se veía que iba a ocurrir.

Como hemos visto, tras la Guerra de Agosto era evidente que la acumulación de todo tipo de vehículos y más de tres mil hombres en las zonas limítrofes a Ifni y en el interior del Sahara era el paso previo a una agresión. Ideas sobre lo que se podía hacer ante una evidencia tan grande de que se estaba preparando un ataque las hubo, y muchas, e incluso el general Zamalloa llegó a proponer un ataque preventivo contra las concentraciones del *Yeicht Taharir.* Sin embargo, Franco no quería bajo ningún concepto poner en riesgo la «amis-

---

[46]   Una nación española seria, bien gobernada y consciente de su fuerza, no debería tener nunca nada que temer de un país como Marruecos, al que superamos en PIB y poder militar de forma abrumadora. Sin embargo, al mínimo conflicto con nuestro vecino del sur, los Gobiernos españoles se echan a temblar y se quejan de la falta de apoyo de los Estados Unidos. Es una situación patética que no ha cambiado desde 1957.

[47]   Por supuesto Mohamed V aprovechó para presionar al Gobierno norteamericano a favor de su postura y la respuesta española, conocedora de sus actos, ante el secretario de estado Foster Dulles, notorio anticomunista, fue recordarle la importante —en realidad discutible—, presencia comunista en el ELN.

tad hispano-árabe», más aún cuando estaba negociando su apoyo para lograr la entrada de España en la ONU.

Ante la grave situación producida el 11 de diciembre, en la que Franco y los más altos mandos del Ejército creían saber que el ataque definitivo se iba a producir, era evidente que ya no sería suficiente con enviar a algunos de los vetustos bombarderos en acciones sobre las zonas de concentración detectadas del *Yeicht Taharir*, y más aún si, como hemos dicho, se sospechaba la intervención de las FAR. Había que hacer algo pese al riesgo de entrar en guerra con Marruecos.

El paso decisivo se dio ese mismo día. Se ordenó al principal grupo naval de la Armada, que estaba en Las Palmas, su partida de inmediato hacia las costas del continente. Su destino era el puerto de Agadir. Sin demora alguna, los cruceros *Canarias* y *Méndez Núñez*, los destructores *Gravina*, *José Luis Díez*, *Escaño* y *Almirante Miranda*, se situaron a la vista de la ciudad. Sus órdenes indicaban al almirante Pedro Nieto Antúnez situarse en la boca del puerto y apuntar sus cañones hacia la ciudad.

Aunque los barcos españoles eran como el resto de las Fuerzas Armadas, es decir, anticuados, también es verdad que el reino de Marruecos no tenía nada parecido que oponerles y, por otra parte, tampoco tenían una fuerza aérea capaz de hostigarles, por lo que la amenaza era, a todos los efectos, imposible de contrarrestar por los marroquíes, que fueron pronto conscientes de que, si abrían fuego, los 8 cañones de 203 mm montados en 4 torres y 8 cañones de 120 mm del *Canarias*, o los 8 cañones de 120 mm del venerable pero modernizado *Méndez Núñez*, capaces de alcanzar blancos a más de 20 kilómetros, podían literalmente pulverizar la ciudad, y nada en el mundo les impediría hacer lo mismo con otras ciudades costeras.

También cabía otra posibilidad, y era que su presencia fuese solo el anticipo de un inmediato desembarco, por lo que con urgencia se desplegó en la playa un batallón de las FAR y desde Rabat se ordenó el envío urgente de otro batallón de infantería y un grupo de artillería, así como de un batallón más y una compañía paracaidista desde Mequinez. En cualquier caso, la alarma en el Gobierno marroquí hizo que se suspendiera de forma inmediata el ataque previsto contra Ifni. A cambio España suspendió el ataque preventivo contra Tan Tan[48]. Ahora las cosas estaban claras.

En la mayor parte de las obras sobre la guerra en Ifni y el Sahara no se dedica mucho espacio a la demostración naval de Agadir, pero a nuestro juicio fue uno de los hechos decisivos del conflicto, pues estableció con claridad al Gobierno del sultán cuál era la línea que no podía cruzar, lo que no quiere

---

[48]   No obstante, para que no quedaran dudas de la firmeza mostrada, se realizaron intensos reconocimientos aéreos sobre Tan Tan.

decir que con ello que se restableciese la situación anterior al 23 de noviembre, pues, como veremos, España no lo logró del todo.

Frente a los reportajes de la prensa marroquí que hablaban de grandes victorias del Ejército de Liberación, por parte española las noticias fueron escasas en los primeros días del conflicto, lo que motivó todo tipo de especulaciones acerca de lo que estaba ocurriendo, desde comentarios malévolos, como el de Radio Francia que criticaba el «secular mutismo de la Radio Nacional de España sobre los sucesos de Ifni», a los de la Agencia *France Press*, que llegó a decir que avanzados cazas a reacción F-86 *Sabre* habían partido de Getafe al teatro de operaciones de Ifni, algo tan falso como la nota del periódico oficial del partido Istiqlal, que el 30 de noviembre afirmó que el aeródromo de Ifni estaba ya en manos del *Yeicht Taharir*.

El crucero pesado Canarias, *de 10 000 toneladas de desplazamiento, en una fotografía a finales de los años cincuenta, cuando se había modernizado y desdoblado la chimenea. Botado en 1931 había participado en la Guerra Civil en el bando nacional. Su poderosa artillería, altamente intimidatoria, fue de suma importancia en la demostración de Agadir en diciembre de 1957.*

La confusión reinante, ampliada por la Guerra Fría, hizo que, a pesar de lo remoto que resultaba Ifni y de lo extraño que era para la mayor parte de mundo lo que allí ocurría, las noticias siguiesen por un tiempo siendo contradictorias, cuando no disparatadas, hasta que a finales del mes de diciembre se pudo a empezar a conocer la situación con más detalle. El 21, el ministro del Ejército, general Barroso, que era el portavoz del Gobierno, fue a las Cortes y contó los sucesos acaecidos, de los que culpó —cómo no— a la Internacional

Comunista y planteó un futuro apocalíptico si España perdía el control del territorio:

> La pérdida de la zona costera quebrantaría gravemente la unidad del sistema, dejando el núcleo insular —las Canarias— a merced de la aviación táctica, de los efectos de las rampas lanzacohetes y de otros poderosos medios de destrucción creados por el progreso de la ciencia que pudieran ser instalados en el Sahara por un ocupante intruso.

El que esta oscura profecía no se haya cumplido no significa que, en el contexto de la época, se temiese de verdad que la pérdida de las costas del AOE pudiese a la larga ser una amenaza para el archipiélago canario. El discurso del ministro terminó con una clara advertencia a Marruecos:

> Los españoles aman la paz, pero no temen la guerra y están dispuestos a defender sus derechos frente a las exaltaciones agresivas de quienes intenten atropellarnos por la fuerza, se llamen como se llamen.

2.6 LA ABORTADA OPERACIÓN «BANDERAS» Y EL PUNTO MUERTO DE ENERO

EL 23 DE DICIEMBRE la *Orden General de Defensa LM-1*, que seguía las líneas básicas de la *Instrucción General 357-15*, del Estado Mayor Central, definía con precisión las acciones a realizar en el entorno de Sidi Ifni. Se establecían tres núcleos o «Centros» de resistencia que debían defenderse a toda costa:

Centro «A», que apoyándose en el monte Gurram, de 355 metros, debía bloquear la vía norte, que se consideraba la más peligrosa.

Centro «B», cerraba la vía el este, desde la zona del Bul Alam.

Centro «C», para cerrar la vía de penetración del sur, iba de Laruia Quebia a Ayaiax y el Yebel Busgadir.

Para que el dispositivo fuese seguro era preciso ocupar en la zona de Alat Ida Isugún, Erkunt y sus alturas, denominado Centro «D», y el importante Punto de Apoyo «F», que exigiría controlar la cota 360 de Buyarifen, considerado el objetivo prioritario, pues se encontraba en la más peligrosa vía de posible penetración del enemigo.

La operación para desalojar al enemigo de Buyarifen contaría con el máximo apoyo aéreo que se pudiera obtener, pero, además, dada su proximidad relativa a la costa, la Armada podría apoyar la acción de las unidades de tierra con la artillería de sus buques. Se encomendó la misión al II tabor de Tiradores de Ifni, con una compañía del Batallón Fuerteventura LIII y una sección de artilleros del batallón expedicionario del regimiento Pavía 19, dotada de cañones sin retroceso, así como transmisiones y sanidad.

Lo que parecía que iba a ser una sencilla misión no lo fue en absoluto y a pesar del intenso fuego naval y de los ataques de los *Heinkel*, los hombres del *Yeicht Taharir* ofrecieron una dura resistencia y los tiradores perdieron a dos soldados y tuvieron un herido y un desaparecido. Además, a pesar de su ocupación el 20 de diciembre, Buyarifen seguía estando aislado del núcleo principal del dispositivo de defensa, por lo que toda la campaña tuvo que ser abastecido por aire y por convoyes escoltados, que frecuentemente eran objetivo de las bandas. Asegurado el Punto de Apoyo «F», solo bastaba tomar las alturas de Erkunt para cerrar el dispositivo defensivo en torno a Sidi Ifni.

Durante los días siguientes, coincidiendo con las navidades, se produjo una pausa en los combates, pues el mando decidió retrasar las siguientes operaciones previstas y el Ejército de Liberación aprovechó para recibir nuevo equipo y cubrir bajas. En España, donde ahora la opinión pública era consciente de que nuestros soldados estaban metidos en un buen lío, la población se volcó en envíos de ropa, calzado, comida, tabaco y dulces navideños, con la esperanza de que no les faltara de nada a quienes en las trincheras intentaban, lo mejor que podían, cumplir con su deber, entre moscas, piojos y barro.

Durante esos días el NO-DO y los periódicos y revistas de todo el país publicaron noticias, cuidadosamente revisadas por la censura, en las que se intentaba mostrar a nuestros soldados felices y alegres. Conocidos artistas como el humorista Gila o Carmen Sevilla, viajaron hasta Sidi Ifni y, al mejor estilo de los comediantes que entretenían a los soldados durante la Segunda Guerra Mundial, actuaron delante de las tropas para levantarles el ánimo.

Pero la guerra seguía y nada más empezar el nuevo año, el 3 de enero, se emitió la *Orden General de Defensa LM-2*, a la que se dio el nombre de Operación «Banderas», nombre derivado obviamente de las unidades participantes, pues eran las dos banderas paracaidistas presentes del Ejército de Tierra, la VI bandera de la Legión y un escuadrón de paracaidistas del Ejército del Aire.

Se trataba de una operación extremadamente complicada que buscaba coordinar el avance de los legionarios de la VI bandera y los paracaidistas de la I con dos desembarcos aerotransportados, el primero, a ejecutar por los paracaidistas de la II bandera en la zona de la cota 555 en Tifguit, y el segundo por paracaidistas del escuadrón de Ejército del Aire en la cota 348 de Alat Ida Isugún. Las tropas que iban a realizar la operación estaban preparándose y estudiando el terreno cuando llegó la orden de cancelación desde Madrid.

Los motivos de la suspensión han sido objeto de debate en las últimas décadas. Algunos autores como Fernández-Aceytuno no dudan en señalar que, si bien las acciones a ejecutar por paracaidistas y legionarios eran delicadas, «a pesar de las citadas dificultades, se habría culminado con la ocupación de los objetivos previstos». Para otros, como Segura Valero, «los estados mayores encargados de los planes no tenían conciencia real de la precariedad en que se hallaba sumido nuestro ejército, hasta el mismo momento de sopesar hombres y recursos necesarios para cada operación táctica».

Para los paracaidistas la Guerra de Ifni-Sahara fue su bautismo de fuego. Se confiaba en su entrenamiento y en su moderna organización. Lo cierto es que se comportaron bien. La foto corresponde a la promoción del 59 del Ejército del Aire.

En cualquier caso, era evidente que si se quería recuperar el territorio perdido o, incluso asegurar la defensa de la propia capital, era necesario reforzar las unidades presentes en la zona y armarlas y equiparlas lo mejor posible.

El 10 de enero de 1958 un decreto de la Jefatura del Estado disponía una reorganización completa del África Occidental Española, que convertía a Ifni y al Sahara en provincias con dos Gobiernos generales, quedando el general Zamalloa en la primera y siendo nombrado para la segunda el general del Arma de Caballería José Héctor Vázquez. El mando militar pasaría al capitán general de Canarias.

Aunque la existencia de los gobernadores generales les otorgaba una cierta originalidad, es cierto que la conversión de los territorios del AOE en provincias[49] significaba mucho desde el punto de vista político, porque, como más adelante trataremos, el cambio en el estatus jurídico, que convertía a los territorios del norte de África en entidades del mismo nivel que, por ejemplo, Alicante o Palencia, mostraba desde un primer momento una cierta voluntad de «permanencia».

En un escenario como el de enero de 1958, la división del mando militar en dos zonas y de la dependencia común de ambos, de los gobernadores generales de Ifni y Sahara, del capitán general de Canarias[50] suponía de inmediato dos ventajas muy claras, la primera concentrar el mando en el puesto más importante de la zona y la segunda separar dos territorios tan diferentes entre sí como eran el Sahara, con sus tres regiones, Cabo Juby —o Tarfaya—, El Aaiún y Villa Cisneros, de Ifni, más aún si tenemos en cuenta que desde los años treinta, el Sahara había sido siempre el territorio olvidado y al que menos atención se prestaba.

2.7 LA DEFENSA DE SIDI-IFNI Y LA OPERACIÓN «DIANA»

TRAS LA SUPRESIÓN DE LA OPERACIÓN «BANDERAS» y el comienzo de las acciones ofensivas contra el *Yeicht Taharir* en el Sahara, en cooperación con Francia, parecía que la guerra en Ifni languidecía. Sin embargo, el deseo del mando español era ampliar el perímetro defensivo a seis kilómetros, para lo que era preciso hacerse con dos enclaves adelantados, que junto a Buyarifen, ya ocupado, formarían los tres «Centros» de resistencia del dispositivo de defensa de la capital.

Los días 18 y 19 de enero quedó lista la operación «Diana», mediante la que se debían de tomar los llamados «Centros» de resistencia «D» y «E», para mejorar el perímetro de defensa y bloquear dos importantes vías de penetración al Ejército de Liberación. El operativo consistía en el avance de dos agrupaciones móviles por el norte y el sur con el apoyo de un asalto aerotransportado. La composición de las dos agrupaciones participantes era:

Una sección de la II bandera paracaidista, que sería lanzada sobre la cota 348 de Alat Ida Usugún, que debía ocupar y defender, hasta la llegada de la Agrupación Táctica Sur.

---

[49]   Se ha hablado con frecuencia de que se trató de una medida «salazarista», al estilo de lo que nuestros vecinos hicieron en Angola o Mozambique para intentar retrasar la inevitable independencia de sus colonias, y al igual que en el caso portugués, no sirvió de nada.

[50]   Un decreto de 20 de junio de 1946 limitaba el poder del capitán general de Canarias, pues el gobernador general del AOE era quien ostentaba el mando de todas las Fuerzas Armadas ubicadas en los territorios africanos.

Agrupación Táctica Norte: I bandera paracaidista, IV tabor de Regulares, una compañía con morteros de 120 mm y, como era habitual, destacamentos de transmisiones y sanidad. Su misión era ocupar y proteger la cota 249 y la línea Id Mehas-Xaraffa, codificada como «Centro» de resistencia «E».

Agrupación Táctica Sur: II bandera paracaidista, sin la sección que sería lanzada en paracaídas, VI bandera de la Legión, batallón expedicionario Soria 9, una compañía de ametralladoras del regimiento de infantería Belchite 57 y destacamentos de transmisiones y sanidad. Su misión era enlazar con los paracaidistas en Alat Ida Usugún, y juntos proteger el «Centro» de resistencia «D».

Esta vez la operación estuvo mucho mejor preparada que las anteriores, los enlaces de radio con la aviación funcionaron a la perfección —por fin— y de esta forma los ataques de los *Heinkel*, si bien solo lanzaron quince bombas, fueron mucho más eficaces, al actuar bien coordinados con las tropas de tierra.

A las 08:15 del jueves 30 de enero, tras el ataque aéreo de preparación, las tropas de la Agrupación Norte se dividieron en dos grupos y, después de descender de los vehículos, comenzaron una marcha con dos objetivos, los tiradores casi en línea recta hacia la cota 249 en dirección a Xaraffa, y los paracaidistas sobre la cota 243, posición que rebasaron muy pronto, tras castigar las posiciones de los guerrilleros con fuego de mortero y armas automáticas, sufriendo solo dos heridos, si bien uno de gravedad. A las 10:45, la cota era suya y habían cumplido su misión con rapidez y eficacia.

En la cota 249 los tiradores lo pasaron francamente mal, y a pesar de los ataques aéreos, tuvieron cuatro muertos y diez heridos tras cuatro horas de intensos combates contra un enemigo correoso y resuelto, no tomando la cota hasta las 14:00. Por fin, a las 16:00, tras tomar Xaraffa, lograron llegar a Id Mehais, lugar designado como «Centro» de resistencia «E».

Logrados los objetivos de la Agrupación Táctica Norte, la Sur se puso en marcha el día 31, en medio de un fuerte siroco que con rachas de 35 nudos impidió el salto de la sección seleccionada de la II bandera paracaidista, cuyo jefe, el comandante Tomás Pallás, solicitó su incorporación a las unidades que iban a hacer el avance por tierra y tenían la cota 304 como objetivo, empleando toda la mañana en subir hasta la cima del collado.

Los *Heinkel* atacaron con intensidad el Zoco de Arba El Mesti, pues se había detectado una fuerte agrupación de tropas del Ejército de Liberación, casi con seguridad para apoyar a los defensores de Alat Ida Usugún. La resistencia de los guerrilleros fue notable y exigió otro ataque aéreo. Hasta las 17:15 los paracaidistas no lograron tomar las tres colinas, luego, en solo quince minutos cayó el poblado, asegurando las tropas españolas la pista que iba hacía el valle de Baká. Los paracaidistas habían tenido tres muertos y otro más los infantes del Soria.

La operación «Diana» había resultado un éxito notable. El dispositivo de defensa de Sidi Ifni se había ampliado en seis kilómetros, tomando puntos de apoyo en el camino, que eran vitales para poder establecer núcleos defensivos en el futuro. También fue una experiencia interesante desde el punto de vista humano, pues los inexpertos y bisoños soldados españoles ganaron experiencia con las marchas y los combates, mejoraron en el uso de las armas y del material que tenían a su disposición, dieron confianza a los mandos intermedios, además de ayudar a perfeccionar las operaciones aeroterrestres.

Sin embargo, la toma de las cotas y puntos que debían ser conquistados y convertidos en centros de resistencia no había acabado con los combates. Los mandos del Ejército de Liberación eran conscientes de que, esta vez, habían sufrido un duro mazazo, por lo que era preciso recuperarse y devolver el golpe, y durante varios días se dedicaron con esfuerzo a demostrar que no daban la situación por definitiva, ni mucho menos, y a partir de 3 de febrero lanzaron una serie de violentos ataques para reconquistar las alturas perdidas.

El asalto comenzó con fuego de mortero, simultáneo, contra las dos posiciones que consideraban clave, la cota 348 y las alturas de Alat Ida Usugún, defendidas por la 6.ª compañía de la II bandera paracaidista y una sección de zapadores, e Ida Mehas, guarnecida por tiradores del IV tabor y zapadores. La lucha fue muy dura, pues los guerrilleros cargaron lanzando granadas en medio de la noche hasta llegar a las posiciones españolas, donde se entabló un feroz combate cuerpo a cuerpo y a corta distancia, en el que, según Ramiro Santamaría, «era imposible distinguir los amigos de los enemigos[51]». Ante la superioridad numérica de los guerrilleros y tras tres cuartos de hora de combate, se ordenó el abandono de la cota 348 y el repliegue a Alat Ida Usugún.

En las otras dos cotas próximas al pueblo, la 329 y la 295, los asaltantes, que habían sido descubiertos a solo 150 metros de las posiciones avanzadas españolas, fueron sorprendidos a corta distancia y atacados con granadas y fuego de armas ligeras, obligándoles a retirarse en medio de un violento siroco que dificultaba la visión y afectaba al funcionamiento de las armas automáticas. Los guerrilleros, caída la cota 348, solo tenían como obstáculo Alat Ida Usugún, sobre la que se volcaron con intensidad, si bien tras media hora de lucha fueron repelidos, siendo la cota 348 reconquistada al día siguiente.

El día 4 ocurrió lo mismo, y se produjeron de nuevo ataques a Id Mehais, donde el enemigo intentó asaltar las defensas de los tiradores y las de los legionarios en Ait Iferd. Sufrieron decenas de bajas, pero no quedando indem-

---

[51]   *La guerra ignorada.*

nes los españoles que siguieron acumulando muertos y heridos. Estaba claro que el Ejército de Liberación no se resignaba a perder la iniciativa y no cedía en su empeño de retomar las alturas perdidas.

Vista la tenacidad con la que el enemigo seguía intentado recuperar el territorio perdido, la II bandera paracaidista fue enviada a Alat Ida Usugún para establecer un centro de resistencia, y sus defensores, como parecía, tuvieron que aguantar constantes asaltos nocturnos hasta que el día 15 pudieron ser relevados. En total la defensa ante los constantes ataques había causado cuatro muertos y veintitrés heridos.

En estos días se aprendieron una serie de lecciones muy importantes. Se pudo observar por primera vez, con claridad, cual era el verdadero valor de los hombres del Yeicht Taharir y su capacidad operativa. Se pudo comprobar que los guerrilleros no solían ocupar posiciones organizadas y preparadas de antemano, sino que combatían en grupos pequeños que no parecían estar sujetos a algún tipo de plan predeterminado y que, además, no se apoyaban entre ellos. No eran malos tiradores y conocían el terreno, pero daba la impresión de que su único objetivo era causar bajas a los españoles, con disparos sorpresivos, más propios de un cazador que de un soldado, sin intentar mantenerse en sus posiciones y sin que parecieran dar importancia a sostenerse en ellas. En este sentido, la resistencia férrea al avance de los Tiradores de Ifni en la cota 249 fue más bien la excepción que la regla.

Para el mando español la experiencia fue de gran valor, se necesitaba más potencia de fuego para los pelotones de fusileros, para los que se echaba de menos el apoyo de más morteros, más armas automáticas, como fusiles de asalto, cañones sin retroceso y una ayuda más intensa de la aviación, que había demostrado una enorme valía ahora que las comunicaciones por radio comenzaban a funcionar mejor.

2.8 Operaciones «Siroco» y «Pegaso»

Durante el mes de febrero, en coincidencia con el comienzo de las operaciones franco-españolas en el Sahara —operaciones «Teide» y «Ecouvillon»—, el alto mando español consideró oportuno realizar una serie de acciones de carácter ofensivo en Ifni. El objetivo era claro, no se podía dejar la iniciativa en manos del *Yeicht Taharir* y, si se atacaba a fondo en Ifni, al mismo tiempo que en el Sahara, podría actuar en dos frentes y no concentrar sus escasos medios y sus hombres en la defensa de uno de los dos teatros de operaciones.

Lo que se deseaba era buscar penetraciones rápidas, coordinadas con apoyo de la artillería y la aviación. No se pretendía retener el territorio ocupado, por lo que las unidades deberían regresar a sus puntos de partida, y desde el principio se abandonaba la idea de retomar el control de todo el territorio, algo que sí se pretendía hacer en el Sahara.

Por lo tanto, para el 10 de febrero, Día D, para «Teide» y «Ecouvillon», se preparó una operación a la que se llamó «Siroco», que consistía en un reconocimiento ofensivo sobre el Zoco de Arba El Mesti. Este objetivo fue elegido por el general Zamalloa, tras consultar a su Estado Mayor, y después de que la Capitanía General de Canarias le ofreciese tres posibles acciones:

- Amagar al norte, en dirección a Tebelcut, o hacía el centro, en la ruta a Tiugsa.
- Avanzar hacia el Zoco de Arba El Mesti, o sobre Telata.
- Hacerlo en el sur, hacia Sidi Uargsis.

Aprovechando dos pequeñas líneas de colinas que tras ser ocupadas podrían proteger las alas del avance, se señalaron dos posibles vías de penetración en la zona controlada por el Ejército de Liberación. Para la operación «Siroco», se eligió a las siguientes unidades:

- I bandera paracaidista
- Batallón expedicionario del regimiento Soria 9
- Grupo de artillería a lomo
- Dos secciones del regimiento Ultonia 59, con morteros de 120 mm
- Dos pelotones de zapadores del regimiento de Ingenieros n.° 6
- Destacamentos de transmisiones, sanidad y policía

La infantería del Soria 9 y los paracaidistas iniciaron su avance a las 08:30 del 10 de febrero, logrando alcanzar los infantes su objetivo sin problema alguno, en tanto que los paracaidistas tuvieron que abrirse paso combatiendo desde que alcanzaron las estribaciones del monte Aslif —de 451 metros de altura[52]—. Finalmente, al precio de solo seis heridos, lograron su objetivo[53].

Gracias a esta circunstancia, el Soria 9 tomó la cota 348 y a las 14:16 habían alcanzado sus objetivos, entrando en el Zoco de Arba El Mesti, destruyendo la aviación dos camiones de las bandas armadas cuando trataban de escapar. Una vez más la coordinación aire-tierra por radio funcionó. Limpiados los alrededores y viendo que no había enemigos, la artillería batió la zona en tanto la infantería se retiraba bajo la cobertura de los *Heinkel*.

---

[52]   Este vértice de Aslif suponía un problema para el avance de la infantería del regimiento Soria 9, por lo que debía ser ocupado.

[53]   Algunas fuentes hablan de cuatro heridos, pero es que hubo dos más por accidentes en la complicada ascensión. En total hubo nueve bajas, seis en Aslif y tres en el Zoco de Arba El Mesti.

«Siroco» fue, dentro de sus objetivos limitados, un éxito. Las comunicaciones habían funcionado y las operaciones conjuntas aeroterrestres comenzaban a realizarse con fluidez. Los soldados de reemplazo del regimiento Soria se comportaron muy bien y habían ganado ya una notable experiencia. En cuanto a los paracaidistas, se comprobó que, sin lugar a dudas, su preparación

Las últimas acciones militares de la guerra fueron muy diferentes a las de noviembre del año anterior. El equipo de los paracaidistas en la operación «Pegaso» era excelente y, según Alfredo Bosque Coma, incluía una veintena de los modernos fusiles de asalto CETME. También los sistemas de comunicaciones, en especial los radioteléfonos norteamericanos AN/PRC-100, que funcionaban a pilas y tenían dos tipos de antena, eran de mejor calidad que los J-TEB. Un oficial enlaza con el Cuartel General. Foto GME.

y entrenamiento eran los adecuados. Se había mostrado al Ejército de Liberación una clara vocación ofensiva y se le había dañado material y moralmente.

No habían pasado ni siquiera dos semanas cuando se dio paso a la siguiente operación, cuyo objetivo iba a ser Tabelcut, sobre el que se quería realizar otra incursión en profundidad. La misión fue denominada operación «Pegaso», y las unidades seleccionadas, al mando del teniente coronel Ignacio Crespo, fueron:

- La Agrupación de banderas paracaidistas
- La VI bandera de la Legión
- Una compañía de fusiles, una sección de ametralladoras y un pelotón con morteros de 81 mm del IV tabor de Regulares
- Dos pelotones del II tabor de Regulares, con cañones sin retroceso
- Dos secciones del regimiento Ultonia 59, con morteros de 120 mm
- Dos secciones de zapadores del regimiento de Ingenieros número 6
- Grupo de Artillería a lomo
- Destacamentos de transmisiones, sanidad y automovilismo

La *Orden General de Operaciones LM-5*, de 16 de febrero, disponía que se debía: «Alcanzar Tabelcut con la máxima rapidez e iniciar seguidamente el repliegue según la carretera, reconociendo el terreno y poblados próximos. Proteger el flanco este de la acción anterior ocupando el cordal que se extiende al norte de Buyarifen hasta el Uad Taguia».

La acción planeada era compleja. El objetivo era alcanzar Tabelcut, en la frontera norte del territorio y limpiar antes por el camino los poblados de Erkunt, Id Buchini y, finalmente, el mismo Tabelcut. Para ello, la II bandera paracaidista y la VI bandera de la Legión formarían una línea defensiva tomando las alturas del interior, avanzando una columna motorizada a gran velocidad por la carretera costera que iba a Agadir hasta Erkunt. Esta columna compuesta de tiradores y policías, debería enlazar en la citada localidad con los paracaidistas, que habrían tomado y asegurado la posición con un desembarco aéreo.

El apoyo aéreo iba a ser importante, tanto para el ataque directo a las tropas enemigas con aviones Hispano Ha-1112 *Buchón* y CASA 2111 —*Heinkel He-111*—, como para el transporte en Junkers Ju-52 de una acción de asalto aéreo de los paracaidistas. Por último, también la Armada iba a colaborar con la artillería del destructor *Almirante Miranda* y la del crucero *Galicia*.

Una vez logrados los objetivos de la operación, todos se retirarían hasta Sidi Ifni, protegidos desde las alturas por la pantalla que formaban los paracaidistas y los legionarios. Todo tenía que desarrollarse con celeridad, para evitar que el Ejército de Liberación pudiese ser reforzado desde Marruecos.

La entidad de las fuerzas enemigas se había evaluado solo en unos 300 hombres, pero sus armas automáticas y sus morteros eran escasos, por lo que se pensó que se podrían alcanzar los objetivos previstos sin grandes contratiempos. El único problema era que la superioridad abrumadora que en esos mismos días se estaba logrando en el Sahara, gracias al empleo de vehículos blindados y carros de combate, con el apoyo de los eficaces aviones T-6[54], ante cuyos cohetes y capacidad de ataque en vuelo rasante el *Yeicht Taharir* no tenía nada que oponer, no ocurría en Ifni, donde la situación estaba más equilibrada.

El duro y eficaz Texian T-6 desempeñó un papel crucial en el apoyo a las tropas terrestres en el Sahara. Tanto los pilotos españoles como los franceses sacaron un magnífico rendimiento de estos aparatos que demostraron ser perfectos para este tipo de guerra colonial. Foto GME.

Muy optimistas por lo que había pasado unos días antes en la acción ofensiva contra el Zoco de Arba El Mesti, los paracaidistas y los legionarios partieron a las 08:00 del 19 de febrero con destino a las colinas que se levantaban al norte de Buyarifen, pero los guerrilleros, que probablemente conocían las intenciones de los españoles, o que las habían adivinado, pues después de tantos combates ya empezaban también ellos a conocer nuestra forma de actuar, opusieron una resistencia feroz.

Atrapados bajo constantes descargas de armas ligeras, granadas de mano y de mortero, los legionarios ascendieron lentamente por las colinas, paso a paso, bajo el fuego nutrido de unos enemigos que aprovechaban cada roca o cada grieta del terreno y la vegetación para, prácticamente invisibles, lanzar un diluvio de balas que hizo que a las 09:30 las colinas siguieran en manos de los guerrilleros del Ejército de Liberación.

---

[54]   Se prometieron los eficaces T-6 *Texan*, pero no llegaron. Usados por franceses, españoles y portugueses en sus guerras coloniales, eran duros y robustos. Dieron un resultado impresionante.

La cota 453, nombre codificado de la primera de las colinas interiores, cayó en manos españolas a las 12:00, pero todavía quedaba Id Alí U Mehand, un pico escarpado por el que los legionarios iniciaron una penosa escalada.

Paracaidistas de la sección de asalto de la II bandera descansan en Erkunt, tras haber contactado con sus compañeros de la 1.ª compañía de la I bandera, que habían efectuado un salto de combate en la zona —operación «Pegaso»—. Esta vez el equipo y el armamento eran de primera. Todos van armados con los modernísimos fusiles de asalto CETME A-2. Foto Ristre Multimedia.

El esperado apoyo de la Armada tenía que haber resultado demoledor, pero el 85% de los proyectiles no detonaron. Dice Bosque Comas:

> El vestusto crucero *Galicia* había efectuado dieciseis disparos sobre Yebel Buganín, veintidós sobre Tbelcut y otros seis sobre Id Buchini. Mientras el no menos anticuado destructor *Almirante Miranda* había lanzado dieciseis granadas sobre Erkunt, veinte sobre Id Buchini y ocho más sobre unas alturas al nordeste.

Claro está que una cosa son los proyectiles lanzados y otra muy diferente los que alcanzaron el objetivo previsto. Un aparato, mandado por el capitán Casanovas, que tenía la misión de corregir el tiro naval sobre la costa, dio el siguiente parte al regresar a su base: Se voló sobre una zona objetivo comprendida entre Tabelcut y río Taguía, a una altura de 650 metros. Se observaron once impactos artilleros. En la zona de Tabelcut, tres; en la zona de Id Buchini, seis, y en la zona de Erkunt, dos.

Desgraciadamente, la aviación tampoco estuvo muy fina y de las veinte bombas que se lanzaron al menos la mitad no estallaron o cayeron muy lejos de sus blancos previstos, dice el capitán Perea en su parte:

> En la primera pasada se lanzó una bomba que no explosionó y en el viraje de salida se soltaron tres bombas, que quedaron enganchadas, cayendo al mar, explosionando solo dos. En la tercera cinco cayeron a la derecha y en alcance. En la cuarta diez, quedando una enganchada que se lanzó al mar. Las otras nueve cayeron bien en alcance y dirección.

Afortunadamente, había algo que todavía sorprendía y asustaba a los ba amrani: la visión de las extrañas pompas de los paracaidas sobre sus cabezas. Les infundían un extraño temor «los soldados que brotaban del aire». Gracias, pues, a que el salto de los hombres del teniente Antón Ordoñez se vio acompañado de una ataque por tierra, los «paracas» cayeron en un terreno vacío, pues los guerrilleros, desconcertados, se habían retirado apresuradamente —por no decir que huyeron a la carrera, que es lo que hicieron—. En cualquier caso, fue una suerte, pues el terreno sobre el que se lanzaron no reunía condiciones mínimamente aceptables.

Una vez en tierra, los paracaidistas, ahora armados hasta los dientes y con lo más moderno que había en España, tomaron sin problemas el control de Erkunt y aseguraron la zona en espera del contacto con los tiradores que venían desde la capital. Luego, todos juntos se replegaron hasta la capital[55].

2.9 LA REESTRUCTURACIÓN DE LA DEFENSA DE SIDI IFNI

Con el salto de Erkunt y la retirada siguiente hasta el núcleo del dispositivo defensivo de Sidi Ifni, el 19 de febrero, bien puede decirse que la guerra había acabado, pues así lo quisieron, tácitamente, ambas partes.

Para los escritores más críticos, la operación «Pegaso» en la práctica no sirvió para nada y dejó una sensación triste. Dice Gastón Segura:

> La operación «Pegaso» había fracasado. No tan estrepitosamente como para constituir un desastre, pero lo suficiente para disuadir al alto mando de cualquier otra intentona sobre la cuña.

---

[55] El general Zamalloa iba en uno de los *Junkers* junto al teniente Ordóñez y el capitán Pedrosa, que también saltó. Se dice que este último se despidió del general de la siguiente forma: «Tono, hasta luego, esta noche nos vemos en el casino». Y así ocurrió.

BANDERAS PARACAIDISTAS DEL EJÉRCITO DE TIERRA

Paracaidista
1ªBandera.7ªCompañía
T'Zelata

Oficial
1ªBandera.2ªCompañía
Vértice Aslif

Paracaidista
2ªBandera.6ªCompañía
Id-Nacus

Paracaidista
2ªBandera
1ªCompañía
Acuartelamiento
de Sidi Ifní

Oficial.2ª Bandera
1ªCompañía
Acuartelamiento
de Sidi Ifni

Paracaidista
1ªBandera.7ªCompañía
Tiliuín

Paracaidista
1ªBandera.1ªCompañía
Tiugsá

Oficial
2ªBandera.8ªCompañía
T'Zenin

Oficial.1ªBandera
2ªCompañía
Alcalá de Henares

LEZA SUÁREZ & DEL REY

LA LEGIÓN

Oficial. II Bandera
Villa Bens

Legionario. II Bandera
Tafurdat

Legionario. I Bandera
Villa Cisneros.

Oficial Porta-Guión. I Bandera
Villa Cisneros

Oficial. IV Bandera
Aargub

Legionario. IX Bandera
Paso de Edchera

Legionario. VI Bandera
T' Zelata

Legionario. IV Bandera
Tichla

LEZA SUÁREZ & DEL REY

Los autores más optimistas, como Mariano Fernández-Aceytuno, guardan silencio en general a la hora de valorar la operación, si bien en el fondo se nota la sensación de que con esta acción militar, la última de importancia de la guerra, se daba por finalizado cualquier intento de reconquista del territorio. Escribe:

> A partir de esta fecha —el 19 de febrero— solo existe el paqueo, los relevos, el suministro, el parapeto y la trinchera, el sobrevuelo de algún avión propio, la acción aislada y la tensión que produce ocupar posiciones a los nuevos reclutas que no han oído todavía un disparo del enemigo y vienen a sustituir a los veteranos licenciados o con permiso.

Era un hecho evidente que en Ifni, a diferencia del Sahara, donde el *Yeicht Taharir* estaba en vías de ser literalmente «barrido» del desierto, la contienda había terminado en unas incómodas tablas. Es cierto que el objetivo esencial marcado por el Gobierno español se había logrado, pues la línea de defensa de la capital se había alejado lo suficiente del aeródromo y del precario puerto como para ser amenzados, pero era evidente que la mayor parte del territorio había quedado en manos del Ejército de Liberación.

El general Zamalloa, consciente de que no había nada que hacer y que las cosas se iban a quedar como estaban, quiso de todas formas mantener de alguna manera la iniciativa y propuso ocupar el vértice Tifguit, que con sus 587 metros dominaba la capital, e hizo una propuesta para realizar una operación sobre la zona, que el 3 de marzo fue definitivamente rechazada.

Por otra parte, algunos de los objetivos que quería Ben Hammu se habían conseguido, pues el Ejército de Liberación tenía «cercada» la capital de la provincia española y podía hostigar sus defensas cuando le conviniese. Además, los principales puestos del territorio estaban en sus manos y ya no volverían jamás a la soberanía española, sin embargo, era evidente que los tercos europeos seguían aferrados a Sidi Ifni y a su alredededores, y así iban a seguir hasta 1969.

La línea de defensa española quedó establecida por la *Directiva 6* de 3 de marzo de 1958. El cinturon defensivo quedaba establecido en torno a Buyarifen, El Gurram, Alat Ida Usugún y Lauría Quebira, con cuatro batallones y uno más de reserva, además de las tropas de la propia capital. Hubo pequeños cambios, hasta que las *Órdenes Generales de Defensa LM 6 y LM 7* de 11 y 28 de marzo completaron el dispositivo, definiéndose una «zona principal defensiva», un «borde posterior» y otro «anterior», quedando todo completado con la *Directiva General TMA 7*, de 17 de marzo, que fijaba el plan de apoyo aéreo para las provincias de Ifni y el Sahara.

El despliegue final —en febrero— fue el siguiente:

Centro de resistencia «A»
II tabor de Tiradores
Compañía expedicionaria del batallón de infantería Fuerteventura LIII
Compañía de ametralladoras expedicionaria del regimiento de infantería
Wad Ras 55
Sección de cañones c.c de 37 mm, del Grupo de Tiradores
Sección de morteros pesados de 120 mm
Pelotón de cañones sin retroceso del batallón expedicionario Pavía 19

Centro de resistencia «B»
Batallón expedicionario del regimiento de infantería Pavía 19, menos un
pelotón de cañones sin retroceso
Dos secciones del batallón de infantería Fuerteventura LIII
Sección de morteros pesados de 120 mm
Pelotón de cañones c.c de 37 mm del Grupo de Tiradores

Centro de resistencia «C»
Batallón expedicionario del regimiento de infantería Cádiz 41
Pelotón de cañones c.c de 37 mm del Grupo de Tiradores

Centro de resistencia «D»
VI bandera de la Legión
Compañía de la II bandera paracaidista
Compañía de ametralladoras expedicionaria del regimiento de infantería
Belchite 57
Pelotón de cañones sin retroceso del batallón expedicionario Soria 9

Centro de resistencia «E»
IV tabor de Tiradores de Ifni
Pelotón de cañones sin retroceso del batallón expedicionario Soria 9

Punto de apoyo «F»
Compañía de fusiles, una sección de ametralladoras y una sección de
morteros de 81 mm del II tabor de Tiradores de Ifni

Artillería
Batería de 105/11 al norte de Gurram
Batería de 105/11 en Biugra

Reserva
I bandera paracaidista
II bandera paracaidista[56]
Batallón expedicionario del regimiento de infantería Soria 9

---

[56]   Durante el mes de febrero protegía un centro de resistencia independiente en
Alat Ida Usugún.

A pesar de la aparente calma, las acciones de combate y hostigamiento siguieron a pequeña escala en el mes de febrero, con ataque sobre el «Centro» de resistencia «D», que fueron repelidas y contestadas con ataques de los *Heinkel*, el día 27, sobre Id Cheleh, Jalfus y la cota 552 de Tihuit, y el 28 sobre Tafraut-Beni Aix e Id Yahuan. En el mes de marzo, ya pacificado el Sahara, las acciones se limitaron a intercambios de disparos en los puestos avanzados, considerándose la última baja la del soldado José Martínez Cortés, un tirador de Ifni[57], el 19 de mayo en Sidi Yusef.

---

[57]   Los Tiradores de Ifni no pudieron apoyar a sus compañeros por falta de enlace por radio, una prueba de lo precario del material.

3.ª PARTE

Crisis en el Sahara

Envía Dios con su poder y sabiduría
Unos aires entre el cielo y la tierra,
que curan y purifican todos los males y
que solo son disfrutados por los que cabalgan a camello.

Proverbio saharaui

3.1 EL ABANDONO DE LAS GUARNICIONES, EL INCIDENTE DE TICHLA

ENTRE NOVIEMBRE DE 1957 Y LA PRIMAVERA DE 1958, España libró en su provincia del Sahara una de las campañas más desconocidas y olvidadas de su historia. Se trató de una serie de acciones de limpieza coordinadas con Francia que tenían como objetivo la expulsión de las bandas armadas que infestaban el territorio y su pacificación y control por las autoridades españolas. El enemigo estaba formado por hombres que conocían el terreno, bien armados y organizados, y derrotarlos exigió a las tropas españolas un duro esfuerzo que puso a prueba las capacidades reales del Ejército español de la época, cargado de problemas y muy limitado, pero que puso todo su empeño y voluntad en lograr el cumplimiento de su misión.

En la campaña del Sahara, a diferencia de la lucha en Ifni, se contó con la ayuda de Francia y de sus recursos logísticos para poder actuar en un territorio extenso en el que se demostró que la guerra en el desierto presenta unas peculiaridades que, si no se conocen, hacen muy difícil la supervivencia de los combatientes y exigen un trabajo especial para mantener las máquinas en perfecto estado operativo.

Los altos mandos militares españoles, tanto en Europa como en el AOE, eran conscientes tras los graves incidentes de agosto, que la situación estaba derivando hacia un posible enfrentamiento armado con las bandas del *Yeicht Taharir* y que, de producirse, las consecuencias para la presencia española en el norte de África podían ser desastrosas.

La posición española estaba amenazada tanto en Ifni, como en el llamado «protectorado sur» y en el Sahara propiamente dicho. En el primer caso por los choques fronterizos y la demostrada actividad hostil de las bandas armadas, y en el caso del segundo y tercer territorio, por la presencia de al menos entre 1700 y 2000 hombres, perfectamente pertrechados y armados, que se encontraban desplegados, casi a su voluntad, por todo el Sahara español, haciendo que esto último fuese ya discutible. A esta situación se unían dos problemas más derivados de la especial situación político-económica de la España de la época.

Por lo pronto, los puestos avanzados que servían tradicionalmente para ocupar y «asegurar» el territorio no estaban, ni con mucho, preparados para resistir el embate de una fuerza militar moderna y, si sufrían una agresión masiva y simultánea, se hundirían sin remedio[58]. Además, el Ejército español en el AOE sufría una falta crónica de material moderno, especialmente en lo re-

---

[58] Aunque muchos autores criticaron la medida finalmente adoptada en el Sahara de abandonar a su suerte los puestos del interior, no debemos olvidar el fantasma de Annual, que todavía condicionaba mucho las decisiones a tomar.

ferente al transporte, siendo la motorización muy deficiente, por lo que hacían falta más camiones, más *jeeps* y algún vehículo acorazado ligero, porque no había ni uno[59].

La falta de vehículos era especialmente grave por dos causas, la primera porque comprometía las posibles acciones de respuesta contra el enemigo si se tenía que proteger una serie de lugares separados por decenas de kilómetros o, en los casos en los que fuese necesario enviar refuerzos o apoyo a fortificaciones o localidades aisladas o amenazadas. Por si esto no fuera suficiente, no había tampoco una verdadera doctrina moderna de guerra en el desierto, y las tácticas seguían ancladas en los años veinte y, lo que era peor, aunque las hubiese habido no habrían podido ser aplicadas.

Vigilancia junto a las alambradas en las posiciones defensivas junto a El Aaiún. La capital llegó a ser atacada en los primeros días de la guerra. Foto GME.

Algunas soluciones rápidas hubiesen podido funcionar y, curiosamente, eran en gran parte fruto de la casualidad o de un hábil uso de los medios en los que España disponía de una superioridad incontestable, como la idea de utilizar la infantería de marina de algunos buques de guerra para trasladarse de inmediato a los lugares más amenazados, lo que evidentemente solo servía para los puestos costeros, y no para todos.

---

[59]   Fernández-Aceytuno sugiere un asunto más, y en cierto modo interesante, pues al ser el Ejército español de conscripción, le resultaba un problema grave el licenciamiento del reemplazo del 55.

En cualquier caso el Plan Madrid establecía un proceso por el que las guarniciones del interior del Sahara debían ser mantenidas por tropas, a ser posible, sin presencia de europeos, y en la *Instrucción de 14 de agosto Jefatura de Fuerzas del AOE* —la 307-57—, se preparaba un despliegue de las tropas nómadas que dejaba en algunas guarniciones un sargento y diez policías indígenas —como en Chammar, Tisguirremz, Amotte, Meseid, Tifariti y otras—, y en las más importantes no más de un suboficial y una decena de europeos[60] y una veintena de saharauis —como en Tan Tan, Smara y Auserd—.

Un grupo de tiradores de Ifni delante de las alambradas en un puesto defensivo poco después de la guerra. La tensión fue aún muy fuerte en los meses siguientes al alto el fuego y España se vio en la obligación de mantener un fuerte dispositivo de defensa. Foto Miguel Gómez.

Pero el plan no se iba a detener en esa primera fase, sino que preveía la futura evacuación de todos los puestos del interior, al menos de todo el personal europeo, dejando en algunas posiciones menores unos pequeños destacamentos compuestos solo de saharauis. Como es comprensible, cuando estas medidas comenzaron a ser conocidas por los oficiales al mando de los destacamentos, se creo una creciente inquietud.

Por una parte era evidente que una decisión de este tipo exigía tomar algunas medidas drásticas que no iba a resultar sencillo llevar a la práctica. Por

---

60   El número no era casual, ya que equivalía más o menos al número de hombres que podían ser evacuados en un *Junkers* Ju-52.

ejemplo, no se quiso llevar hasta el último extremo la decisión de desarmar totalmente a las tropas indígenas, pero la solución tomada —cambiar sus *Mauser*
de 7,92 mm por mosquetones de 7 mm con solo 100 cartuchos por hombre—,
provocó algunos incidentes entre los componentes de la policía y los grupos
nómadas, que se sintieron humillados y vejados.

*Un grupo de policías territoriales con un mando europeo. El abandono de los puestos del interior por
órdenes del alto mando fue un gran error que provocó deserciones y la unión a las bandas armadas de
bastantes saharauis que creían que España les abandonaba a su suerte. Foto ACET 4.*

A primeros del mes de septiembre todo estaba listo, y para el mando
español no había dudas de lo que se debía de hacer, por lo que, si bien la
citada instrucción del 14 de agosto, disponía la presencia de mandos y tropa
española en las localidades principales del interior, se temía que los saharauis al
final las abandonasen también[61]. Los propios franceses mostraron una notable
preocupación ante la posibilidad de que en verdad los españoles pretendiesen
abandonar las ciudades y puestos del interior, y aunque Zamalloa tranquilizó
personalmente al general Bourgund, lo que en parte era cierto, porque al general español no le agradaba tener que cumplir unas órdenes con las que no
estaba de acuerdo, las expresas instrucciones del Estado Mayor Central del 2
de septiembre eran clarísimas: los puestos, fortines y localidades del interior
debían ser evacuados en atención a la posibilidad de un ataque inminente de
los insurgentes armados.

---

[61]   Los rumores decían que Francia pensaba ocupar las guarniciones españolas.

En los primeros días de noviembre los puestos más importantes del interior de Sahara fueron evacuados. Tan Tan lo fue el 3 de noviembre por medio de aviones que sacaron del lugar a una veintena de europeos y a algunos nativos, quedando solo un sargento saharaui y unos pocos soldados como custodios del fuerte. Respecto a la importante Smara, el 7 de noviembre un pequeño convoy formado por camiones GMC y jeeps evacuó a la mayor parte de la guarnición, abandonando la ciudad los últimos europeos el día 18 por aire, dejando solo a un sargento saharaui y diez soldados.

El motivo por el que militares como Zamalloa se resistieron al abandono de los puestos del interior fue porque eran conscientes de que la medida, por mucho que aumentase la seguridad, tendría un enorme coste político, como efectivamente ocurrió, ya que las Tropas Nómadas, que siempre habían estado fielmente a las órdenes de España se sintieron defraudadas; además no se siguió un criterio uniforme para decidir qué tropas nativas debían quedarse en los puestos y cuáles evacuadas, y así, en algunos lugares se dejó a los más leales, en otros a los más dudosos o menos de fiar, generando una situación insostenible que se resolvió en diciembre cuando las unidades del Ejército de Liberación decidieron ocupar los puestos, en los que, tristemente, los abandonados servidores de España, olvidados por todos, seguían izando cada mañana la bandera.

Uno de los pocos helicópteros Sikosrsky, que fueron enormemente útiles en el desierto. Al igual que sucedió con los carros de combate y con los vehículos de la caballería o la infantería, no se les cambió la pintura original para la campaña. Foto ACET 4.

El comportamiento de los soldados saharauis fue mejor incluso de lo esperado. Abandonados por sus jefes y oficiales y por los representantes de la nación a la que habían jurado defender, mantuvieron el simulacro de la soberanía española tanto como fue posible, pero cuando se presentaron ante ellos los vehículos de los hombres del *Yeicht Taharir*, todo acabó. Algunos se limitaron a dejar sus puestos y a volver al nomadeo, en tanto que otros se unieron a los enemigos de los que habían sido sus camaradas y se dispusieron a luchar contra España. Así estaban las cosas cuando un episodio que la historia ha conocido como el «incidente de Tichla», complicó aún más la situación.

Los CASA 2111 resultaron muy útiles en el Sahara e Ifni a pesar de su aspecto antiguo. Duros y robustos, aguantaron muy bien la campaña. Foto de Mariano Lerín —en el centro, tercero por la derecha—, tomada en Villa Bens, el 22 de noviembre de 1957.

El comandante José María Troncoso, que mandaba el Grupo de Tropas Nómadas de La Gándara, tomó la decisión de evacuar el puesto de Tichla, sin tener autorización para ello, aprovechando un vuelo de reconocimiento. Cuando vio emocionado que sus leales *askaris* aún mantenían izada la bandera española ordenó al comandante del avión aterrizar. El teniente que estaba al mando del aparato se negó, pues no tenía órdenes para ello, imponiéndose el comandante solo por su rango.

Una vez en tierra, Troncoso ordenó al feliz sargento nativo que él y sus hombres recogieran todo porque les iba a evacuar. Este acto, aparentemente noble, enfureció a los mandos de la aviación, que veían cómo se ignoraban sus órdenes por parte del personal del Ejército de Tierra. La desconfianza entre los mandos de ambos ejércitos aumentó y el jefe de la zona aérea insistió en que era preciso que las misiones encomendadas a sus aparatos contasen siempre con su aprobación.

3.2 Buscando aliados desesperadamente. Contactos con Francia

Cuando el *Yeicht Taharir* vio que, al menos en apariencia, España no realizaba un gran esfuerzo para controlar su propio territorio y las guarniciones y puestos del interior eran abandonados, los responsables del *Istiqlal*, ordenaron a Ben Hammu, a través de su Comité Ejecutivo, que atrajese a la causa de Marruecos a los saharauis, los tekna y los ba amrani, pues, si lo lograba, el trabajo principal ya estaría hecho.

El propio Hammu se había encargado de ir extendiendo sus relaciones entre los líderes de los diferentes grupos tribales y, la verdad, aunque doliese a los mandos españoles con más experiencia en la región y más amantes de la cultura de los pueblos nativos del AOE, tuvo bastante éxito, especialmente en Ifni, donde los ba amrani se mostraron muy dispuestos a colaborar con el ELN. Con los tekna tampoco obtuvo malos resultados, pero con los saharauis fue más complicado, pero la buena labor de propaganda fue captando para el *Yeicht Taharir* a más nómadas cada vez.

Villa Bens el 19 de noviembre de 1957, solo unos días antes del comienzo de las hostilidades. A mediados de noviembre se intuía que podía pasar cualquier cosa y los incidentes con las bandas armadas eran constantes. Foto de Mariano Lerín.

Durante las primeras semanas, los especialistas del ELN se dedicaron a entrenar a los nuevos miembros y todo fue bien hasta que los altivos erguibat ofendieron a algunos saharauis, lo que generó varios incidentes que provocaron que algunos jefes tribales volvieran a aceptar contactos con España. Ben Hammu intentó por todos los medios limar asperezas entre los diversos grupos tribales y ofreció a los *chiujs* importantes recompensas si seguían fieles al sultán de Marruecos, incluyendo atractivas ofertas de formación universitaria para sus hijos.

En cualquier caso, si bien dio la sensación a lo largo de diciembre de que Ben Hammu no había tenido un éxito absoluto, lo cierto es que el reclutamiento del ELN había logrado una notable acogida y, aunque no contaba con la total y completa adhesión de las tribus, es verdad que muchos de los no adeptos decidieron jugar a dos bandas, esperando a ver a quién favorecía la suerte de la guerra en ciernes.

En cuanto a España, a pesar de los acuerdos de mayo del 57, en los que había logrado establecer algunas pautas sobre las que llegar en el futuro a una especie de colaboración, la situación distaba mucho de ser una «alianza», ya que solo se logró el intercambio de información sobre las bandas y un derecho de persecución de hasta 30 kilómetros en territorio español por parte de las tropas francesas, algo que en la práctica los militares del país vecino estaban dispuestos a hacer de todas formas.

Tropas expedicionarias desembarcan en las proximidades del El Aaiún. La defensa de la cabeza de playa en la que se acumulaba todo el material necesario para las operaciones en el interior, fue encomendada a una compañía de la Legión y a otra de Infantería de Marina.

Sin embargo, a finales del verano, a ninguno de los responsables militares de las dos naciones se les escapaba el hecho de que una buena cooperación sería de enorme utilidad para ambas partes, por lo que el 12 de julio se produjo la primera reunión, ya de importancia, entre los generales Bourgund y Zamalloa, con el objetivo de establecer los primeros acuerdos firmes.

En el encuentro quedó claro que España prefería por todos los medios a su disposición llegar a un acuerdo pacífico y condicionaba muchas de sus acciones al incremento de su fuerza, algo que estaba haciendo poco a poco con la concentración de unidades llegadas de la Península, Canarias y Ceuta y

Melilla, en tanto que los franceses, que al fin y al cabo ya estaban en guerra, lo que querían era una acción militar inmediata contra las bandas del ELN que era evidente que campaban a sus anchas por el Sahara español.

Dentro de las peticiones francesas estaba el deseo de aumentar la zona de persecución a los 60 kilómetros, lo que fue aceptado por la delegación española, e insistieron en la necesidad de que el mando español autorizase el sobrevuelo de su territorio por los aviones franceses. Sin embargo, aun exigiendo menos, la delegación española fue menos «generosa» que la francesa a la hora de entregar documentación sensible e importante. Se hizo también una evaluación del número de hombres del ELN, existiendo un acuerdo acerca de que su volumen debería de rondar ya en torno a los 2500 hombres, como máximo.

Entre los temas que se trataron estuvo también el estímulo del contacto entre los mandos de las fuerzas presentes en la zona de ambos países y la autorización del intercambio de información, como por ejemplo en el caso de los buques soviéticos «pesqueros» localizados en las costas del Sahara. En líneas generales la delegación española fue más discreta que la francesa y se vio claramente que España intentaba evitar el conflicto, pues necesitaría de una gran ayuda si deseaba poner a sus unidades de maniobra en el Sahara en condiciones de llevar adelante una campaña moderna en el desierto.

La siguiente reunión tuvo lugar en Senegal, en Dakar, entre el 20 y el 24 de septiembre de 1957, siendo el representante español el comandante Iglesias de Ussel y Lizana, que era el secretario general del AOE y el francés el teniente coronel Rocaboy. El general Bourgund, que les recibió, comentó la amenaza que para el AOE representaba el avance del islamismo contaminado por el «comunismo» y habló claramente de la realización de operaciones conjuntas ofensivas de España y Francia. Sin duda, para el general francés la suerte estaba echada y, quisieran o no los españoles, si pretendían seguir en el Sahara e Ifni, tendrían que combatir.

La delegación española informó a los franceses de los intentos españoles para convencer a las bandas armadas de la necesidad de que se retiraran y de la amenaza de cortarles sus vías de suministro y destruirlas mediante una acción militar si no lo hacían. La delegación francesa ofreció a los españoles el uso de sus aeródromos en Mauritania si los necesitaban, pero el comandante Iglesias aseguró que no podía comprometerse a ello, si bien agradecía la propuesta.

Por parte española no hubo presencia naval ni aérea, extraña situación que no pasó desapercibida a los franceses, y que ya había causado algunos problemas en la propia España, donde las quejas de los militares de las armas «marginadas» ya habían llegado al propio almirante Carrero Blanco, situación que Zamalloa disculpaba por la necesidad de mantener una «unidad de criterio».

En cualquier caso, en el acta de la reunión quedaban claros algunos elementos esenciales del acuerdo, como la organización del mando y control y las posibles operaciones a realizar, mencionando ya las tres principales, que deberían tener como objetivo Smara, Tafudart y Río de Oro. Claramente se dejaba fuera de la zona de cooperación directa el protectorado sur, es decir, la zona de Tarfaya —colonia de Cabo Juby—, entre el Draa y el paralelo 27º 40' y, por supuesto, el denominado por los franceses «enclave» de Ifni.

3.3 PROBLEMAS SIN CUENTO

ES IMPOSIBLE ENTENDER LAS DIFICULTADES QUE PLANTEÓ la campaña del Sahara sin atender a la enorme importancia de la logística. A pesar de los avances de la tecnología y de tratarse de un conflicto librado en la segunda mitad del siglo XX, luchar en el desierto no es como hacerlo en los campos cultivados y los bosques de Europa.

En el Sahara no había poblaciones de importancia, ni vías de comunicación en el sentido europeo, lo que hacía muy complicado el trabajo de los responsables de hacer que toda la fuerza expedicionaria se encontrase en condiciones óptimas de operatividad para poder cumplir la misión que se le había encomendado.

Una vez transportado el material desde las Canarias a las costas saharianas, se tuvo que hacer frente al enorme problema que exigía dar todo el material necesario a las variopintas unidades que formaban la fuerza expedicionaria, que iban desde caballería y artillería a transmisiones o ingenieros, cada una con sus peculiares problemas y necesidades.

Para que un ejército funcione no basta con la voluntad, hace falta más, comida, agua, servicios médicos, ropas, armas, municiones y todo en grandes cantidades. Además el material, una vez desembarcado, debe distribuirse con fluidez, mediante una cadena que funcione con eficacia y que mantenga a todas las unidades en perfecto estado.

La Directiva General número 1 (TMA)[62] fijó las bases de cómo deberían funcionar los servicios complejos que debían servir para la correcta actuación de las agrupaciones tácticas de El Aaiún, Villa Cisneros y Villa Bens. Hay que tener en cuenta que había caballería mecanizada, artillería, infantería expedicionaria y nativa, ingenieros y zapadores, intendencia, farmacia, sanidad, transmisiones, etc.

La España de la época no era la actual, sino una nación empobrecida tras la Guerra Civil y el aislamiento internacional y que no disponía de los

---

[62]   Tierra Mar y Aire.

medios necesarios para hacer que las cosas funcionasen con la calidad exigida en un ejército moderno de una potencia europea. El ejemplo del agua —que no hace falta decir que es esencial en el desierto—, nos puede servir. Se estableció una previsión de cinco litros por individuo o vehículo al día, que sirvieron solo porque las operaciones se desarrollaron básicamente en invierno y se hubiese quedado corta de haber continuado la campaña en el verano.

A este respecto, la cantidad establecida contrasta con los diecinueve litros fijados por el Ejército de los Estados Unidos durante la Primera Guerra del Golfo en 1991, para unas operaciones en un terreno similar y en la misma época del año. Por supuesto, el agua generaba otro problema y es que había que llevarla encima. Así, una unidad de tipo batallón consumía entre 4000 y 5000 litros de agua al día, que debía llevar en sus vehículos —aparte de la que llevaban los soldados—. Igualmente, según los cálculos de Fernández-Aceytuno, si ese batallón recorría 150 kilómetros en 15 *jeeps* y 25 camiones, se tragaría 2.500 litros de carburante en un solo día.

Debidamente multiplicadas estas cantidades por el número de unidades implicadas, los vehículos a utilizar y los días aproximados de operaciones, nos hacemos una idea de la pesadilla que tuvo que constituir reunir todos los suministros, para quienes fueron los responsables, en las cabeceras asignadas a las agrupaciones. Tampoco debemos olvidar que los vehículos y el armamento tenían diferentes procedencias, lo que obligaba a tenerlo en cuenta a la hora de establecer las necesidades de repuestos y piezas, y del personal cualificado que la ocasión requeriría.

Por otra parte, España carecía de una verdadera doctrina de guerra en el desierto. Faltaba experiencia y sobre todo no había apenas material moderno, por lo que las acciones militares en el desierto seguían las pautas del nomadeo y el movimiento en camellos, siendo los vehículos todo terreno escasos y de no muy buena calidad. Enfrentados a unas bandas armadas organizadas y peligrosas, las tropas enviadas desde Canarias y la Península se encontraron en un terreno difícil.

De las actividades militares contra los insurgentes y de los errores cometidos se aprendió mucho, y la consecuencia, aumentada en los años siguientes por la experiencia de marchas constantes a lo largo y ancho de la provincia y maniobras militares, fue la de dotar al Ejército español de una notable capacidad para combatir en el desierto, lo que sin duda hubiese sido de gran importancia si las cosas en 1975 hubiesen derivado en un conflicto a gran escala con las Fuerzas Armadas Reales de Marruecos.

3.3.1 El medio físico

En 1957, el territorio que comúnmente era denominado Sahara español, podía dividirse en tres zonas:

> *Zona del Draa*, también denominada Protectorado Sur. Tenía 32 875 kilómetros cuadrados y fue devuelto a Marruecos en 1958.
> *Zona Norte* —entre el paralelo 27° 40' y el paralelo 25°—. Tenía 112 730 km².
> *Zona Sur* —del paralelo 25° hasta el 21° 20'—. Tenía 154 670 km².

En contra de lo que muchos piensan, el desierto es un territorio variado en su orografía y aspecto, que cuenta con zonas muy diversas. Destacan principalmente:

> El *erg*, que es la tierra ocupada por dunas de arena móviles de no más de veinte metros de altura y que cambian con el viento de forma radical, modificando la forma y la orografía del terreno. Existen el Sahara dos cadenas de dunas de gran importancia, una situada al este, no muy ancha, que desde Puerto Cansado sigue el borde oriental de la *sebja* de Tah y llega a HaguNía y continúa en dos líneas, una hasta Asatef y otra a Uein Erbeieb. También hay otras de menos extensión. La arena de los *erg* es una pesadilla para quien se mueve por el desierto, y afecta por igual a hombres y máquinas, pues el polvo se cuela en los motores, daña las cubiertas y obliga a un costosísimo trabajo de mantenimiento.

> El *reg*, que es el terreno duro, pedregoso y llano que se extiende a lo largo de kilómetros y kilómetros. Ese era el paisaje esencial del territorio que constituía el Sahara español. Podría incluso parecerse a la meseta castellana, pero la falta de vegetación convierte la región en un lugar desolado e inmenso, como la región que se extiende al norte de la Saguía el Hamra hasta la costa. En algunas zonas, las capas basálticas hacen que cuando llueve se formen pequeñas lagunas llamadas daias que camellos y otro ganado usan como abrevadero e incluso permite en invierno la formación de pastos, como ocurre en el sur en Uad Delim. Es también una zona de caza de antílopes, gacelas e incluso avestruces.

> El *uadi* es el cauce seco de los ríos y el testimonio de los tiempos en los que el Sahara era una región verde y llena de vida. Los más importantes valles del territorio son el Uad Draa, al norte; Saguía el Hamra, Uad

Chebeica y otros de menor tamaño e importancia. La Saguía el Hamra nace en el borde occidental del Draa en una zona en la que es fácil encontrar agua y en la que incluso hay árboles. Los ríos más caudalosos cuando llueve proceden del sur de la Saguia. Entre Tafudart y su desembocadura, la Saguia tiene una serie de quebradas y barrancos con cuevas que fueron un refugio perfecto para los insurgentes de las bandas armadas.

Las *sebjas* son depresiones del suelo que pueden alcanzar las setenta mil hectáreas, con paredes verticales de hasta 70 metros y nacen de la existencia de zonas en las que el suelo se había hundido. Son áreas complicadas de recorrer y muy difíciles de transitar cuando llueve. Las más importantes son la de Tah, Un Deboa, Tucnit, Agueneiguim y El Jat, así como Aridal, una de las mayores, situada al este de cabo Bojador y Aared, todas en la zona norte. En el sur destacan Saasaiat, la depresión de Dumus y Tennuaca, en la que se produjeron duros combates a finales del invierno del 58. Destacan también Cursiat, Tidsit, El Mahariat y Afuidich, junto a la frontera de Mauritania.

Las zonas montañosas adquieren diversas denominaciones, como *yebel*, *hamada* o adrar. Tienen alturas y formas muy diferentes y destacan en el paisaje del territorio. La hamada es un páramo de piedra, desolado, sin apenas agua y sin pastos, si bien es un territorio en el que abunda la caza. De la gran hamada de Tinduf, solo la zona más meridional está en Sahara español, perteneciendo el resto a Mauritania o Argelia. Es una zona dura, arrasada por el viento, donde a veces hay campos de dunas.

El adrar es una zona montañosa y rocosa formada por valles angostos y pasos intrincados y el aguerguer es una faja de seis kilómetros con varios cerros con forma de burbuja y unos 30 metros de altura, que constituye uno de los lugares más duros e inhóspitos del desierto, sin vegetación, seco y barrido por el viento, lo que le da un aspecto de desierto lunar o marciano. Por último hay que hablar del Zemmur, un macizo montañoso que se convirtió en uno de los lugares favoritos de refugio de las bandas armadas

Finalmente, los saharauis denominan gosta al litoral que con sus 1150 kilómetros tenía tres claras zonas, una de amplias playas, otra de acantilados con alturas entre los 40 y los 60 metros y por último acantilados de menor altura —de 6 a 8 metros—.

Es importante también hacer una mención al agua, el oro del desierto. En el Sahara Occidental las precipitaciones anuales están entre los 50 y 100 mililitros, produciéndose cada cierto número de años precipitaciones anómalas de mayor intensidad. Y no hay ríos propiamente dichos, aunque sí unos pocos que llevan directamente el agua al mar. Los pozos, pobres cuando los españoles se hicieron con el control del territorio, fueron muy mejorados y siguieron siendo puntos esenciales para el control del territorio, pues son vitales para los nómadas. Los más importantes eran Gaidia, Hasi Greibil, Bir Lehlú, Uad Tin, Uad Saadum y Sebaiera.

Respecto a la fauna, obviamente destaca el camello, especialmente el de carga, de gran talla y pesado, el ágil dromedario ligero para monta y el ya comentado mehari, auténtico pura sangre para la guerra y la caza. El resto varía obviamente en función de su territorio pero hay gacelas, antílopes, chacales, hienas y guepardos. Destacan las abundantes culebras, escorpiones y liebres.

Toda la actividad militar a desarrollar en el Sahara tenía que tener en cuenta las características expuestas, que afectaban a las operaciones a desarrollar:

1. ELEMENTOS DERIVADOS DEL TERRENO

El desierto del Sahara no es como la gente se imagina, un enorme y bello campo de dunas de arena, hay zonas pedregosas que se extienden decenas de kilómetros en las que es complicado cavar trincheras, abrir pozos de tirador o fortificarse. Esta superficie es una tortura para hombres y vehículos y destroza los neumáticos afectando gravemente a las suspensiones.

También es verdad que existen inmensos campos de arena, que cambian con el viento, haciendo poco seguro el fiarse de las rodadas de los vehículos como de guía. Hay en el Sahara zonas montañosas formadas por verdaderos laberintos, en ocasiones llenos de cuevas en los que el enemigo podía refugiarse y sorprender a fuerzas de entidad muy superior. Estos lugares tenían que ser previamente explorados por guías que los conociesen bien y, además, eran obstáculos naturales de importancia para fuerzas mecanizadas.

No debe olvidarse tampoco al siroco, también llamado irifi, que empuja arena en suspensión, impide la visibilidad y es una pesadilla para las armas, pues se cuela por cada rendija. Este viento que sopla del sur y del sureste exige el uso de gafas protectoras, pues es muy molesto para los ojos y hace preciso el empleo de telas o trapos que cubran las armas y algunas zonas sensibles de los vehículos.

El desierto también impone el uso de ropa adecuada. La temperatura diurna, especialmente en verano, convierte el terreno en un horno, en el que es normal pasar de los 50°, pero por la noche la temperatura baja hasta los 0°, lo que obliga a contar con material de abrigo.

Finalmente, los hombres y los vehículos necesitan agua, por lo que es preciso antes de aventurarse en el desierto tener muy claro que el consumo de este elemento esencial es muy alto y que, en principio, debe desecharse el pensar que se va a encontrar en el camino: hay que partir con ella y llevarla encima. La naturaleza en el desierto es dura, por lo que se debe tener en cuenta que la deshidratación está siempre presente. Llevar pastillas de sal y buenos botiquines de campaña es algo esencial.

2. ELEMENTOS DERIVADOS DEL USO DE VEHÍCULOS MOTORIZADOS

Es imposible llevar adelante una moderna guerra en el desierto sin vehículos adecuados. Ya hemos visto que impone muchas limitaciones derivadas del terreno tan especial en el que se desarrollan las operaciones. El combate en el desierto tiene algunas semejanzas muy interesantes con la guerra naval, que desde siempre han sido destacadas por los especialistas, por lo que los vehículos y los hombres que van en ellos forman un equipo inseparable.

Es importantísimo que en vanguardia vayan hombres que dispongan de un buen conocimiento del terreno, ya sean estos nativos o no, y disponer de información de calidad sobre el lugar en el que se está. Asimismo, el avance de las columnas debe ser apoyado desde el aire, tanto para disponer de observación avanzada como para prevenir emboscadas o trampas del enemigo.

En contra de lo que pudiera pensarse, el camuflaje funciona en desierto como en cualquier otra parte, y aunque parece complicado ocultarse y evadir la observación aérea, en la práctica es posible. Así, durante toda la campaña, los insurgentes se ocultaban en cuevas y en los cauces de los ríos, desde donde les resultaba posible pasar desapercibidos usando ramas secas y construyendo pequeños chamizos en los que se refugiaban.

Como en el siglo XIX, al detenerse, los vehículos deben quedar protegidos, rodeando la zona de acampada, en la que se deben abrir trincheras y pozos de tirador que cubran el área de descanso. Durante la Segunda Guerra Mundial en África del Norte, tanto las unidades italianas y el *Afrika Korps* como los británicos, acampaban al raso de esta forma, que garantizaba una buena protección y que recordaba algo a los *laager* de los *boer*.

En cuanto a su empleo, el vehículo es en sí mismo una unidad de combate, que por lo tanto es autónoma y lleva su propio combustible, agua, botiquín, comida, repuestos y municiones, de forma que en caso de avería debe convertirse en una pequeña fortaleza y no ser nunca abandonado. Si llegase el caso de tener que quedar solos, los tripulantes se organizarán preparando un perímetro defensivo, controlando el agua, la comida y las municiones disponibles e intentando su reparación en tanto esperan apoyo.

Vehículos Dodge. Comenzaron a llegar en masa en los años 50 y se mantuvieron en servicio hasta los años 90. En el Sahara su empleo fue vital. Foto Asociación Compañía Expedicionaria de Transmisiones Tierra 4.

En la lucha, tanto el conductor como quienes se ocupan del armamento pesado —ametralladoras, cañones o morteros— han de combatir desde el vehículo y el resto lo hacen en tierra bajo su apoyo. Esto es interesante, pues según el tipo de vehículo del que hablemos —*jeep* artillado, autoametralladora, como las M-8, o transporte blindado, como los M-3— cambia ligeramente, pero como doctrina general es válida.

Todas estas cuestiones eran bien conocidas por bastantes de los mandos que participaron en la campaña, quienes tenían años de experiencia en el desierto, lo que no impidió errores, en ocasiones graves, por haber ignorado muchas de estas lecciones básicas. En cualquier caso, se aprendió mucho de la experiencia y en los años siguientes se fue consolidando una auténtica doctrina de guerra moderna en el desierto, aprovechando que el material fue cada vez mejor y contando con la aparición de elementos nuevos como el uso intensivo de helicópteros y de comunicaciones de calidad.

Un grupo de conductores junto a sus vehículos Dodge. Todos llevan ya gafas protectoras para el polvo y el viento y siroqueras. Foto ACET 4.

3.4 Los preparativos

ANTE LO COMPLICADO DE LA SITUACIÓN, los primeros refuerzos se enviaron en la primavera de 1957 y el 17 de junio embarcó en Ceuta la IV bandera de la Legión a bordo del crucero *Méndez Núñez* y el transporte *Tarifa*, rumbo a Villa Cisneros, población a la que llegó el 21, aunque una compañía fue destacada en Sidi Ifni El envío masivo de refuerzos comenzó el 5 de noviembre, fecha de inicio de la operación «Aguila» de transporte estratégico por vía aérea de fuerzas desde sus bases al AOE, empezando por la II bandera de la Legión que fue aerotransportada en aviones C 47 —T 3— desde Melilla a Villa Bens, aterrizando en el aeródromo de Cabo Juby, terminando su traslado el día 9. El 5, embarcó en Ceuta la VI bandera de la Legión en los cruceros *Canarias* y *Méndez Núñez*, con destino a Las Palmas, desde donde en el marco de la segunda fase de la operación «Aguila» fue enviada por vía aérea —en aviones Ju 52 y C 47— a El Aaiún entre los días 7 y 10.

El día 11 el Batallón de Cabrerizas —una unidad disciplinaria— partió por mar desde Melilla con destino a Villa Cisneros y también destacamentos de transmisiones, automóviles —dos secciones de camiones *Ford* K y una de *jeeps*—, una compañía de zapadores y dos equipos quirúrgicos, calculándose que a mediados de noviembre había en el AOE unos 4600 europeos y casi 600 nativos. Por último, del 29 al 30, un puente aéreo, con aviones T 3, trasladó desde Villa Cisneros a El Aaiún la IV bandera de la Legión para reforzar el perímetro.

En cuanto al plan de actuación, no fue expuesto a los mandos militares hasta noviembre de 1957, en concreto el día 15, naciendo poco después la *Instrucción 357-14*, que, redactada por el Estado Mayor Central establecía cómo debían dirigirse las operaciones tendentes a terminar con las bandas armadas del Ejército de Liberación al sur del paralelo 27° 40'. Se disponía la realización de operaciones sucesivas y concéntricas llevadas a cabo por medios aeroterrestres.

La *Instrucción 357-14* mencionaba a las tropas francesas que iban a colaborar en las operaciones y las cifraba en unos 2.000 hombres a los que se sumaría toda la aviación militar disponible en el África Occidental Francesa. Sin embargo, no hacía mención a las fuerzas española que debían implicarse.

La primera fase, pues serían dos, comenzaría con intensos bombardeos aéreos sobre el grupo III —Raudat el Hach— y IV —Tafudart—. Como el grupo III era más fuerte, debía asegurarse su debilitamiento antes de abordar la aniquilación del grupo IV, al que se atacaría con dos movimientos, el primero de El Aaiún a Tafudart y un segundo que partiría del África francesa, en concreto de Fort Trinquet, y se dirigiría a Smara. Cuando se destruyera el grupo IV en esta operación, en la que estarían implicados paracaidistas franceses y españoles, se buscaría al grupo III hasta garantizar su completa aniquilación.

Obviamente, se preveía que, aunque las tropas participantes en las operaciones volverían a sus bases, habría que limpiar el terreno de restos de las bandas armadas que hubiesen sobrevivido, hasta garantizar la completa limpieza del territorio de soberanía española.

El 19 de noviembre una instrucción complementaria de la anterior establecía el plan de operaciones, denominado PM-4, que debía, en primer lugar, garantizar que las posiciones defensivas resistiesen cualquier ataque enemigo, formando tres zonas o núcleos defensivos:

La Agrupación A —Centro—, con base en El Aaiún, la capital, formada por las banderas VI y XIII de la Legión, la plana mayor y una compañía de cañones de infantería del III tabor de Tiradores de Ifni, una compañía de ametralladoras, de la que una sección había sido enviada a Villa Bens, una compañía de automóviles y otra de zapadores. El mando estaba a cargo del coronel Mulero Clemente.

La Agrupación B —Norte—, con base en Villa Bens, con las banderas de la Legión II y III, dos compañías de infantería de los regimientos 49 y

50 y una sección de ametralladoras del III tabor de Tiradores de Ifni. Al mando estaba el coronel Campos.

La Agrupación C —Sur—, con base en Villa Cisneros, con el Batallón de Cabrerizas, una sección de zapadores, otra de transmisiones y una de automóviles.

Lógicamente, al operar en un terreno desconocido, se debía asignar a cada Agrupación guías nativos de los Grupos Nómadas de Policía Territorial II del Draa, III de la Saguía el Hamra y IV Capitán De la Gándara.

La verdad es que, en la práctica, aunque algunos especialistas en el conflicto destacan sus carencias, lo cierto es que proveyó a los mandos en campaña de un buen documento de operaciones que mostraba la clara voluntad del Gobierno español de pacificar el Sahara a toda costa, algo absolutamente necesario si se deseaba mantener la soberanía española. Es obvio que en Madrid, tanto el Gobierno como los altos mandos militares eran conscientes de que debían implicarse en una campaña de cierta envergadura, algo que no sucedía desde la Guerra Civil, veinte años atrás.

3.5 INSURRECCIÓN. COMIENZAN LOS COMBATES

EN LA CAPITAL, EL AAIÚN, se habían vivido con creciente tensión los sucesos ocurridos desde principios de noviembre, especialmente el saqueo del faro de cabo Bojador[63], que había generado una gran alarma entre el personal civil destinado en la provincia y sus familiares. Además, tras los sucesos de Ifni del 23 de noviembre, se vio claro que había que ir preparando la defensa de la plaza, pues era evidente que tarde o temprano sufriría el ataque de las bandas armadas del Ejército de Liberación.

---

[63]   El día 30 de noviembre, se comprobó que la luz del faro de cabo Bojador estaba apagada y el 3 de diciembre de 1957 la corbeta *Descubierta* protegida por un *Heinkel* He-111 desembarcó un pelotón de infantes de marina, que encontraron restos de sangre, la radio destrozada y evidencias de un combate, sin hallar cadáveres ni rastro de los ocupantes del faro, ni del camión que tenía el destacamento militar. Luego se supo que una banda de insurgentes, tras una breve resistencia, había hecho prisioneros a los dos soldados de transmisiones del destacamento, tres civiles y dos mujeres que fueron enviados a Marruecos. Este personal, junto a 30 militares más, una mujer y dos niños que fueron hechos prisioneros en otras acciones de las bandas del *Yeicht Taharir* a lo largo del AOE, no fue liberado hasta mayo de 1959.

El responsable de adoptar las medidas oportunas era el coronel Mulero Clemente, que era, además del jefe de las fuerzas nómadas, el subgobernador de la provincia, y que el 3 de diciembre dictó una división por sectores del dispositivo de defensa. Entre tanto, la pacífica vida de la pequeña capital había cambiado profundamente. La continua llegada de unidades de Canarias y la Península, el trasiego de tropas, material y armamento, la instalación de alambradas y la fortificación del perímetro de defensa mostraban a las claras a los residentes nativos y europeos que su ciudad estaba en medio de una guerra.

El sector I tendría un centro de resistencia defendido por el regimiento de infantería Extremadura 15, que debía cerrar la pista que iba de El Aaiún hacia Villa Bens, en el norte. El sector II defendía la zona norte-oeste con el III tabor de Tiradores de Ifni, reforzado por una compañía de fusileros y un pelotón de morteros del regimiento Extremadura. Las pistas oeste-sur de la Saguia formaban el sector III, defendido por la IV bandera de la Legión, en concreto dos secciones de fusileros y una de ametralladoras. Por último, el sector IV lo defendía la policía y ciudadanos armados.

Lo que quedaba de la guarnición, parte de la IV bandera de la Legión y la XIII, quedó en reserva por si además fuera preciso realizar alguna acción de contraataque. Desde el primer momento mantener una actitud ofensiva a la primera oportunidad, pareció una medida destacable, sin embargo, provocaría poco tiempo después un desastre.

En los días previos a Navidad, en concreto a partir del 20 de diciembre, la banda armada de Tafudart decidió poner a prueba las defensas con fuego de armas automáticas y granadas de mano, repitiéndose el ataque al día siguiente. Para evaluar la fuerza real de los atacantes, el 22 el coronel Mulero decidió realizar una salida contra los agresores. Seleccionó para ello a dos compañías de infantería y un pelotón de morteros y una sección de ametralladoras, que debía realizar un reconocimiento ofensivo por la Saguía el Hamra con destino en el pequeño oasis del Messeid.

Tras avanzar con firmeza a pesar del intenso fuego de armas ligeras de los insurgentes, alcanzaron el oasis, donde los enemigos se habían atrincherado en unas ruinas. Entretanto un solitario *Heinkel* He-111 lanzó un ataque bastante inútil contra las tropas enemigas, pues lo hizo a ciegas.

Los legionarios, que habían aprovechado muy bien las ventajas que les ofrecía el terreno, atacaron con morteros y fuego de sus ametralladoras las ruinas del oasis y finalmente lanzaron una carga a la bayoneta. Los rebeldes no pudieron aguantar más e iniciaron una desordenada fuga en la que fueron cazados por legionarios que les produjeron una veintena de bajas y tomaron un prisionero, así como fusiles Lebel, munición y comida, por solo dos legionarios heridos, uno de ellos por un accidente. Su moral se elevó por las nubes y pensaron que se enfrentaban a gentes sin valor y sin capacidad de lucha. Pronto saldrían de su error.

El 23 el ataque fue algo más serio, con fuego de morteros por vez primera y probablemente con el objetivo de poder vengar la derrota del Messeid. Aunque se había ordenado a las tropas no disparar a lo loco, fue imposible hacerlo, pues muchos soldados eran bisoños e incapaces de controlarse por la tensión y el estrés, lo que generó un desperdicio inútil de munición. No obstante, el fuego contrabatería de los hombres del Extremadura, con sus morteros, logró la destrucción de uno del adversario, que fue alcanzado de lleno.

Nochebuena y Navidad fueron tranquilas, pero se ordenó la salida de una sección de la policía nativa al mando del caíd Salah uld Beiruk y otra de policía y tropas europeas. En ninguna se encontró rastro de enemigos, lo que hizo suponer al coronel Mulero que se habían retirado.

Durante esos días, la moral de la población civil, que abandonaba siempre las calles al atardecer, se mantuvo alta, a pesar de la sinfonía nocturna de disparos y explosiones, cuyos fogonazos iluminaban la noche del desierto. Pronto sucedió lo que se temía, a la falta de agua para todo aquello que no fuese beber o el mantenimiento de los vehículos y la incomodidad del suelo en las posiciones defensivas, tan duro que se hacía muy complicado cavar trincheras o pozos de tirador, había que unir que la ropa, y sobre todo las alpargatas o botas de lona que constituían el calzado, estaban en muy malas condiciones, lo que ante la falta de suministros, hacía muy incómoda la vida en las posiciones del perímetro defensivo.

En las otras dos zonas cabecera de Agrupación —Villa Bens y Villa Cisneros—, la tranquilidad apenas se vio interrumpida. En la última ciudad, un grupo insurgente lanzó un ataque contra el puesto de El Aargub, al otro lado de la ría el día Navidad, pero la defensa estaba alerta y el asalto fracasó. El 3 de enero, un cabo descubrió otro intento de incursión, lo que le costó la vida, pero permitió impedir los planes de los enemigos, que tuvieron que huir.

Aprovechando el rastro que habían dejado los agresores debido a la lluvia, una sección del regimiento expedicionario Castilla 16 partió de El Aargub y siguió su pista hasta las crestas del Aguerguer, donde las tropas españolas cayeron en una emboscada, en la que murieron un sargento, un cabo primero y dos soldados, así como un policía saharaui. Controlada la situación, la unidad se organizó formando una posición defensiva que aguantó toda la noche, hasta que finalmente, al amanecer, la aviación pudo intervenir y atacar las posiciones de los rebeldes, que acabaron por retirarse.

3.5.1 El desastre de Edchera

Al amanecer del 13 de enero de 1958, la XIII bandera de la Legión partió en una misión ofensiva contra las bandas del Ejército de Liberación con la esperanza de eliminar para siempre la amenaza contra la capital. En vanguardia, al mando del capitán Agustín Jáuregui, el vencedor del Messeid, la 2.ª compañía, con una sección de fusiles en *jeeps* como punta de lanza; para proteger el flanco iba en camiones *Ford* K la 3.ª compañía, con el teniente Francisco Gómez, y en reserva la 1.ª, al mando del capitán Girón. El jefe de la bandera, comandante Ricardo Rivas Nadal, iba con la plana mayor junto con la 5.ª compañía de Armas de Apoyo. Les acompañaba también una pequeña sección de transmisiones que ponía en contacto al comandante de la bandera con el coronel Mulero en El Aaiún.

El teniente Gómez Vizcaíno junto a un jeep Willys. Pocos días después de ser tomada esta fotografía cayó heroicamente en el combate de Edchera.

El grupo de vanguardia descubrió al llegar al límite de la Saguia, en una zona en la que pastaban unos camellos, varias teteras y platos, prueba de que el enemigo había estado allí. Justo en ese momento, los insurgentes, aprovechando la posición que ocupaban, que les daba una cierta protección, pues se habían situado en el borde de la Saguia, abrieron fuego con todo lo que tenían a mano. En el intercambio de disparos de armas automáticas y morteros, cayeron muertos los tenientes Arturo Martín, que mandaba la vanguardia de la 2.ª compañía y Francisco Gómez, de la 3.ª. El capitán Jáuregui, acompañado de su plana mayor y algunos hombres —en cualquier caso muy pocos—, entró en la Saguia a través del paso de Edchera, en tanto otras unidades trataban de apoyarle.

Informado el coronel Mulero de lo que estaba ocurriendo, ordenó al comandante Rivas que se replegase, a lo que este se negó para no abandonar a sus hombres. Mientras, en medio del duro intercambio de fuego, las bajas de las tropas españolas seguían aumentando, hasta que tras varias horas de combate los enemigos se retiraron en dirección al oasis del Messeid. El resultado fue peor de lo esperado: 48 muertos y 64 heridos, que, menos cinco —dos conductores de automovilismo, un tirador de Ifni y un policía—, eran todos legionarios.

Edchera fue un combate de gran importancia y como tal ha despertado el interés de los antiguos combatientes y expertos. Así, por ejemplo, el entonces sargento Cruz, que conocía personalmente a muchos de los procedentes del Tercio que combatieron allí, dejó un testimonio excelente de la acción, en la que queda claro que no se trataba de tropa bisoña, sino que muchos eran veteranos con gran experiencia en combate:

El 13 de enero de 1958 fue la 3.ª sección de la 1.ª compañía de la XIII bandera la que padeció el mayor número de bajas. La mandaba el luego laureado brigada Fadrique y a ella pertenecía el también laureado en la misma acción Maderal Oleaga. En ese combate murieron, además de los dos citados, mi cabo 1.º instructor Germán Hevia Vallina, el cabo 1.º Jaime, una institución de la VII bandera, y otros 32 hombres más, amén de otros tantos heridos. Incluso también murió el perro Disciplina, cedido a la 3.ª por mi compañía —la 5.ª de máquinas—. El teniente Martín Gamborino, también procedente del III Tercio, participó en el combate, al igual que otros muchos, como observador impotente y su muerte se produjo de forma fortuita, un un rebote. En el combate de Edchera tomaron parte amigos míos con experiencia en acciones en nuestra Guerra Civil y en la División Azul.

En su obra *La última Guerra de África* el General Casas de la Vega escribe:

La operación era necesaria. La bandera no llevaba Artillería; su base de fuego era, pues, inconsistente. La reacción de la 2.ª compañía ante los primeros disparos fue atacar en una zona donde al final todas las ventajas fueron para la defensa con un enemigo más superior y preparado de lo previsto y muy difícil de descubrir, y, por tanto, de batir. La maniobra de envolvimiento fue finalmente contrarrestada y acabó prácticamente toda la bandera empeñada en línea.

El repliegue ordenado ni se cumplió, probablemente debido a fallos en las transmisiones, ni tampoco podía cumplirse por la precisión del fuego enemigo. Sin embargo, el espíritu de fuego, de combatividad, de sacrificio y de muerte sí que se llevó en toda plenitud. No fue este sacrificio legionario estéril. A partir de Edchera supieron el Gobierno, las Fuerzas Armadas y las unidades allí destacadas contra qué enemigo combatíamos, su calidad y cantidad y, sobre todo, qué medios y qué articulación táctica se precisaba para su aniquilamiento. Dos laureadas individuales, en las personas del brigada Fadrique y del legionario Maderal, enriquecieron la historia de la Legión. En total se produjeron 107 bajas, 43 muertos y 64 heridos...

Esta vez las cosas no habían ido bien. Los hombres del Ejército de Liberación, tal vez cerca de un batallón —unos 400 hombres—, aunque hay quien lo estima en casi medio millar, perfectamente uniformados y armados, esperaron una oportunidad favorable y la aprovecharon a la perfección, como mandan los cánones de la guerra irregular en todo tiempo y lugar.

Una de las fotografías del desastre de Edchera —13 de enero de 1958—, en el que hubo más de un centenar de bajas españolas entre muertos y heridos. Los legionarios aparecen muertos como después de haber realizado una heroica resistencia, pero en realidad la imagen fue retocada.

Desde sus dunas, camuflados entre las escasas plantas de la zona, los tiradores del *Yeicht Taharir* actuaron a placer contra los legionarios, a quienes su habitual agresividad convirtió, en esta ocasión, en un blanco fácil.

Por parte española, desde el punto de vista táctico, no se actuó torpemente y la conducta de los legionarios fue admirable. Fieles a su credo, dieron la vida defendiendo a sus compañeros y a sus oficiales, sin retroceder y sin dejar de combatir hasta el final. Los ejemplos del brigada Francisco Fadrique Castromonte y del legionario Juan Maderal Oleaga, condecorados a título póstumo con la Gran Cruz Laureada de San Fernando por defender hasta la muerte el cuerpo ya sin vida de su capitán, no serían olvidados por nadie. Edchera sería la primera y última victoria de las bandas armadas del Ejército de Liberación.

3.6 LAS OPERACIONES «TEIDE» Y «ECOUVILLON»

EL 20 DE ENERO, POCOS DÍAS DESPUÉS del desafortunado combate de Edchera, el general de división José Héctor Vázquez, gobernador militar de Lugo, fue nombrado por decreto gobernador de la provincia del Sahara, que ahora se separaba de la de Ifni, en la nueva distribución administrativa del África Occidental Española —en la que siguió el general Zamalloa—. El general Vázquez tenía una buena experiencia en el norte de África, pues había vivido tiempo en Marruecos y, además, en los años de la independencia, lo que le había permitido adquirir una gran experiencia, algo que sin duda fue valorado al promoverse su nombramiento, junto a su carácter enérgico y severo.

Procedente del Arma de Caballería, en la que seleccionó a la mayor parte de sus colaboradores, creía firmemente en el movimiento como eje de la victoria y mentalmente estaba, por lo tanto, muy bien dotado para entender la guerra mecanizada en el desierto. Durante los meses que ejerció el mando —del 20 de enero al 22 de julio—, dirigió las operaciones con mano de hierro y, decidido siempre a mantener el contacto con sus hombres de forma personal, superó las 300 horas de vuelo en su *Junkers* Ju-82 y en helicóptero, para visitar e inspeccionar a las unidades en campaña y seguir la progresión de las columnas móviles.

Vehículos Dodge *y* jeeps *tras su desembarco en el Sahara a finales de enero de 1958. Se aprecia el garaje de la Compañía de Transmisiones, detrás el campamento y a la derecha los barracones de la Legión.* Foto ACET 4.

Una vez que quedó definida la cooperación de las fuerzas hispano-francesas en las reuniones de Las Palmas y Dakar se preparó un detallado plan de operaciones. Por parte española, la Capitanía General de Canarias y la Jefatura de las Fuerzas en el Sahara dictaron cinco directivas generales y un anexo, así como unas novedosas normas generales tácticas para la actuación en el Sahara, elaboradas por el Estado Mayor de la Capitanía General.

La *Directiva General TMA número 1*, establecía en lo referente al Sahara que el objetivo era: «Buscar, encontrar y aniquilar a los grupos rebeldes situados en el norte del Sahara para posteriormente proseguir la limpieza del centro y sur del territorio».

Del propio documento se extrae la importante conclusión de que las fuerzas de apoyo francesas no actuarían al norte del paralelo 27° 40', con lo quedaban las operaciones en Ifni en manos exclusivas de España, recibiéndose el apoyo del país vecino solo para las acciones que se desarrollasen en el Sahara. Las directivas generales fueron:

— *Directiva General n.º 1* (1.ª parte), dando normas generales señalando los propósitos a conseguir y los medios disponibles.
— *Directiva General n.º 1* (2.ª parte), para la organización y funcionamiento de los servicios. Anexo n.º 1 de la anterior sobre organización de las transmisiones.
— *Directiva General n.º 2*, con el plan de acciones aéreas y anexo fijando normas de coordinación aeroterrestre.
— *Directiva General n.º 3*, para la fase de las operaciones en el Sahara.
— *Directiva General n.º 4*, sobre funcionamiento de las secciones combinadas y de cooperación aeroterrestre.
— *Directiva General n.º 4* (bis), para la terminación de la 1.ª fase.
— *Directiva General n.º 5*, para la organización provisional de las fuerzas una vez terminada la 2.ª fase.

Según lo que había quedado establecido en la *Directiva TMA* de la Capitanía General de Canarias y de la Jefatura de Fuerzas del Sahara, se preparó la operación «Teide», nombre con el que fue conocida en España, siendo una operación conjunta con los franceses, para quienes recibió el nombre de *Ecouvillon* —escoba—, codificada por el general Bourgund con el nombre *Ouragan* —huracán—.

El acuerdo hispano-francés tenía una fase previa de interés únicamente para España, que se ejecutaría entre el paralelo 27° 40' y el Draa, seguida de dos fases en el Sahara español con acciones combinadas aeroterrestres de fuerzas españolas y francesas. La fase previa garantizaría el cierre en ambos sentidos de los pasos del Draa. La primera de las fases operativas, con tropas españolas que partirían de El Aaiún y francesas de Fort Trinquet, debía lograr la completa destrucción de la infraestructura político militar del Ejército de Liberación en la Saguía el Hamra. La segunda fase garantizaría la eliminación de cualquier núcleo enemigo en Saguía el Hamra que siguiese en activo y dejaría a los franceses la recuperación de Smara.

Las diferencias en algunos puntos entre la operación «Teide» y la francesa *Ecouvillon*, eran lagunas importantes que fueron corregidas sobre la marcha con órdenes complementarias. Algunas indefiniciones partían tal vez de los diferentes momentos en que se habían emitido ambas. Fernández-Aceytuno sostiene que los franceses emitieron *Ecouvillon* antes que los españoles «Teide», por lo que los mandos de nuestro Ejército se adaptaron en cierta forma a los objetivos fijados por nuestros vecinos.

Un grupo de carros M-24 alineados en Villa Bens, aún con los escudos del regimiento de caballería Santiago 1 con la pintura usada en Europa. Los carristas llevan también los uniformes usados en España. Foto Joan Bordas.

Mientras continuaba la concentración de tropas. La división de caballería aportó efectivos de los regimientos Santiago n.º 1 y Pavía n.º 4, cada uno de ellos con tres escuadrones —plana mayor, mecanizado y blindado—. El coronel jefe del regimiento de Dragones de Santiago Antonio Artalejo Campos, comunicó por escrito a su general el 13 de enero de 1958 lo siguiente: «En el día de la fecha, han salido con destino al África Occidental Española un grupo de escuadrones de este Rgto. integrado por el comandante, 10 oficiales, 15 suboficiales y CASE —Cuerpo Auxiliar Suboficiales Ejército— y 205 de tropa, con 9 *jeeps*, 4 semiorugas, 10 AAC —autoametralladoras— y un semiremolque... ».

El personal de la expedición que llevaba el material móvil, salió de Alcalá de Henares el 19 de diciembre de 1957 con: 50 *jeeps*, 5 camiones *Ford* K, 6 *Dodge*, 3 algibes, 2 grúas, 2 cocinas, 1 remolque y 10 AAC —autoametralladoras—.

El armamento y municiones del grupo expedicionario Pavía estaba constituido por: ...182 mosquetones y machetes, 117 pistolas, 58 subfusiles, 9 fusiles ametralladores, 3 lanzagranadas, 4 CSR —cañones sin retroceso— de 75 mm., 10 AAC, 9220 cartuchos de 9 mm para pistola o subfusil, 20 160 de 7,92, 25 000 de 7,62 y 12 000 de 12,70, ambos para ametralladoras de los AAC y 1460 disparos de cañón de 37 mm también para las AAC.

Carros de los regimientos expedicionarios de caballería desembarcan en el Sahara. Foto ACET 4.

Afirma el coronel Lión Valderrábano en su obra *La Caballería Española 1939-88* que, al no haber suficientes blindados, Pavía formó el tercer escuadrón con diez carros M-24 —de ellos tres procedían del propio regimiento Pavía, cuatro de Santiago y tres de otras unidades[64]— y Santiago, con nueve autoametralladoras M-8 y un M-20 de mando, comprados en Francia apresuradamente y cuyos «jinetes» tuvieron que ser adiestrados durante la travesía por personal francés que se había trasladado con los vehículos.

El 17 de enero de 1958, en el puerto de Sevilla, embarcaban en el buque *Isla de Tenerife* de la compañía *Trasmediterránea*, el citado grupo expedi-

---

[64]   Lión, Raúl y Silvela, Juan M., *Del Caballo a los Medios Acorazados. Una historia reciente de la caballería española*, 1939-1990.

cionario de caballería, si bien al llegar al puerto de Las Palmas de Gran Canaria tuvieron que esperar varios días por el mal estado del mar, finalmente arribaban a la playa de Aaiún, el 26 de enero de 1958 y pisaban a tierra a las seis de la tarde.

No cabe duda de que el panorama que se encontraron era más que duro, pues faltaba la comida, solo tenían una cantimplora de agua para dos días y había que sufrir el rigor del clima, con un calor asfixiante durante el día y frío por la noche. La suciedad, falta de higiene y la molestia de chinches, piojos y otras incomodidades como la falta de ropa y equipo adecuado, sobre todo calzado, fueron una constante en toda la campaña, en la que las penurias del Ejército español solo pudieron ser superadas con esfuerzo y buena voluntad.

Por último, el 31 de enero, desembarcaron en la playa de Villa Bens, desde la K-2, 10 carros M-24 del Grupo de Caballería del Regimiento Pavía nº 4 y poco después llegó el Grupo de Artillería —dos baterías— del regimiento de Artillería 19 y otras unidades menores, terminando el dispositivo de envío de tropas el 1 de febrero con la llegada al Sahara, procedente de Ifni, del Escuadrón Paracaidista del Ejército del Aire.

3.6.1 Los efectivos españoles y franceses

TROPAS ESPAÑOLAS

Agrupación Táctica A (coronel Mulero)

Base en El Aaiún

Subagrupación I A

- Banderas de la Legión IV y XIII
- Regimiento de caballería Santiago 1, con plana mayor, escuadrón mecanizado y escuadrón de autoametralladoras-cañón (AAC)
- Batería del Grupo de artillería del regimiento de Artillería 19, con piezas de 105/26
- Sección de morteros de 81 mm del regimiento de infantería Extremadura 15
- Destacamentos de sanidad, intendencia, transmisiones, automóviles, policia y zapadores

Subagrupación II A

- IX bandera de la Legión
- Batallón de maniobra del regimiento de infantería Extremadura 15
- Batería del Grupo de artillería del regimiento de Artillería 19, con piezas del 105/26
- Destacamentos de sanidad, intendencia, transmisiones, automóviles, policia y zapadores
- Fuera de las subagrupaciones, había a las órdenes del capitán general en El Aaiun, otras dos unidades:
  - Bandera paracaidista del Ejército del Aire
  - Compañía de Infantería de Marina

Agrupación Táctica B (coronel Campos)

Base en Villa Bens

- II bandera de la Legión
- Batallón de maniobra del regimiento de infantería Guadalajara 20
- Batallón de maniobra del regimiento de infantería San Fernando 11
- Regimiento de caballería Pavía 4, con plana mayor, escuadrón CCL y escuadrón mecanizado
- Batería del grupo de artillería del regimiento de Artillería 19, con piezas de 105/26.
- Sección de morteros de 81 mm del regimiento de infantería San Fernando 11.
- Destacamentos de sanidad, intendencia, transmisiones, automóviles, policía y zapadores.

Agrupación Táctica C (coronel Artejo)

Base en Villa Cisneros

- I bandera de la Legión.
- Batallón de maniobra del regimiento de infantería Castilla 16.
- Destacamentos de armas y servicios.

Con base en Villa Cisneros, dependía del capitán general una compañía de Infantería de Marina.

TROPAS FRANCESAS

Agrupación Grall

- Dos compañías de la Legión Extranjera.
- Escuadrón de reconocimiento del 7.º Regimiento Paracaidista Colonial.
- 2.ª compañía sahariana motorizada.
- Batallón de marcha del Destacamento Autónomo 2 (3 compañías del 8.º Regimiento Colonial combinado Adrar).
- Compañía III/23.º Regimiento de Infantería Colonial.
- 557 compañía de transporte.
- Batería de 105 HM3.
- 18.ª compañía de ingenieros (salvo una sección).
- Destacamentos de unidades de servicios.

Agrupación Vidal

- 1.ª compañía sahariana motorizada.
- 10.º regimiento interarmas (le faltaba una compañía de ingenieros).
- Compañía de transporte.
- Destacamento de servicios.

Posteriormente se incorporaron las siguientes unidades:

- Batallón de marcha del Destacamento Autónomo Mauritania.
- Una compañía de Infantería de Marina colonial.
- Varios destacamentos de unidades de servicios.

Como reserva había una pequeña agrupación en Tinduf formada por una compañía sahariana motorizada y dos compañías de paracaidistas, que debían participar en la segunda fase.

3.6.2 La operación «Teide», primeros pasos

Inicialmente se había previsto el día 6 de febrero para el comienzo de las operaciones. En enero las zonas de Saguía el Hamra, el bajo Draa y Chebeica sufrieron fuertes e intensas lluvias y los reconocimientos fotográficos aéreos analizados por los mandos españoles demostraron que, especialmente en el Draa, la lluvia iba a dificultar mucho el movimiento de las columnas de apoyo a los rebeldes en el Sahara, lo que sin duda beneficiaba la estrategia hispano-francesa. Sin embargo, la pobreza de medios española se iba a poner pronto de manifiesto, pues, como en una maldición, los problemas parecían insalvables y se iban acumulando. A todo ello se unía la bisoñez de la tropa y su escasa preparación.

Un AAC M-8 del regimiento de caballería Santiago. Su armamento era muy superior a cualquier cosa que pudieran tener los insurgentes del Ejército de Liberación y cumplieron a la perfección su papel. Foto Asociación Compañía Expedicionaria de Transmisiones Tierra 4.

El 1 de febrero, por ejemplo, el comandante del Grupo de Pavía se quejaba de la escasa capacidad técnica de sus hombres, que apenas había recibido entrenamiento sobre los M-24, les faltaba instrucción en tiro y carecían de reservas de munición y repuestos en cantidad satisfactoria, hasta el punto de que se dudaba de su capacidad real para entrar en combate.

A esto había que añadir que faltaba material para los soldados, desde calzado a uniformes, y había unidades con serias deficiencias por la calidad del armamento o por la falta de munición y de espoletas para las granadas de mortero. El propio general Vázquez tuvo que intervenir, comprobando en persona cuánto había de verdad en las amargas quejas de sus subordinados. Como, en cualquier caso, el tiempo apremiaba, hubo que redoblar los esfuerzos y el trabajo y, además de solicitar más material, también se estimuló la imaginación y la improvisación para disminuir al máximo los problemas.

El día 4, un destacamento de paracaidistas franceses se unió en El Aaiún a los paracaidistas españoles del Ejército del Aire, para participar en la operación sobre Smara. Con ese mismo fin, el 5, un grupo mixto compuesto por un pelotón de la IV bandera de la Legión y dos de policía sahariana se trasladó en aviones franceses a Fort Trinquet, para unirse a la agrupación Grall, como muestra del apoyo recíproco y la colaboración existente entre las dos naciones.

Los problemas que hemos visto acuciaban al alto mando español, y la necesidad de disponer de los repuestos, equipos y reservas de agua, combustible y municiones necesarios para garantizar el éxito de las operaciones provocó que por parte española se retrasase el comienzo hasta el día 10.

Soldados del batallón expedicionario del regimiento Castilla 16. La mayor parte de las tropas españolas desplegadas en el Sahara no contaban con el equipo y el material adecuado y carecían de entrenamiento para la guerra en el desierto. Aun así, realizaron su cometido con entrega y valor.

Los franceses, sin embargo, alegaron que no les convenía dejar demasiado tiempo a las unidades que iban a participar en sus bases, y el 8 entraron en acción, dirigiéndose la Agrupación Vidal contra el macizo de Guelta Zemmur y la Agrupación Grall al de Rheoua. Los responsables españoles de las operaciones vieron desde Canarias los movimientos franceses con una cierta aprehensión,

Campaña del Sáhara
1957-58

Operaciones Teide y Ecouvillon

2.65
SOLDADOS
SIDI IF

El Quatia

Puerto Cansado

Cabo Juby
Villabens

XIV 2

Océano
Atlántico

XV

1.320

Hagunia

IV 400

Agrupa

Aaiún

Uad S

1.920

Edchera

Sr

Cabo Bojador

Faro

Agrupación A

Tafudart

XVI

SÁHARA
ESPAÑOL

10.300
SOLDADOS EN TODO
EL TERRITORIO DEL
SÁHARA ESPAÑOL

VI

V 50

Chelua

Guelta

Las Monjas

Sebaieta

1.918

VIII

VII

Bir Nazaran

Agrupación
F. Vidal

Villa Cisneros

Aargub

Sebja
Tennuaca

Gor Agsumal

Agrupación C

IX
100

XII 115

Mijek

Golfo de
Cintra

RÍO
DE ORO

Agrupación
francesa sur

X
300

Fort Goura
(Zueratt)

M

XI

Auserd

SÁHARA E

Yelua

XIII

Zoúg

50

Bir Gandus

Tichia

Güera

Port Etienne (Nuabibú)

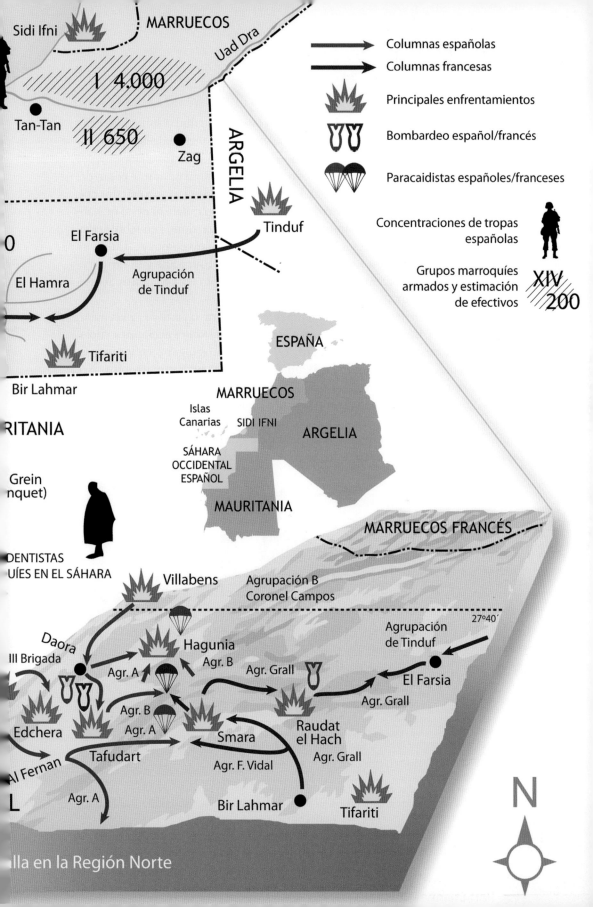

MARRUECOS

Sidi Ifni

Uad Dra

I 4.000

Tan-Tan

II 650

Zag

ARGELIA

El Farsia

0

El Hamra

Agrupación
de Tinduf

Tinduf

Tifariti

Bir Lahmar

RITANIA

Grein
nquet)

DENTISTAS
UÍES EN EL SÁHARA

ESPAÑA

MARRUECOS

Islas
Canarias   SIDI IFNI

ARGELIA

SÁHARA
OCCIDENTAL
ESPAÑOL

MAURITANIA

MARRUECOS FRANCÉS

Villabens   Agrupación B
                   Coronel Campos

Daora
III Brigada

Hagunia
Agr. B

Agr. A

Agr. Grall

Agrupación
de Tinduf

27°40'

El Farsia

Agr. Grall

Agr. B

Agr. A

Edchera

Tafudart

Smara

Raudat
el Hach

Agr. Grall

Al Fernan

Agr. A

Agr. F. Vidal

Bir Lahmar

Tifariti

lla en la Región Norte

N

Columnas españolas
Columnas francesas
Principales enfrentamientos
Bombardeo español/francés
Paracaidistas españoles/franceses
Concentraciones de tropas
españolas
Grupos marroquíes
armados y estimación
de efectivos

XIV
200

pero aunque abrumados por los problemas y cargados de dudas sobre la verdadera capacidad táctica de sus unidades, impulsaron el comienzo de las operaciones con el fin de mantener la necesaria coordinación con nuestros aliados.

Mientras, los franceses avanzaban hacia sus objetivos, aun a pesar de que quedaban dos días para el Día D. La Agrupación Grall avanzó en dos columnas, una al este hacia Gart Mulai Brahim y otra en paralelo al oeste que alcanzó la zona de Rhreova, pasando por el Uad Ergueiua, donde en febrero del año anterior las tropas francesas habían librado ya un duro combate. También el día 8, la otra agrupación francesa, Vidal, partió de Touradine y se dirigió a gran velocidad en dirección a Agla de Timel-lusa, a solo 25 kilómetros al este de Guelta de Zemmur.

Al amanecer del día 9 —técnicamente D-1 para *Ecouvillon*—, las aviaciones española y francesa comenzaron a atacar en constantes acciones a vuelo rasante posiciones enemigas en Tfudart, Edchera y otros lugares en los que se había detectado la presencia de las bandas armadas y sus campamentos. No obstante, se produjo un pequeño problema cuando un oficial español de las Tropas Nómadas, que actuaba como *Ground Liaison Officer* (GLO), obtuvo información de los pilotos españoles en los *debriefings*, acerca de los ataques de estos a jaimas y benias de los nómadas, pues pensaban que ocultaban a miembros de las bandas, cuando en realidad estos se escondían en los lechos secos y se camu-

Así quedó este M-8 del Escuadrón de Caballería de Santiago tras los combates del 10 de febrero de 1958. Pueden verse perfectamente los impactos de los proyectiles enemigos. Fotografía Raúl Lión Valderrábano.

flaban con leña y ramaje seco. Tras explicarles la situación, logró convencerles de que suspendiesen este tipo de ataques.

La marcha de las poderosas columnas motorizadas francesas no encontró rivales de entidad y la Agrupación Grall se hallaba al anochecer a menos de 50 kilómetros de Smara, su objetivo final, en tanto la Agrupación Vidal, con idéntico éxito, siguió su marcha hasta Aguelmin Mellas, camino de la Guelta de Zemmur. Para entonces los mandos franceses eran ya conscientes de que el enemigo al que se enfrentaban era débil, estaba desmoralizado y no tenía una gran capacidad combativa, por lo que no es de extrañar que ya el mismo día 9 recibiese la vanguardia de la agrupación a varios emisarios del Ejército de Liberación para negociar una rendición honrosa.

Prisioneros de las bandas armadas capturados por tropas expedicionarias del batallón expedicionario del regimiento Castilla 16. Entre Auserd y Bir Nazaram. Foto Florentino Rodrigo Santos.

El día 10, oficialmente el Día D, amaneció de nuevo con constantes ataques aéreos de las aviaciones de Francia y España sobre los objetivos acordados y en especial donde los mandos españoles habían pedido apoyo a los franceses, como Tafudart y varias caravanas de camellos se desplazaban hacia la Guelta de Zemmur y Raudat El Hach, atacando incesantemente a varias agrupaciones en la Hagunía y en el Uad Tigusert.

A las 07:30 horas partió de El Aaiún la Agrupación A, dividiéndose en dos columnas, una primera por el cauce norte constituida por la XIII bandera de la Legión y el Grupo de Caballería de Santiago y otra por el sur, formada por un escuadrón de caballería de Santiago y la IV bandera de la Legión.

La punta de lanza de la columna norte estaba dividida en dos secciones, estando la primera al mando del teniente Jesús Martín Sappia con sus vehículos blindados M-8 y la segunda por el teniente Raúl Lión Valderrábano[65], que tras sufrir una fractura en una pierna en un reconocimiento, tuvo que ser sustituido por el sargento Antonio Soto García.

Tras un recorrido inicial sin incidentes, la segunda sección cayó en una emboscada, siendo alcanzado el sargento Soto y su conductor. A pesar de la herida, el sargento ordenó el despliegue de su sección y sus tropas comenzaron a responder a los insurgentes, que atacaban parapetados en los bordes de la Saguia, haciendo fuego con armas portátiles. Al encontrarse en terreno descubierto, la posición de los «jinetes» de Santiago no era buena y el propio Soto cayó abatido por dos disparos que le alcanzaron en el cuello y la espalda cuando intentaba llegar al *jeep* de transmisiones.

Lo que podía haber sido un nuevo Edchera no lo fue por varias razones, la primera porque esta vez el enemigo no tenía, ni con mucho, la capacidad de lucha y motivación de los componente de la fuerza insurgente del Ejército de Liberación que se enfrentó a la Legión y la segunda, porque los medios pesados de la caballería atemorizaron a los rebeldes. Los M-8 de la sección avanzaron hacía el límite de la Saguia abriendo fuego con las ametralladoras y forzando la huida de los rebeldes, que escaparon hacia la zona en la que los vehículos no podían seguirlos.

El coronel Mulero había además ordenado al comandante Rivas Nadal, que había ocupado Edchera con sus legionarios, que atravesase el vado de la Saguia en dirección al oasis del Messeid, recibiendo las tropas en su maniobra fuego lejano de armas portátiles, avanzando hacía el lugar del que provenían los disparos con decisión, provocando otra vez la estampida del enemigo que abandonó la posición sin mantener una mínima resistencia.

Más complejas resultaron las cosas en Uad El Jat, cerca de la desembocadura de la Saguia, donde la IV bandera fue atacada con fuego de armas ligeras y granadas de mortero. Los legionarios se desplegaron y respondieron al fuego enemigo, que, escondido en las cuevas de los borde de la Saguia, no se retiraba. La primera acción contundente fue protagonizada por la batería del regimiento de Artillería 19 que acompañaba a la agrupación y que lanzó sus proyectiles contra la zona en la que se ocultaban los insurgentes, pero fue la

---

[65]   Hoy coronel de caballería retirado y con un envidiable historial, Raúl Lión Valderrábano ha sido una fuente de información extraordinaria para poder hacer este libro.

aviación la que finalmente lo logró, pues los *Texan* T-6 de la aviación española consiguieron alcanzar con sus cohetes las cuevas. Ante el éxito del ataque aéreo y con el apoyo artillero, los legionarios de la IV bandera —equipados con los modernos fusiles de asalto CETME A2— acabaron con la resistencia enemiga. En el recuento de cadáveres se localizaron quince muertos rebeldes —que sin lugar a dudas fueron muchos más—.

Más suerte tuvo en el norte —Villa Bens— la Agrupación B, que ya el 9 (Día D-1) había ocupado Daora para poder usarla como punto de partida para el inicio de las operaciones el 10. El Día D sus vehículos se dirigieron a gran velocidad hacia Gaada y de allí a Udei Uad Merad, siendo ambos lugares ocupados sin lucha. Las conclusiones eran ya evidentes, el enemigo se esfumaba.

*Miembros de la Legión Extranjera francesa fotografiados en la década de 1950 durante las operaciones en el Sahara. Van calzados con unas incómodas sandalias y armados con el fusil semiautomático de origen francés-*MAS-49/56.

En las zonas en las que avanzaban los franceses la resistencia de las bandas se desmoronaba también, y a las 14:00 horas los primeros vehículos de la Agrupación Grall divisaban Smara, que los franceses dejaron ocupar al destacamento español del teniente Goñi Vera, mientras simultáneamente aviones *Nord Atlas* de la Fuerza Aérea Francesa lanzaban a la compañía paracaidista del Ejército del Aire español en el aeropuerto, que fue asegurado sin ninguna dificultad.

En la región de la Guelta de Zemmur, la Agrupación Vidal no encontró resistencia alguna y, en El Farsía, la columna motorizada que avanzaba desde Tinduf llegó también sin oposición.

El 11 (Día D+1 para *Ecouvillon*) los franceses tuvieron que enfrentarse al grupo más organizado del Ejército de Liberación, que operaba en torno a Sid Ahamed Larosi. Desde las 9:30 de la mañana, las tropas de la Agrupación Grall se habían enfrentado a una notable oposición, viéndose obligadas a empeñarse a fondo contra los rebeldes que opusieron una dura resistencia. Para apoyar a las tropas de tierra, lanzaron una compañía de paracaidistas sobre el vado de Sid Ahamed Larosi, 20 kilómetros al oeste de Smara, muy cerca de la punta de lanza del avance de la Agrupación Grall.

Con esta acción cerraron cualquier vía de escape de los insurgentes, que perdieron en la lucha a cincuenta y siete hombres, resultando diez heridos y dieciséis prisioneros —los franceses tuvieron tres muertos y ocho heridos—. El botín tomado por los vencedores incluía un *jeep*, un vehículo todo terreno *Dodge* y un camión. Además de armas —dieciséis fusiles, un subfusil y un fusil ametrallador—, había tres toneladas de comida y medicamentos. Durante los combates la aviación francesa demostró una notable eficacia

En la legendaria ciudad de Smara, en el corazón del desierto, los paracaidistas españoles del Ejército del Aire, que habían tomado el aeropuerto, se pusieron a las órdenes de los franceses de la Agrupación Vidal, una vez que su vanguardia entró en la ciudad —a las 16:30 del día 11—.

Al igual que ocurría en otras zonas, la resistencia en Edchera fue inexistente. La IX bandera de la Legión se había situado en su proximidades, para cubrir la retaguardia de la XIII bandera, que había acompañado al Grupo de Caballería de Santiago desde Itgui a Remz Elben, habiendo progresado la IV bandera en el sur con destino a Tafudart, donde según los informes de inteligencia se encontraba uno de los principales núcleos de las bandas armadas, razón por la cual la zona había sido objeto de intensos ataques aéreos. El resultado fue, sin embargo, una desconcertante falta de resistencia.

Más al norte, los reconocimientos aéreos que precedían el avance de la Agrupación B tampoco detectaron mucho movimiento enemigo, por lo que los hombres del coronel Patiño alcanzaron sin problemas Asatef, que fue atacada con artillería y desde el aire por los T-6 españoles de El Aaiún. Tras su ocupación, una sección de caballería blindada del regimiento Pavía con carros M-24 se dirigió a Hagunía. Al anochecer sus secciones de exploración detectaron movimientos sospechosos en el horizonte que parecían proceder de las bandas armadas, por lo que se solicitó atacar la zona con artillería y morteros, lo que no fue autorizado.

El día 12 fue bastante tranquilo y la marcha para la consecución de sus objetivos de los diferentes grupos implicados resultó bien y sin grandes novedades. Los franceses situaron un enorme depósito con combustible y municiones en Smara, que sirviese de centro logístico avanzado de la base de Fort Trinquet.

Se instaló en él un grupo de intendencia y un gran taller de reparación de vehículos dotado de todo el material necesario. Este centro complementaba otros dos talleres de reparación de vehículos situados en Guleta y Aguelmin Mel-las, en la pista que va a Smara desde Fort Trinquet. Por supuesto que este despliegue solo podía dejar a los españoles anonadados, pues algo así en nuestro Ejército solo podía formar parte del mundo de la fantasía.

En cualquier caso, las demostraciones de poder de los franceses, la eficacia de los ataques aéreos de las aviaciones de los dos países y el uso masivo de material blindado y acorazado había impactado profundamente en las bandas armadas del Ejército de Liberación, que ahora era consciente de que no tenía ninguna posibilidad de victoria, por lo que no es de extrañar que, ese mismo día, un destacamento mecanizado con carros M-24 que operaba en El Gadaa para cortar la entrada de refuerzos para los rebeldes procedentes del norte no encontrara a nadie. El desierto hacía honor a su nombre.

El 13 hubo un combate de cierta importancia en la zona de avance de la Agrupación Grall que se topó con un grupo enemigo 30 kilómetros al norte de Sid Ahamed Musa. Los franceses lo derrotaron con suma facilidad y capturaron todo el material que llevaba. Horas después, en Lebtaína, los franceses se encontraron con la vanguardia de la Agrupación B española. Mientras, en la Saguia, la Agrupación Vidal capturó otro importante depósito de material de las bandas.

3.6.3 El progreso de las operaciones. La limpieza

El día 14 estaba claro que las cosas marchaban bien para las tropas de la coalición hispano-francesa y que la desmoralización que afectaba al Ejército de Liberación se extendía entre sus partidarios, lo que explica la falta de una verdadera resistencia organizada, ya que hasta el momento, en los diferentes combates aislados los europeos se habían impuesto sin grandes problemas, lo que demuestra lo difícil que es imponerse a un ejército mecanizado moderno en un terreno como el desierto del Sahara si no se dispone de medios aéreos de observación y no se tiene una fuerte capacidad de lucha contracarro.

La ausencia de estos medios impidió a las bandas efectuar una defensa efectiva, ya que, si se quedaban en su posiciones defensivas, por bien camufladas y protegidas que estuviesen, solo conseguirían ser aniquilados por la superioridad material y numérica de españoles y franceses, y si intentaban moverse, sus camellos y escasos vehículos serían tarde o temprano alcanzados por las unidades mecanizadas o aniquilados desde el aire.

Una violenta tempestad de arena que procedía del sureste ayudó la as bandas a escapar del acoso franco-español, al impedir los vuelos, pero no de-

LA LEGIÓN.BANDERA XIII

Tambor
Acuartelamiento
del Aaiún

Corneta
Acuartelamiento
del Aaiún

Cabo
Smara

Oficial Porta- Guión
El Aaiún

Banderín de la 3ª
Compañía.Playa
de Uisi Aotman

Sargento
Oasis de Meseied

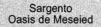

Sargento
Oasis de Meseied

Gastador
Acuartelamiento
del Aaiún

Oficial
Edchera

tuvo las operaciones aliadas, aunque las entorpeció. En Samlat Ascaf se agruparon las unidades de Grall, para continuar con su misión, que fijaba como objetivo siguiente Raudat El Hach, ocupando Gleibat a primeras horas de la tarde y dejando ahora la limpieza de los restos enemigos en la Saguia a la Agrupación Vidal. Raudat El Hach cayó el 15 (Día D+5 en *Ecouvillon*), pero los depósitos estaban vacíos.

Simultáneamente a las acciones francesas, la II bandera de la Legión capturó un gigantesco depósito de municiones y suministros de todo tipo, incluyendo vehículos y un pequeño hospital, al tomar Tuifidiret. En Anech, se capturó ganado que estaba preparado para las bandas, desde camellos a cabras y, por la falta de resistencia y las declaraciones de los indígenas, se comprobó que la voluntad de lucha del enemigo desaparecía. A los franceses les pasaba algo parecido y en Sfaa se enfrentaron a una pequeña banda errante que escapó en cuanto oscureció.

En Tagda Maarada, donde la Agrupación A había dejado un destacamento, a partir del 15 de febrero comenzaron a presentarse grupos de nómadas con banderas blancas mostrando su voluntad de someterse a las autoridades españolas. Unidades de reconocimiento de caballería mecanizada siguieron rastreando el área entre los ríos Aguechgal y Tigsert por si había restos de grupos armados, pero no hubo ningún enfrentamiento. Las labores de limpieza siguieron a lo largo del día 16, y se envió a Smara una sección de ametralladoras y dos compañías de la Legión con la misión de relevar a los paracaidistas del Ejército del Aire que guarnecían desde el día anterior la ciudad.

Estos cambios obedecían también a la necesidad del mando de concentrar tropas para la acción prevista el día 18 contra Hagunía. Por consiguiente, una compañía de la Legión, una batería de artillería y un escuadrón mecanizado de caballería fueron envíados a El Aaiún, en tanto los paracaidistas se incorporaban a la Agrupación A.

El 17, la Agrupación A, que se había concentrado el día anterior en Remz Elben, se preparó para regresar a El Aaiún y la B situó dos grupos de combate para la operación prevista en Hagunía. Así, el primero se situó en Hechdari y el segundo en Uad Deboaa. Los franceses, por su parte, limpiaron la zona de Raudat El Hach con la Agrupación Grall, y la Vidal volvió a Smara.

En Fort Trinquet, el general Bourgound firmó un plan de maniobra que disponía las acciones a realizar entre el 18 y el 25 de febrero. Los franceses habían formado dos pequeñas agrupaciones, Picherit, con los paracaidistas que se habían lanzado sobre Sid Ahmed Larposi y otra compañía más que tenían en reserva, y Chevariat, constituida con una unidad meharista colonial. Su misión era rastrillar el área entre Rhesua y el Magcen.

El 18 se produjo la ocupación de Hagunía, siendo controlada la operación por el general Vázquez desde su *Junkers*. La conquista fue realizada por tres grupos de la Agrupación B, que rodearon por el norte y el este el antiguo campamento de las bandas armadas, y por la Agrupación A, que avanzó desde El Aaiún siguiendo el Uad Marmuza. Aunque no tenía ningún sentido desde el punto de vista táctico, se siguió adelante con el lanzamiento previsto de dos compañías de paracaidistas, una española —del Ejército del Aire— y otra francesa, que se lanzaron sobre las dunas a pesar de que se sabía que no había ningún enemigo al que combatir.

En cualquier caso, esa jornada (Día D+8 para *Ecouvillon*), puede ser considerada el final de las acciones previstas para limpiar las zonas norte y centro del Sahara español de la presencia de insurgentes armados.

3.6.4 Las operaciones en el sur

Toda la actividad bélica realizada en el sur se basaba en el movimiento de dos fuertes unidades. La primera, desde El Aaiún, avanzaría en dirección a Bir Enzaran, y la segunda, desde Villa Cisneros, iría hacía Auserd, donde contactaría con las tropas francesas procedentes de Fort Trinquet y Fort Gouraud.

Un grupo de soldados hacen largas colas para recibir el rancho. Como calzado usan alpargatas. Al fondo se ven varios jeeps alineados. Foto Ristre Multimedia.

El 19, la Jefatura de Tropas del Sahara redactó la denominada *Orden particular para la Agrupación Ligera V*, que al mando del comandante de infantería Pascual Herrera Solís, estaba formada por:

— IX bandera de la Legión —con la excepción de una compañía—
— Un grupo de caballería con una sección de *jeeps*
— Dos piezas de artillería
— Una sección de transmisiones y destacamentos de sanidad y automovilismo
— Un pelotón de autoametralladoras-cañón M-8 y uno de CSR

Un escuadrón del regimiento de caballería Pavía en desierto con sus carros ligeros M-24. Puede apreciarse al fondo una gran variedad de vehículos. Foto revista *Ejército*.

La columna que partiría de El Aaiún tenía como misión avanzar hacia Bir Enzaran con rapidez para poder envolver a las bandas del *Yeicht Taharir* que operaban en el sur, en colaboración con la Agrupación V y con la C, que desde El Aargub, realizaría un movimiento convergente sobre ellas. Se creía que una partida de al menos 300 rebeldes liderados por el caíd Hachmi actuaba en Uaara y dos grupos menores, de unos 100 hombres cada uno, se encontraban en Gor Nelua y en el laberíntico macizo de Aguerguer.

La Agrupación V partió a primeras horas del día 20 de sus bases en El Aaiún en dirección a Bir Enzaran. Aunque tenían un recorrido de 500 kilómetros, lo hicieron a gran velocidad, limitándose en los *frics* nómadas que encontraban en su camino a registrarlos y seguir adelante, eso sí, siempre con cuidado y atentos a la posibilidad de que en ellos hubiese elementos infiltrados del enemigo.

Al anochecer, tras una intensa jornada de marcha, alcanzaron la *sebja* del Aridal. El día 21 estaban ya en Chelua, donde se suponía que debían de haber encontrado una importante concentración enemiga, pero llegaron tarde, pues hallaron los restos dejados por las bandas en su precipitada huida esa misma mañana.

El 20 había salido la Agrupación C de Aargub, que tras cruzar el Aguerguer, siguió la pista paralela al Uad Fuch y luego al Uad Ermina. Alcanzó Auhaifrit antes de que cayera la noche. Desde Fort Gouraud la agrupación francesa que llevaba el nombre del fuerte, partió con apoyo aéreo. La formaban el 23° Regimiento de Infantería Colonial y una compañía sahariana motorizada.

El implacable avance franco-español hizo que el Ejército de Liberación se dividiese en tres grupos, de los cuales el primero marchó hacia Tennuaca, el segundo hacia Sid Enhamed y un tercero —aproximadamente una compañía— formado mayoritariamente por saharauis, quedó en el macizo de Derrahman, con la compleja misión de intentar detener a españoles y franceses. Fue el grupo francés Gouraud quien se encontró con los insurgentes y comenzó un intercambio de disparos que finalizó cuando los T-6 franceses, en vuelo rasante, atacaron con sus cohetes las cuevas en las que se refugiaban los guerrilleros.

El 23, la Agrupación C marchó hacia la *sebja* de Tennuaca, encontrándose su vanguardia motorizada cuando estaba al este de la misma con una dura resistencia en Lasc. Una sección al mando del teniente Filgueira y el destacamento de policía del teniente Osset Moreno rodearon a los insurgentes en un cerro, enviando el teniente Osset a un sargento con bandera blanca para conseguir la rendición de los rebeldes, que abrieron fuego sobre él abatiéndolo. Ante la situación, la policía y una sección del Batallón de Cabrerizas tomaron al asalto la posición enemiga, cayendo heridos un cabo primera y dieciséis soldados del Cabrerizas, un policía y un soldado de automovilismo. No hubo muertos.

El 24, continuaba la resistencia de los rebeldes en las alturas de la *sebja* de Tennuaca, donde se parapetaron hábilmente, haciendo un eficaz fuego contra las tropas españolas. Le correspondió una vez más al Batallón de Cabrerizas tomar la posición, lo que les llevó toda la jornada. Cuando anochecía, tomaron finalmente las defensas ya abandonadas por los últimos insurgentes que la defendían. Encontraron catorce cadáveres, algunos de los cuales aún vestían el uniforme español. En cuanto al Cabrerizas, tuvo cinco muertos y dieciocho heridos.

En estos duros combates, el Batallón de Cabrerizas demostró estar a la altura de las circunstancias. Se trataba de una unidad formada por gentes con antecedentes delictivos o un historial de violencia. En su mayor parte eran legionarios, pero había de todo. Formado por una plana mayor, una compañía de ametralladoras y cuatro de fusileros, fueron sometidos a un intenso programa de entrenamiento en Melilla desde marzo de 1957. En noviembre los enviaron al puerto de El Aaargub, en la ría de Villa Cisneros, y quedaron para las operaciones encuadrados en la Agrupación C. Durante la campaña demostraron por igual gran compañerismo y ganas de demostrar su valor.

Respecto a la Agrupación Ligera V, ya el 22 sus oficiales vieron perfectamente con sus prismáticos lo que sucedía en la sebja de Tennuaca, los fogonazos de las explosiones y el vuelo de helicópteros y aviones, pero como ocurrió habitualmente en la campaña, su pésimo sistema de comunicaciones por radio les impidió ponerse en contacto, por lo que se destacó una unidad para dar apoyo a los camaradas que combatían en la sebja. Desgraciadamente cuando llegaron todo había acabado.

El 25, ya reunidas ambas agrupaciones, avanzaron al mando del teniente coronel Artalejo a Negyr, para proseguir las operaciones de limpieza. Al acabar el día, la IX bandera se dirigió a Bir Enzaran y el Batallón de Cabrerizas a Auserd y El Aargub. Con estas acciones, la Jefatura de Tropas del Sahara dio por concluidas las operaciones. La guerra había terminado.

3.7   Vuelve el *Majzen* español: la pacificación

Terminadas las acciones militares y policiales, solo quedaba evaluar la situación y preparar a la provincia para un largo periodo de paz y reconstrucción. Los grupos nómadas se dirigieron a los *frics* y se ordenó a los saharauis la entrega de las armas que estuvieran en su poder. En los distintos puestos improvisados se fueron amontonando de todo tipo, desde modernos subfusiles franceses hasta fusiles y escopetas de todas las épocas, orígenes y modelos imaginables. Predominaban los *Lebel* franceses, pero incluso se encontraron armas de avancarga y viejísimas espingardas.

Lentamente los jefes de las tribus nómadas fueron reconociendo de nuevo al *Majzen* español como señor del desierto y se inició el censo de todas las familias para comprobar quiénes de sus miembros se habían unido al *Yeitch Taharir* durante el conflicto y quiénes habían colaborado con los insurgentes, ya fuese apoyándoles con hombres y camellos o con dinero, armas y refugio. Las nuevas fichas y el censo, supusieron un trabajo enorme, pero facilitó una magnífica fuente de información para el futuro.

Las bandas actuaron a pequeña escala hasta 1961, realizando su acción más conocida cuando Hassan II accedió al trono y secuestraron a 11 técnicos —españoles, canadienses, americanos y un francés— que trabajaban en prospección petrolífera, pero en realidad la amenaza había sido eliminada y en el futuro detrás de cualquier incidente estaría ya siempre la mano del Gobierno de Marruecos.

3.8 Por tierra, mar y aire. Las operaciones aéreas

Los primeros incidentes armados en el Sahara e Ifni pusieron desde un primer momento en alerta a los escasos medios con los que contaba la aviación española en la zona. A diferencia de lo que sucedía en Ifni, en el Sahara predominaron las misiones de transporte y, sobre todo, de reconocimiento aéreo, pues en una extensión tan grande era vital conseguir una buena información sobre las posiciones y movimientos de las bandas insurgentes. La otra gran misión fue el transporte, de víveres y material, pero también de unidades militares a través de un espacio tan hostil.

Es verdad que la fuerza aérea no disponía de medios capaces de suplir el transporte por mar, pero complementó muy bien el envío de tropas al área de operaciones, y tanto la bandera paracaidista del Ejército del Aire como la II bandera de la Legión fueron aerotransportadas al Sahara. La Zona Aérea de Canarias organizó un auténtico puente aéreo entre Gando y El Aaiún y otro más entre la capital de la provincia y los principales puntos del interior, recibiendo el apoyo de aviones de transporte franceses *Nord-Atlas*. Los aviones resultaron en muchas ocasiones alcanzados por el fuego de armas ligeras, sobre todo en Ifni.

Tras el ataque el 27 de octubre de 1957 a un *Junkers* Ju-52 que volaba sobre el campamento del Ejército de Liberación en Tafudart, y recibió varios impactos de bala en el alerón izquierdo y en el timón —lo que provocó la respuesta del mando aéreo que lanzó un ataque de 9 *Heinkel* He-111— la aviación española se tuvo que emplear a fondo durante meses con los medios disponibles, que no eran muchos ni muy modernos.

El día que comenzaron las operaciones de limpieza, el 10 de febrero, el mando aéreo envió al aeródromo de El Aaiún 12 aparatos T-6, 14 caza-bombarderos *Messerschmitt* y 6 pequeñas avionetas de enlace. En los días siguientes la aviación se encargaría de los ataques sobre Edchera, Tafudart, Sid Ahmed Larosi, Saguía el Hamra y Tennuaca, así como de decenas de vuelos en misión de reconocimiento armado o de lanzamiento de paracaidistas en Smara y Hagunía. En Ifni, además de los lanzamientos de paracaidistas en Tiliuin y en

Erkunt, las constantes acciones de apoyo a las tropas que combatían en tierra fueron esenciales y, pesar de todos los problemas, se logró sacar el mejor rendimiento posible al viejo material disponible.

La Zona Aérea de Canarias resumió las operaciones —Ifni-Sahara— de la siguiente forma:

a)	TRANSPORTE	
	Cargas de material lanzadas (kg)	20 400
	Material y víveres transportados (kg)	915 000
	Heridos evacuados	76
	Lanzamientos de paracaidistas	31
	Paracaidistas lanzados	427
b)	APOYO Y ATAQUE A TIERRA	
	Misiones de bombardeo y ataque	354
	Bombas lanzadas	2800
	Cartuchos disparados	43 000
	Cohetes disparados	222
c)	MISIONES DE RECONOCIMIENTO	341

Los aviones empleados en la guerra no eran los más modernos de los que disponía el Ejército del Aire. Gracias a los acuerdos con los Estados Unidos de 1953, España había recibido modernos cazas F-86 *Sabre* y Lokheed T-33 *Shooting Star*, que supusieron una revolución para el atrasado parque aeronáutico español, que vivía con aparatos construidos bajo licencias alemanas de los años cuarenta. Algunos de los entrenadores americanos, como los T-6 *Texan*, sí fueron empleados, y con gran éxito, pero los más modernos no, ya que los estadounidenses no autorizaron su empleo por tratarse, a su juicio, de una guerra «colonial».

Desarrollado desde 1952, el Hispano Aviación Ha-200 Saeta, primer avión a reacción de fabricación española, había volado el 11 de enero de 1957, en su segundo prototipo, ya con armas, y se presentó en el Salón Aeronáutico de París, con tan buenos resultados que el Ejército del Aire encargó una decena de ejemplares de preserie denominados de fábrica HA-200R1, mejorados con una cabina presurizada. Desgraciadamente no llegaron a tiempo para participar en el conflicto. Fue una pena pues, en los años siguientes, el Saeta demostró ser un excelente aparato.

Por lo tanto, la campaña de Ifni y la del Sahara, se sostuvieron principalmente con aviones, si no antiguos en su fabricación, si en su diseño, como

LA ARMADA Y EL EJERCITO DEL AIRE

Oficial de la Armada
Fragata Vasco Núñez
de Balboa

Marinero
Crucero
Canarias

Oficial
Infantería de Marina
Villa Cisneros

Infante de Marina
Playa del Aaiún

Oficial Piloto
Ejercito del Aire
Villa Bens

Soldado. Ejercito del Aire
El Aaiún

Oficial .Escuadrón
Paracaidista del
Ejército del Aire
Busgadir

Paracaidista
Escuadrón Paracaidista
del Ejército del Aire
Ait-Buhus

Sargento Escuadrón
Paracaidista
del Ejército del Aire
El Aaiún. Factoría Sahara

LEZA SUÁREZ & DEL RE

el CASA 2111, un bombardero derivado del *Heinkel* He-111, producido bajo licencia en España por Construcciones Aeronáuticas, S.A. Los modelos 2111 difieren significativamente del *Heinkel* de diseño original por el armamento más pesado y, en las últimas versiones, por sus motores *Rolls Royce Merlin* 500-20, con los que fueron modernizados.

Un Hispano Aviación HA-112 Buchón. Construidos bajo licencia sobre células de Messerschmitt 109G-2, a las que se acopló un motor Rolls-Royce Merlin *500-45, que obligó a rediseñar su fuselaje. Muy superados a finales de los años 50, se mantuvieron en activo hasta 1965*
Foto GME.

En el caso de los cazas, el protagonismo recayó en los Hispano Ha-1112, un desarrollo español de los *Messerschmitt* Bf 109 G-2. Cuando la empresa Hispano Aviación inició los trabajos, España adquirió bastantes motores *Rolls-Royce Merlin* 40-500 con su correspondiente hélice de cuatro palas, que se adaptaron a los HA-1112 K1L. En un principio los aviones iban a llamarse HA-1109 M1L, pero terminaron con el nombre de HA-1112 M1L. En 1957 los primeros «Buchones», como se denominaron, fueron entregados al 71 Escuadrón Táctico, creado para acogerlos. Así comenzó su vida operativa, que no acabaría hasta octubre de 1965.

En lo referente al transporte y al lanzamiento de paracaidistas, España contaba con la versión nacional del famoso *Junkers* Ju-52, pues Construcciones

Aeronáuticas S.A. fabricó para el Ejército del Aire 170 ejemplares con las siglas CASA C-352L y la designación militar T.2, equipados con motores ENMASA Beta Beta E9C de 750 CV —*BMW* 132—, cuya licencia se había se adquirido en 1942.

También se emplearon pequeñas avionetas, algunas defabricación española y un puñado de helicópteros, casi todos *Sikorsky* H-19, de los que el Ejército del Aire adquirió once unidades y más tarde otros diecisiete. Los primeros se integraron en la 57 Escuadrilla de Salvamento de Cuatro Vientos. Los siguientes se repartieron entre varias unidades de salvamento y enlace, como la 99 Escuadrilla de Enlace de Getafe y la 402 de Tablada.

3.8.1 *Las operaciones navales*

Ya en la primavera de 1957, el vicealmirante Pascual Cervera, entonces comandante de la Base Naval de Canarias, ofreció al gobernador general del África Occidental Española el apoyo de las tropas del infantería de marina de sus buques, algo que fue agradecido y aprovechado.

El crucero Galicia, *originalmente llamado* Príncipe Alfonso, *y después* Libertad, *formaba parte de la clase* Cervera, *construidos gracias a la llamada Ley Cortina de 11 de enero de 1922. Aunque había sido modernizado, era un barco antiguo, pero aún pudo intervenir con su artillería en la operación «Pegaso» en apoyo de las tropas de tierra.*

Antes incluso, ante el miedo de que alguno de los puertos del Sahara fuesen atacados por las bandas armadas del Ejército de Liberación que infestaban el territorio, la Armada transportó por vía aérea desde Gando, en Canarias, a La Agüera, una sección de infantería de marina, reforzando poco después el destacamento con una sección de ametralladoras. Las corbetas *Descubierta* y *Atrevida*, realizaron desde un primer momento operaciones costeras en la zona de Nun y el Draa, para prevenir el desembarco de abastecimientos con destino a las bandas armadas, y se ocuparon también de actividades de transporte de material.

La Agrupación A de la Armada, formada por los cruceros Canarias y Méndez Nuñez, los destructores *Gravina*, *José Luis Díez* y *Churruca* se utilizó para vigilar la costa hasta Villa Cisneros —también transportaron tropas de la Legión a Ifni— y la Agrupación B, con los cruceros *Almirante Cervera* y *Miguel de Cervantes* y los destructores *Almirante Miranda*, *Almirante Antequera*, *Jorge Juan* y *Escaño*, transportó al Batallón de Cabrerizas desde Melilla a Villa Cisneros y vigiló la costa para evitar contrabando de armas

El destructor Gravina *fue otro de los navíos de la Armada española que tomaron parte en la demostración de fuerza de Agadir. Perteneciente a la clase* Churruca, *había tomado parte en la Guerra Civil en el bando republicano.*

Durante la campaña el punto clave en la costa del Sahara fue sin duda Sidi Atzman, cabeza de playa de El Aaiún y atacado por las bandas a finales del 57. El peligro de que los insurgentes pudieran dañar los depósitos que había —toneladas de material— hizo que el 19 de enero una compañía de infantes de marina se estableciese para proteger el norte de la zona, quedando el sur a cargo de una compañía de legionarios. Los infantes de marina rechazaron en la noche del 9 al 10 de febrero un violento ataque insurgente que obligó al mando a enviar una sección de caballería para limpiar las dunas de Ryan Mansur, en las que se habían escondido los rebeldes. La limpieza siguió semanas más tarde hasta la desembocadura de la Saguía el Hamra.

Como hemos visto, fue la logística una de las grandes pesadillas de la campaña, por lo que el papel fundamental de la Armada en el éxito de las operaciones se libró en ese campo. De acuerdo con la *Instrucción 357-14 de Operaciones del AOE*, los objetivos que se fijaban apenas podían ser cubiertos por la Armada, desde el suministro de agua hasta otros muchos elementos necesarios para poder realizar las operaciones con un mínimo de garantías. Se pensó en la requisa de buques privados y en la instalación de plantas desalinizadoras, si bien no se disponía entonces de ninguna.

Los medios disponibles —una LST, dos barcazas K y 19 LCM—eran insuficientes, pero la situación se salvó por el apoyo francés, que cedió el buque de desembarco *Odette* y el buque-dique *Foudre*, así como 6 LCM, con las que se consiguió solucionar los problemas más acuciantes. Finalmente, la marina mercante cooperó con los buques *Isla de Tenerife*, *Dómine* y *Plus Ultra*, así como con el transporte *Virgen de África*.

4.ª PARTE

Rodeados

Esta playa de la Sarga es excepcional en la aridez que repele de la península. Crecen en ella, en las orillas de algunas charcas que deja el mar al retirarse, plantas marinas; se tapiza la fina y húmeda arena de verde hierba, y reinan en aquel vergel —que en cualquier lugar que no fuese Río de Oro no merecería la menor atención, como no fuese para despreciarle—, un sin fin de gaviotas, pajarillos, patos de mar, flamencos y algún ave de presa. A las horas del sol el suelo se ve agujereado por miles y miles de bocas de grandes cangrejos. Frente a ella existe un buen fondeadero aprovechado por las embarcaciones pesqueras, donde todavía sobresalen en las aguas los restos ennegrecidos del crucero auxiliar alemán Kaiser Wilhelm der Groesse *y del trasatlántico español* Cataluña.

Del Sahara español, Río de Oro.
RAMÓN CHARCO VILLASEÑOR

4.1 Un nuevo tratado en Cintra

Durante varias semanas, tras el aparente alto el fuego, pareció que no había ninguna posibilidad de que se volviese a la lucha. Ambos bandos habían consolidado sus posiciones y, en ocasiones, se realizaban contactos entre las trincheras, parapetos y pozos de tirador, pues una parte notable de los combatientes del *Yeicht Taharir* hablaban castellano. Además, entre ellos había españoles, desertores tanto de la Legión española como de la francesa. Debido a estos «contactos» informales acabaron produciéndose entrevistas entre oficiales españoles y los *farkas* o *rahas* del Ejército de Liberación. Destacó la del 7 de agosto, que se produjo entre un teniente del Grupo de Policía 1[66] y un oficial del *Yeicht Taharir*, en el que el marroquí dejó bien clara la postura de sus jefes y manifestó su alegría por el terreno ocupado. Por parte española lo más importante era obtener información acerca del estado de los prisioneros, pero se le confirmó que estaban bien.

En los meses y años siguientes el desatendido y abandonado ejército español comenzó a extraer lecciones muy provechosas de lo ocurrido, que terminaron en los años setenta dejando una provechosa doctrina de guerra en el desierto. La instrucción *La lucha de guerrillas*, del propio año 58, daba importante información sobre la forma de combatir del enemigo, lo que complementaba los enormes defectos detectados, que iban desde el mal funcionamiento de los equipos de comunicaciones a la necesidad de trabajar con más profundidad en la mejora de la coordinación de las operaciones aeroterrestres.

Se sacaron también otras valiosas conclusiones: la necesidad del movimiento constante de las fuerzas mecanizadas; de contar con buenos medios de exploración y reconocimiento; la importancia del apoyo aéreo y de la coordinación de las operaciones aeroterrestres y la eficacia del uso intensivo de fuerzas mecanizadas y de paracaidistas. Todo ello permitió ampliar la experiencia de los mandos y dotó a nuestro Ejército de un buen conocimiento sobre la guerra en el desierto que se intensificó en los años siguientes. Puede afirmarse que desde el punto de vista estrictamente militar, cuando llegó la crisis de los años 70, España contaba con unas Fuerzas Armadas que hubiesen podido responder perfectamente al desafío que se les planteaba en el mismo terreno y ante idéntico adversario.

Por supuesto se estudió a fondo la necesidad imprescindible de mejorar la ración de campaña y el agua, vital en una zona tan árida como el desierto, y el gran problema, endémico en el Ejército español desde el siglo XIX, que era el calzado. Se decidió que era preciso trabajar a fondo para mejorarlo, pues era

---

[66] Manuel de la Pascua, que había participado, valerosamente, en la defensa del puesto de Tenin de Amel-Lu.

infame que en la segunda mitad del siglo XX los soldados fueran solo calzados con alpargatas.

Al poco de acabar la guerra se diseñó, por vez primera, un uniforme de camuflaje, el M-59, reversible y muy avanzado, que ya aparece en algunas fotos datadas en 1959, que acabó por generalizarse en la década de los sesenta. El correaje también se mejoró, y llegó a fabricarse también en tela de camuflaje. Se extendió el uso de los fusiles de asalto CETME y se adoptaron ametralladoras ligeras mucho más eficaces, como la soberbia MG-42 alemana, lo que ofrecía a la infantería una potencia de fuego muy superior.

Una autoametralladora cañón y un M-24 detrás de un jeep del Grupo Ligero Blindado I del III Tercio de la Legión en El Aaiún en 1959. Terminada la guerra los carros y blindados de los grupos de caballería Pavía y Santiago quedaron en el desierto siendo entregados a la Legión, que pasó a disponer de nuevo de unidades blindadas. Igualmente, los vehículos fueron pintados de color arena, pues en la campaña de 1957-58 participaron en las operaciones en el color caqui traído de Europa..

En cuanto a las nuevas «provincias», es evidente que un mero cambio legal no producía *de facto* que la mentalidad de la opinión pública, tan poco importante por otra parte en el franquismo, sintiera la «proximidad» de Ifni o el Sahara y los considerase como si fuesen Cáceres o Tenerife. Además, era obvio que el Gobierno español hacía ya diferencias, pues la llamada colonia de Cabo Juby o Protectorado Sur, que España había recibido en 1912, no era, a pesar de ser limítrofe con el Sahara, parte de él, y de una forma a veces inconsciente, se fue dejando claro que el territorio entre el Uad Draa y el paralelo 27° 40' acabaría, más pronto que tarde, en manos de Marruecos.

Hoy, plantearlo ya ni siquiera resulta políticamente correcto, pero no es comprensible lo que sucedió nada más dar por terminada la guerra, cuando todavía estaban calientes las armas en el Sahara y las unidades volvían a sus bases, con los vehículos arrastrando los rigores de la campaña y los hombres sucios, agotados por el polvo y la lucha. Salvo dentro de la tradicional y cobarde actitud de España con Marruecos. El Gobierno de la nación por la que sus ciudadanos habían combatido y dado su vida estaba a punto de negociar a sus espaldas con aquellos que manejaban los hilos de los títeres del Yeicht Taharir. Como dice Fernández-Aceytuno:

> El 1 de abril de 1958, tuvo lugar en Cintra una reunión secreta de los ministros de Asuntos Exteriores de Marruecos y España en la que se acordó la entrega inmediata de la zona en cuestión, sin que a estas alturas se conozca qué contrapartidas de orden político —a no ser las que nos permitimos adivinar— nos otorgaba este «regalo» al reino de Marruecos. Un acuerdo que, de vivir en ese momento, no hubieran firmado jamás los Reyes Católicos.

Guardia del capitán general del Sahara. Aunque existía un representante político para el territorio, nunca llegó a ejercer el mando militar, que siempre recayó en un jefe del Ejército.

El tratado que se firmó en Angra de Cintra, una bahía al sur de Villa Cisneros, estableció en su primer punto:

> El 10 de abril de 1958 España procederá a la entrega a las autoridades marroquíes de los poderes que han sido ejercidos por ella hasta esa fecha en el territorio que el Tratado de 27 de noviembre de 1912 ha señalado como zona sur del protectorado de España en Marruecos.

La guarnición de Villa Bens supo por Radio Nacional que solo diez días después de la reunión de Cintra, entre los ministros Balafrej y Castiella, España iba a entregar su ciudad y toda la vieja colonia de Cabo Juby a Marruecos. Para mayor humillación, se presentó en Villa Bens el general de las FAR Mohamed Mizzian Bel-kasem, que notificó a sus antiguos «colegas[67]» que el príncipe Muley Hassan deseaba asistir a los actos de entrega de la soberanía.

Antes de la vergonzosa entrega del país Tekna a Marruecos se produjo un grave incidente que estuvo cerca de provocar una nueva guerra, esta vez directamente con Marruecos. El astuto Mohamed V quiso actuar a la manera habitual[68], que consistía en tensar la cuerda hasta ver cuánto aguantaba España el pulso, y decidió presionar al general José Héctor Vázquez, que, como bien dice Segura Valero, «no era Franco, cauteloso hasta la exasperación y dotado de astucia pareja a la del sultán, sino un hombre de una sola pieza y nada amigo de componendas, y menos de perder un reto».

Con la excusa de tener que amojonar la frontera, un millar de soldados elegidos de las FAR, que iban, supuestamente, a rendir honores en la entrega del territorio al príncipe heredero, intentaron adentrarse en territorio español y el 10 de abril, a las 13:30 se encontraron con un *jeep* español atravesado en la carretera de Gulimin a Tarfaya, con un teniente, Álvaro Ballín, un intérprete y un operador de radio, que se hallaban de avanzada cuatro kilómetros por delante de la 7.ª compañía de la II bandera de la Legión, y lo que era más importante, un escuadrón de caballería acorazada del regimiento Pavía. Las órdenes recibidas del general Vázquez eran sencillas, y sorprendentes para un militar del Ejército español de la época; dos palabras nada más: «No pasarán».

Tras horas y horas de discusión, el comandante Ukfir, que mandaba las tropas marroquíes, viendo que no había forma de convencer al oficial español, que se negaba a dejarle pasar, pero presionado por la insistencia de su general, Ben Mizzian, que le apremiaba a avanzar hacia Tarfaya, se encontró en situación desesperada. Tanto, que la pequeña fuerza española se dispuso de inmediato a repeler un ataque que esperaba para el día 11.

---

[67]   Hasta apenas unos meses antes había sido general del Ejército español, el único general árabe y musulmán de nuestro Ejército. Para colmo, había sido capitán general de Canarias. Tras aceptar la invitación del sultán para organizar las FAR, acabó de una forma brutal con la rebelión del Rif.

[68]   En España nunca se ha entendido bien esta especie de «juego» que tanto parece divertir a los monarcas de nuestro vecino del sur, y que consiste en someter a España periódicamente a un desafío, ante el cúal, casi siempre por defecto —Marcha Verde— y en contadas ocasiones por exceso —Perejil—, jamás damos la talla. Marruecos siempre gana, pues pone a la ciudadanía española y a sus gobernantes nerviosos, en tanto en su país, donde la opinión pública no tiene la más mínima importancia, todo sigue tranquilo.

Para frenar a los marroquíes, los T-6 españoles fueron puestos en estado de alerta y prepararon una incursión con sus cohetes contra la columna de las FAR, con la que luego deberían acabar los carros de Pavía y los legionarios. Esperaron, pero no pasó nada. Ben Mizzian, que acababa de protagonizar otra de las muchas fanfarronadas que tanto les gustaban a los marroquíes, ordenó retirarse al desquiciado comandante Ukfir. En cuanto al príncipe Muley Hassan, jamás apareció por Villa Bens. Tampoco era necesario; el 20 de mayo el Gobierno de Madrid hizo entrega de Tarfaya a Marruecos. La presencia española en el país Tekna había concluido.

Una columna vehículos se prepara para actuar contra las bandas armadas del Yeicht Taharir. Pertenecen al Grupo de Caballería del Regimiento Pavía número 4. Se observa a la izquierda un carro ligero M-24 y a la derecha varios jeeps *y Dodge.* Foto revista Ejército.

La máxima tensión llegó en el verano, pues corrió el rumor, recogido por los servicios de información españoles, de que en el momento en que los franceses retirasen su guarniciones, lo que estaba previsto para el último trimestre del año, el *Yeicht Taharir* volvería a la carga para completar el trabajo y echar a los españoles al mar[69]. Un informe de mediados de septiembre evaluaba, creemos que de forma muy exagerada, que sus fuerzas podían estar en torno a los 41 000 hombres y que aprovecharían las lluvias invernales para arrollar las posiciones españolas en torno a la capital Sidi Ifni.

---

[69]   En el Sahara la autoridad española en el desierto no era menos discutida, pero la fuerza disuasoria de los carros de combate y vehículos blindados seguía siendo un importante freno.

Llegó a comentarse la posibilidad, aunque remota, de que el *Yeicht Taha-rir* tuviese incluso artillería pesada. La situación llegó a ser tan alarmante que el 11 de septiembre, el capitán general de Canarias comunico a los dos gober-nadores generales, en Sidi Ifni y El Aaiún: «El *Istiqlal* acordó acciones militares contra territorios de Ifni-Sahara con elementos del Ejército de Liberación para los días 17 o 25 del corriente».

Un T-6 despega del aeropuerto del Aaiún. Al fondo puede verse un avión de una de las compañías comercialees con las que compartían pista.

En septiembre una mina averió una autoametralladora M-8 cerca de Smara y varios soldados españoles fallecieron por causa de otras instaladas por los guerrilleros que, en grupos, seguían aún desplegados por el Sahara y parecían prepararse para defender mejor sus posiciones del asalto de vehículos blindados. La solución al problema vino de los erguibat, siempre orgullosos, que a instancias de España, con quien estaban en tratos, se rebelaron en Tan Tan y regresaron al Sahara, dejando al *Yeicht Taharir* cada vez más privado de apoyo.

Ese año solo quedó pendiente establecer la devolución de prisioneros. La guerra había terminado.

El enfrentamiento dejó en el bando español 198 muertos, 80 desapareci-dos y 574 heridos, de los que un número significativo falleció con posterioridad. A esas bajas hubo que sumar 40 prisioneros, incluidos 3 mujeres y 2 niños —las familias de los fareros de cabo Bojador—, que no fueron liberados hasta el 5 de mayo de 1959.

La línea defensiva de Sidi Ifni quedó estabilizada a lo largo de la primavera 1958. Desde ese momento, y durante los once años siguientes, la bandera española ondeó en un enclave en el que, justo en ese momento en el que ya no tenía ningún sentido permanecer allí, fue objeto de importantes obras públicas y una notable inversión que mejoró mucho el nivel de las infraestructuras en la que, desde el 10 de enero de 1958, era la provincia más pequeña de España.

A pesar de su pequeña extensión y aislamiento, la España de los sesenta, que comenzaba a salir de forma espectacular de su secular atraso, pudo dedicar, por fin, dinero y medios a mejorar las carreteras, el hospital, la traída de aguas, las escuelas y los edificios públicos, pero también a cambiar el aspecto de la pequeña ciudad árabe, en la que el dinero invertido por el Gobierno español de forma generosa e intensa, convirtió en una urbe moderna, limpia y cuidada.

Mia de Policía Territorial en el Sahara. Muchos de los miembros de las fuerzas indígenas pertenecían a la tribu de los erguibat, siempre fieles a España.

Las posiciones defensivas y el aeropuerto fueron ampliados y modernizados. Especialmente importante fue el embarcadero, formado por un dique situado a un kilómetro de la orilla y unido a tierra por un teleférico. Todo este trabajo era obvio que sería heredado por los mismos que estaban al otro lado de los parapetos y trincheras desde las que los marroquíes veían cómo progresaba la ciudad que tenían a sus pies.

Finalmente, el 12 de octubre de 1968, el Gobierno español acordó otorgar la independencia de Guinea Ecuatorial y la retrocesión de Ifni a Marruecos.

Ifni se mantuvo como posesión española hasta el 30 de junio de 1969, cuando se arrió por última vez la bandera española en Sidi-Ifni para cumplir la Resolución 2072 de Naciones Unidas. Se ponía así punto y final a treinta y cinco años efectivos de presencia española en la tierra de los ba amrani.

Tras la entrega de Ifni, Marruecos comenzó sus movimientos para quedarse con el Sahara. Máxime cuando, en noviembre de 1960, la Asamblea General de la ONU aprobó la Resolución 1514 referente al proceso de descolonización de los enclaves coloniales que aún subsistían en el mundo y el Comité Especial encargado de aplicar dicha resolución, elaboró una lista de territorios en los que se incluía el Sahara español.

Legionarios y tropas nómadas en Smara a finales de 58. Tras la guerra la nueva «provincia» del Sahara se encaminó hacia un periodo de relativa estabilidad y desarrollo que duró poco más de una década.

En diciembre de 1965, justo cuando se ponía en marcha el nuevo organigrama para la provincia del Sahara, le llegó al Gobierno español el primer aviso de Naciones Unidas. Apelando a la resolución 1514 la instaba a «adoptar inmediatamente todas las medidas para la liberación del territorio». En su segunda resolución, un año después, la Asamblea General precisaba algo más y señalaba que la descolonización tendría que hacerse en conformidad con la población autóctona y, sorprendentemente, de acuerdo con los Gobiernos de Marruecos y Mauritania. En la tercera, en diciembre de 1967, se hacía referencia por primera vez a que el procedimiento de salida debería incluir un referéndum que recogiera la opinión de la población nativa.

Estas indicaciones de Naciones Unidas se repitieron todos los años a instancias de la reunión anual de los jefes de Estado de la Organización de la Unidad Africana y de las cumbres en las que se reunía el Movimiento de Países no Alineados. La diferencia era que, mientras que Ifni era un territorio que previamente había estado bajo el dominio de los sultanes, eso no había ocurrido nunca en el caso del Sahara. Por otra parte, la carga económica que suponía Ifni para el erario español, cuando el objetivo inicial era obtener un rédito económico, era muy diferente a los potenciales recursos del Sahara: fosfatos, pesca y posiblemente petróleo.

4.1.1 El censo del Sahara

Al igual que Ifni, el Sahara se benefició del crecimiento económico español de los años sesenta, y los jóvenes nómadas comenzaron por vez primera a plantearse nuevas metas y actividades, deseando participar más en la vida política y económica de la provincia e intentando acceder a más altos niveles de educación y formación.

El éxito económico atrajo a numerosos teknas, del antiguo territorio español de Tarfaya e incluso a marroquíes, aprovechando, sobre todo, la generosa ayuda del Gobierno español, que con tal de evitar el hambre y la pobreza instauró un sistema de reparto gratuito de bienes y alimentos que abrió la puerta a un auténtico «caballo de Troya», pues entre los emigrantes el sentimiento promarroquí era bastante fuerte[70].

Además, los orgullosos erguibat, que desde siempre se habían sentido superiores a las demás tribus, veían con disgusto la igualdad que fomentaba, o por defecto provocaba, el régimen español. Incapaces de adaptarse a la vida sedentaria, y mucho menos a las costumbres occidentales, fueron poco a poco inclinándose hacia Marruecos. En cualquier caso, los problemas fueron siempre mayores en el norte que en el sur, donde la poca población y la fuerza de los ulad delim, siempre favorables a España, mantuvo la situación en calma.

Una de las preocupaciones que tuvo siempre el Gobierno español fue la de conocer cuál era exactamente la población del territorio, algo que empezó a estudiarse en 1940. Ese año, según el resumen estadístico de *África española*, se registraron 23 519 habitantes, de los que 23 231 eran autóctonos y 288 metropolitanos.

---

[70] Causas nobles como el colegio Nuestra Señora de África en Madrid se han señalado siempre como gérmenes del nacionalismo saharaui, pero en realidad era, pura y simplemente, el signo de los tiempos.

Las cifras globales de 1945 se elevaron a 25 730, lo que contrasta con las de cinco años después, en 1950, cuando solo se detectaron 13 627 residentes (1340 españoles y el resto, nativos).

La entrega a Marruecos de la región del Draa en 1958 hizo que disminuyera la población bajo administración española en una quinta parte, aunque de forma solo temporal.

Cuando el gobernador general, José María Pérez de Lema, ordenó la realización de un nuevo censo de población, referido a 31 de diciembre de 1967, se optó por utilizar otra metodología más adecuada a las peculiaridades del territorio, contando con la colaboración del Instituto Nacional de Estadística. Su característica principal fue incluir a los dos colectivos de habitantes —nativos y europeos—, pero contemplándolos separadamente con el fin de ajustar los cálculos estadísticos a las características sociales de cada cual.

La plaza de El Pilar, en El Aaiún fotografiada en la década de 1960. El Sahara se benefició del crecimiento económico español de eso años y los jóvenes nómadas comenzaron por vez primera a plantearse participar más en la vida política de la provincia.

El censo de los residentes europeos siguió la pauta de los que se realizaban en toda España, es decir, recogía los datos de las hojas del padrón de habitantes de los términos municipales existentes en aquel momento: municipios de El Aaiún y Villa Cisneros y entidades locales menores de Smara y Güera. No se incluyó el personal militar de tropa por su movilidad, escaso arraigo en el territorio y carácter transeúnte.

En cuanto al censo del personal saharaui, se optó por una forma imaginativa que proponía tomar en consideración no el lugar de residencia de la persona, puesto que se trataba de una población nómada, sino su adscripción familiar y su vinculación a niveles superiores (subfracción, fracción y tribu).

Tres años después de ese primer censo, una orden de la Presidencia del Gobierno de 27 de enero de 1970, reguló el Registro de Población de los «naturales saharauis» estableciendo que «la inscripción será obligatoria para todos los nacionales de ascendencia saharaui residentes en el territorio», los cuales, y como consecuencia de dicha inscripción, tenían derecho a la expedición de un Documento Nacional de Identidad, análogo al del resto de los ciudadanos españoles, aunque bilingüe, que fue declarado válido para todo el territorio nacional.

4.2 Los hombres del desierto

Las unidades nómadas se crearon impuestas por las condiciones particulares del clima de las regiones desérticas y por la necesidad del Gobierno de llegar hasta los últimos confines del interior del territorio que tenía a su disposición, muy lejos de los núcleos de población establecidos en las proximidades del litoral sahariano.

España inició su empleo con la creación en Cabo Juby, por orden ministerial de 1928, de una Mía de Camellos de escasos efectivos con funciones policiales. Fuerzas de esta unidad, bajo las órdenes del capitán Galo Bullón y el teniente De la Gándara fueron las primeras en ocupar Smara y varios oasis del desierto cuando comenzaron su actividad en el interior del país.

Posteriormente se organizó otra unidad nómada, esta vez mandada solo por De la Gandara y acantonada en Villa Cisneros, que comenzó en 1931 a recorrer el territorio con la labor de atraer a sus habitantes. Tuvo que intervenir en diversas ocasiones para rescatar a aviadores de diversas nacionalidades que, a causa de averías de sus aparatos, quedaban aislados en medio del desierto y caían en poder de los nómadas, dedicados a pedir cuantiosos rescates para devolverlos sanos y salvos[71].

Las dos unidades se convirtieron en los Grupos Nómadas Saguía el Hamra y Capitán de la Gandara en 1937, cuando se emprendió formalmente la ocupación de todo el Sahara español.

---

[71]   Antes de la Segunda Guerra Mundial el aeródromo de Villa Cisneros era el punto de salto a América de las líneas aéreas Latecoere, francesa; Lati, italiana y Lufthansa, alemana. Además, Cabo Juby era la escala de Iberia en la ruta que unía cada dos semanas Las Palmas y Tenerife con Sevilla y Madrid.

Tras la Segunda Guerra Mundial, los éxitos obtenidos por las grandes unidades mecanizadas en los combates realizados en los terrenos desérticos del norte de África, pudieron hacer pensar que había llegado el momento de la decadencia de las unidades meharistas, sin embargo, a pesar del aumento de posibilidades que se obtuvo con el lanzamiento de paracaidistas, el transporte de fuerzas y abastecimientos en avión o el uso de vehículos blindados, que permitieron reducir las dificultades del desierto y convertirlo en un campo de batalla, en seguida se demostró que ambos tipos de sistemas eran perfectamente compatibles, siempre que uno u otro se empleara en aquellos terrenos en los que, por sus características especiales, pudiera rendir con la mayor utilidad posible. Por ejemplo, allí donde los elementos mecanizados pudieran llegar con posibilidades de moverse, su actividad sería siempre mayor y más práctica, pero en regiones de arenales y dunas con más de cuarenta metros de altura y un desplazamiento prácticamente constante, el empleo de las unidades meharistas resultaba insustituible.

Eso por no hablar de las misiones en el interior, en terrenos con dificultades para el rodaje de los vehículos a causa de las grandes acumulaciones de arena, donde la falta de agua o la habitual presencia del viento siroco obligaba a detener a cualquier fuerza que no utilizara dromedarios.

Oficial europeo de los Grupos Nómadas españoles fotografiado durante una patrulla realizada en 1945. A pesar de que las normas indicaban que debía llevar turbante, era habitual que utilizara la gorra de plato también en campaña.

Con estas directrices, los Grupos Nómadas españoles se organizaron en una plana mayor y varias secciones montadas a camello, el medio de transporte insustituible tanto para las tropas europeas como indígenas, aunque también disponían del material automóvil necesario para poder transportar rápidamente las fuerzas precisas en caso de un incidente fronterizo o que hubiera que realizar una pronta intervención para resolver las cuestiones surgidas entre los habitantes de la región.

Tropas nómadas, europeas e indígenas. Llevan el uniforme de diario caqui de la década de 1960.

En general, sus necesidades de personal, siempre con los efectivos metropolitanos reducidos al mínimo imprescindible, respondían a la necesidad de poderlos dividir y subdividir constantemente sin que las nuevas unidades formadas vieran en nada reducidas su autonomía y eficiencia. Tenían por misión mantener la seguridad de la zona que tenían encomendada para que la vida de los pueblos nómadas de la región se pudiera desarrollar con absoluta normalidad. Para ello, se dedicaban a controlar a sus miembros, perseguir huidos de la justicia o practicar detenciones en caso necesario, vigilar las fronteras y costas, apoyar a las misiones científicas de estudio del país en sus diversos aspectos y a escoltar a las caravanas.

La tropa europea procedía, en concepto de voluntarios, de los cuerpos regulares y de tropas indígenas de la metrópoli, norte de Marruecos o Ifni. Se daba preferencia a los que ya habían servido en estas últimas fuerzas, y sus destinos se designaban a propuesta del gobernador de los territorios tanto para oficiales y suboficiales, como para las clases de tropa. El plazo mínimo

TROPAS NÓMADAS

Capitán.Paseo y actos
sociales en verano

Capitán,Paseo y servicios
en el territorio

Teniente,Gala fuera
de formación

Teniente,Gala
en formación

Teniente.Uniforme
de servicio

Teniente.Fuera
de servicio

Sargento.Uniforme
de campamento

Sargento. Gala

Askari.Uniforme
de formación

LEZA SUÁREZ & DEL REY

Cabo europeo
Servicio de armas

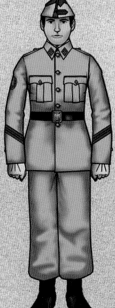

Cabo europeo
Gala

Cabo europeo
Formación

Kaíd saharaui
Paseo

Cabo saharaui
Formación a pie

Cabo saharaui
Gala en formación

Cabo saharaui. Gala
en formación con sul-ham

Askari. Servicio
de armas

Soldado 1º saharaui
Uniforme de trabajo

LEZA SUÁREZ & DEL REY

de servicio se estableció en un año, salvo que la acción del clima resultara perjudicial para la salud, en cuyo caso se podía causar baja de forma inmediata con un certificado médico.

Soldados peninsulares durante un ejercicio táctico de la Agrupación de Tropas Nómadas

La tropa indígena se reclutaba en su mayor proporción entre los naturales del territorio —principalmente las tribus de Erguibat y Ulad Delim— y se elegía entre aquéllos que mejor conocían los recursos del país: pastos, el camello, sus enfermedades más corrientes, la manera de curarlas y las posibilidades de todo orden que pudieran ofrecer las zonas fronterizas. El resto provenía de las unidades del norte de Marruecos o las cábilas de Ifni y eso, en ambos casos, a pesar de que se extremaron las precauciones, acabó por resultar un grave problema. En cualquier caso, tanto a unos como a otros, no se les exigió limitación de tiempo, pero sí aptitud física para el servicio y no haber sido expulsados como indeseables de ninguna de las unidades armadas del Ejército español.

Se buscaba que tuvieran diversos orígenes tribales, dada la adhesión inquebrantable que existía entre los individuos de una misma tribu o grupo familiar. La mezcla era conveniente, pues en el caso de llegar a entablar combate podía resultar muy peligroso que la mayoría de los combatientes pudieran tener como enemigos circunstanciales a gente con la que estuviesen ligada por antiguos lazos de amistad.

Los indígenas podían filiarse llevando su camello o sin él. En el primer caso la unidad compensaba esa aportación abonando mensualmente una parte de la cantidad en que se hubiera fijado el valor del camello; en el segundo, se descontaba al soldado, de su paga, igual cantidad que en el supuesto anterior hasta completar en ambos casos el valor asignado al animal. El resto del equipo, pertrechos y armas individuales o automáticas de los modelos reglamentarios en el ejército lo entregaba el depósito de la unidad. En ese sentido solo tenían la particularidad de llevar siempre colgado al cuello la gumía, al estilo del norte de Marruecos.

Cada grupo lo administraba directamente su jefe, con los mismos deberes y atribuciones que se señalaban en los reglamentos para los jefes de unidad administrativa. Estaba bajo la inspección de los delegados de las zonas de que dependían para el servicio, y por ese conducto cursaban toda la documentación correspondiente. El jefe de grupo tenía los mismos derechos en su unidad que un capitán y los mandos indígenas los mismos que se daban en las fuerzas regulares indígenas. Los ascensos se obtenían siempre a propuesta del jefe de grupo; se seguía para obtenerlos la norma general de antigüedad en el servicio, conducta y méritos, aparte de poseer los conocimientos necesarios para cada empleo.

La disciplina se regía por los reglamentos generales, sin embargo, en la práctica, los rígidos principios de la disciplina castrense, tal y como se entendían en el resto de las unidades indígenas, no era ni posible ni conveniente mantenerlos. La modalidad del servicio y la forma de vida y el modo de ser de los reclutas autóctonos impedían su aplicación de manera tajante, sobre todo, en las situaciones de régimen interior. De hecho, en muchas ocasiones se permitía al personal de la unidad vivir en las jaimas con sus familiares e incluso a autorizar que los acompañaran en ciertos desplazamientos.

La uniformidad y el vestuario para el personal metropolitano era la de color caqui señalada en el Reglamento de uniformidad del Ejercito[72] de uso para climas cálidos, con la única excepción de la gorra. En su caso era con el plato azul, franja cilíndrica verde, visera de cuero negra y barboquejo dorado. En ella, colocado en la parte frontal del plato, un emblema consistente en una media luna dorada con la inscripción «Sahara» y una estrella también dorada, de cinco puntas.

En el caso de tener que montar en camello, tanto los oficiales como las clases de tropa europeas o indígenas utilizaban la indumentaria propia de las tribus del desierto: zaragüelles cortos blancos o azules; zaragüelles largos

---

[72]   Se publicó en 1943. Hasta entonces se mantuvo el Reglamento de Uniformes de las Oficinas de Asuntos Indígenas y Policía del Sahara, de 1934, que se basaba en la uniformidad que utilizaban las tropas jalifianas del Majzen — Guardia Personal del Jalifa, Mehal-las Jalifianas, Mehaznías Armadas, Harkas y Mehaznías Auxiliares— y apenas se diferenciaba de este.

saharauis caquis; dos derrah —uno blanco y otro azul—, sandalias y polainas de montar. Todos se tocaban con turbante azul —el *zam*— y como prenda de abrigo llevaban sulhan. De lanilla o seda blanca para los oficiales y de paño azul para la tropa. Para las formaciones de gala los oficiales y las clases europeas sustituían el turbante por la gorra y utilizaban guantes de color blanco en forma de manopla.

Una patrulla de Tropas Nómadas en el desierto. La Agrupación participó en acciones bélicas contra el Frente Polisario, guerrillas de origen marroquí y unidades del ejército regular de Marruecos.

El correaje que se utilizaba era el mismo que el de la *Mehal-la*. Cada soldado llevaba 50 cartuchos y dos granadas de mano, y los oficiales pistola y una cartera con prismáticos y material topográfico. El equipo para los camellos, además de ser ligero, debía tener la solidez necesaria para evitar un desgaste demasiado rápido. Consistía en rahala[73], bastes de carga, de armas y municiones, atalajes, sacos para el pienso y cubos y recipientes para poder abrevarlos.

---

[73]   La montura tradicional, que en conjunto pesa unos ocho kilogramos. Consiste en un sillín ovalado o circular de madera, cuyo armazón se coloca delante de la giba sobre una mantilla o sudadera y que se fija por una cincha abdominal y por otra que pasa por la cola del camello para evitar su desplazamiento hacia delante. El conjunto se cubría con un paño blanco con flecos y cuatro borlones dorados en sus esquinas, en el caso de los oficiales, y con un paño rojo con borla y flecos de cuero verde y rojo con detalles dorados, en los camellos de la tropa.

ñola sumamente desacertada, pese a haberse convocado como una reunión de carácter festivo.

A primera hora de la tarde comenzaron los incidentes en el barrio de Zemla: se apedreó un vehículo en el que se desplazaban varios chiuj, e intervino una compañía mixta de europeos y nativos de la Policía Territorial; se adelantaron algunos de los manifestantes, que se calcula superaban ya los 2000, entre ellos el hermano del alcalde de El Aaiún, y fueron detenidos por las fuerzas del orden, cuyos oficiales repartieron algunas bofetadas.

Miembro metropolitano de la Policía Territorial vestido a la europea. En campaña y despoblado se utilizaba un vestuario similar al de las tropas nómadas con siroquera negra o turbante tipo saharaui.

Arreciaron las pedradas y la policía fue reemplazada por por un contingente de la Legión formado rápidamente en el cuartel de Sidi Buya, al mando del capitán Carlos Díaz Arcocha[74]. Disolvió la manifestación de manera expeditiva con sus disparos y se contabilizaron dos muertos y numerosos heridos. Luego hubo toque de queda, arrestos, registros y deportaciones. La noticia, ai-

---

[74]   Posteriormente teniente coronel, estuvo destinado en el Centro Superior de Información de la Defensa en Guipúzcoa y en el regimiento Sicilia. Fue nombrado en 1981 primer jefe de la policía autónoma vasca. Lo asesinó ETA, el 7 de marzo de 1985.

reada en Marruecos a toda plana con consideración de masacre, no tuvo gran repercusión en la Península, pero en el Sahara comenzó a minar la confianza entre ambos colectivos.

La peor parte se la llevó Bassiri, considerado el promotor intelectual de lo ocurrido. Detenido e ingresado en la cárcel provincial, su destino pasó a ser una vergonzosa incógnita durante más de tres décadas. Hoy está confirmado que fue fusilado el mismo día de su detención.

Las consecuencias de lo ocurrido fueron nefastas. A partir de ese momento comenzaron a desvelarse los intereses reales de todos los que estaban dispuestos a participar en el reparto de un pedazo de tierra árida que había parecido no interesar a nadie.

4.3.1 Nace el POLISARIO

Entre 1971 y 1972 apareció un nuevo grupo independentista creado por la iniciativa de varios estudiantes de origen tekna y erguibi, originarios del Sahara español, pero que estudiaban en Marruecos. Uno de ellos, El Uali uld Mustafa Sayed, organizó un mitin en Tan Tan en el que atacó duramente la colonización española, y el 10 de mayo de 1973 publicó un documento que daba lugar al nacimiento del Frente Popular para la Liberación de la Saguía el Hamra y Río de Oro —POLISARIO, en acrónimo—, conocido por sus militantes como *Sommet* —cumbre—, que contaba con una rama política y otra militar.

Un total de veintiséis puntos componían el programa político de la organización. Siete de ellos hacía referencia a una acción política inmediata, y los otros diecinueve dibujaban la imagen ideal que el partido se había formado sobre el posible futuro de su país. En todo el programa no se citaba ni una sola vez a España, pero tampoco se ocultaba el deseo de que desapareciera del territorio. El Polisario concebía el socialismo árabe en su más exigente versión, sin la posibilidad de establecer empresas mixtas entre el capital extranjero y los intereses del nuevo Estado que surgiera tras la independencia.

En paralelo a la creación del Polisario, el 19 de julio de 1972, sorprendentemente y sin razón aparente, Presidencia de Gobierno dictó la orden que declaraba el Sahara «materia reservada», sujeta, por tanto, a las previsiones de la Ley de Secretos Oficiales, promulgada en 1966 con la Ley de Prensa e Imprenta que había auspiciado el ministro de Información y Turismo, Manuel Fraga Iribarne. A partir de ese verano la orden se aplicó a todos los textos que pudieran referirse al Sahara, provocando un oscurecimiento total de uno de los principales ejes de la política interior y exterior española de ese momento.

El 20 de febrero de 1973, en vista de que todo se complicaba y el Gobierno español no parecía dispuesto a establecer unas vías de actuación claras, la Yemaa General envió un escrito a Franco planteándole las líneas básicas sobre las que entendía debía discurrir el futuro del territorio. Recibió contestación del jefe del Estado el 21 de septiembre, cuando ya había sido nombrado presidente del Gobierno el almirante Carrero Blanco. Franco indicaba en su mensaje a la asamblea que «el pueblo saharaui era el único dueño de su destino y que nadie tenía derecho a violentar su voluntad… que el Estado español garantizaría la integridad territorial del Sahara y daría el mayor impulso posible el desarrollo económico y social del territorio». Incluso que «se establecería un régimen de progresiva participación del pueblo saharaui en la gestión de sus propios asuntos» lo que debía concretarse en la promulgación de un estatuto de autonomía. Una opinión que coincidía en buena parte con la de Carrero, que había declarado en una ocasión que el Sahara era una provincia «tan española como la de Cuenca».

Sin embargo, el asesinato del almirante por la banda terrorista ETA el 20 de diciembre de 1973, seis meses después de haber sido designado en su cargo, también implicaría a la larga un cambio de coordenadas sobre la cuestión del Sahara.

Miembros del Frente Polisario en el Sahara. El Polisario no supo enfocar bien sus relaciones con España. Por ejemplo, utilizó el censo español de 1974 para no aceptar nunca las pretensiones de Marruecos de considerar como saharauis a decenas de miles de personas que no figuraban inscritas en él.

Con la declaración de «materia reservada» no llegó a la metrópoli noticia alguna de lo ocurrido el 20 de mayo de ese año en un puesto policial situado en el paraje de Janget Quesat. Allí, apenas 10 días después de su creación oficial, tuvo lugar el primer encuentro armado, entre los seis agentes nativos de la Policía Territorial que lo guarnecían y una pequeña partida de insurgentes que decían representar al Frente Polisario. Tomaron el puesto sin disparar un solo tiro y se llevaron como botín seis fusiles, seis camellos, munición y algunos pertrechos. En los días siguientes hubo incursiones en Tifariti, Bir Lehú y Auserd que, en España, el Gobierno se apresuró a desmentir.

Maniobras de La legión en el desierto. La aparición del frente Polisario obligo de nuevo a las autoridades españolas a replantearse la defensa del Sahara.

Desde esas primeras acciones el Polisario fue, poco a poco, adquiriendo arraigo. A mediados de 1974 contaba con unos 650 hombres, de los que unos 200 actuando en la zona norte y otros 300 en el sur, junto a la frontera mauritana. Los sureños necesitaban más adiestramiento, y lo recibieron en Argelia, en tanto que los del norte, que incluían casi medio centenar de argelinos y marroquíes, estaban dotados de mejores dromedarios de guerra y armamento más moderno. A los primeros combatientes procedentes del exterior se incorporaron también otros del interior del territorio español, muchos de ellos desertores o antiguos miembros de la Agrupación de Tropas Nómadas o la Policía Territorial. La presencia de estos últimos constituyó una aportación de valor inestimable, puesto que conocían por experiencia propia los modos de actuación y las rutinas de las Fuerzas Armadas españolas.

Durante los meses siguientes otras pequeñas incursiones permitieron al Polisario ganar adeptos para su causa entre los nómadas, lo que llevó a sus líderes a hablar ya de la creación de la República Árabe Socialista Democrática —RASD— ante España y Marruecos; eso, en el ámbito de la Guerra Fría de la época, los llevó a inclinarse hacia Argelia, que se mantenía en la órbita de la Unión Soviética, lo que hizo que empezaran a saltar las alarmas en los omnipresentes servicios secretos de los Estados Unidos.

Smara en la década de 1970. Abandonada por las tropas españolas, fue inmediatamente ocupada por las marroquíes.

A finales del año hubo ya serios combates entre tropas españolas y el Polisario en los que al menos se lanzaron dos misiles SAM contra aparatos españoles —uno de ellos alcanzó a un helicóptero—. Entre los numerosos incidentes armados que se produjeron en los puestos del interior, los más importante fueron el del 27 de noviembre, cuando una patrulla de Tropas Nómadas se encontró en la zona de Mátala, próxima a la frontera marroquí, con una pequeña banda armada que huía de Marruecos y con la que intercambiaron disparos, y la acción contra el puesto de Tifariti, aldea situada en la frontera con Mauritania, los días 17, 18 y 19 de diciembre de 1974. En el transcurso de esas operaciones murieron el sargento legionario José Carazo Orellana —cuyos restos mortales fueron trasladados a El Aaiún y objeto de un homenaje póstumo en el cuartel de Sidi Buya— y cinco agentes nativos de la policía. Además, hubo once heridos entre nativos y europeos. A cambio, se causaron dos muertos al Frente Polisario y se tomaron tres prisioneros heridos, Abdi uld Brahim, n.º 276 del partido, Embarec uld Hossein, n.º 295, y Fadel uld Mohamed Lamin, n.º 357; fueron evacuados a Smara, y entregados a una patrulla del Tercio. Nadie volvió a saber su destino.

La estrategia del Polisario continuó en los meses siguientes con nuevos ataques, pero introdujo una novedad: el secuestro de españoles, lo que obligó al Gobierno a negociar con el grupo rebelde a nivel de Ministerio de Asuntos Exteriores. El 11 de marzo de 1975 fue secuestrado en El Aaiún el transportista canario Antonio Martin, que había colaborado en la resolución del sabotaje producido en la cinta de fosfatos el 26 de octubre anterior, y entre los días 10 y 11 de mayo el Polisario capturó dos patrullas de la Agrupación de Tropas Nómadas, la «Pedro» y la «Domingo», entre Bir Lehlu y Sueiah.

Manifestación de ciudadanos saharauis en 1975. Buena parte de la población estaba a favor de que España permaneciera en el Sahara.

Conocían todos sus movimientos, pues ya se habían dado en la unidad casos de desertores huidos hacia Mauritania, llevándose hasta los vehículos, pero esta vez fueron los propios saharauis de las patrullas los que hicieron prisioneros a sus compañeros mientras dormían. En el forcejeo cayó abatido por seis disparos por la espalda el soldado Ángel del Moral y otros resultaron heridos. No todos los nativos secundaron la acción; el sargento Busseid uld Bunna se opuso desde el principio y quedó prisionero, y otro soldado nativo consiguió escapar. El Polisario se apropió de vehículos, radios, armamento y munición, y dejó prisioneros a los tenientes Fandiño, Alvarez Jiménez, Lorenzo Vázquez y Sánchez Venegas; los sargentos Fuentes y Sobrino; los cabos Antonio Moras y

Jacinto Escalante, y los soldados Antonio Bauza, José Collado, Pedro Mateos, José Lara, Mateo Hernández, Ramón Arroyo y Vicente Blanco. En total, 15 hombres. Algunos totalmente inexpertos, pues el Estado Mayor del Ejército había decidido que los tenientes de la XXX promoción, la última salida de la Academia General Militar de Zaragoza, fueran destinados por turno y comisión durante dos meses al Sahara, para así ambientarse en el territorio.

La traición de los desertores con respecto a sus propios compañeros de armas produjo una penosa consecuencia que la fidelidad demostrada por el sargento Busseid uld Bunna no pudo evitar; la pérdida de la confianza de los oficiales españoles en los soldados nativos. Aún hubo un tercer secuestro en Guelta el 16 de septiembre, el del soldado médico José Sastre Papiol.

4.3.2 *Atado y bien atado*

El 1 de enero de 1974 se estrenó un nuevo Gobierno, presidido por Carlos Arias Navarro. Era un gabinete conservador y homogéneo, sin corrientes ideológicas, para evitar divisiones internas, pues la política española basculaba en esos momentos entre dos asuntos: la preparación de una transición pacífica, de Franco al príncipe Juan Carlos, una vez que el primero faltara, y el encauzamiento de la política exterior, con la intención de llevar a cabo una aproximación a Europa. En un intento de dar transparencia a esa nueva política se derogó también la orden de tratar al Sahara como «materia reservada» el 14 de septiembre.

Aunque prácticamente nada de lo ocurrido en el territorio durante esos dos años se sabía en la metrópoli, habían cambiado muchas cosas.

El inicio de la política «aperturista» de Arias Navarro implicó respecto al Sahara un cambio en los mandos en el territorio. Se aprovechó el ascenso a teniente general del hasta entonces gobernador general de la provincia, Fernando de Santiago y Díaz de Mendívil, y por Decreto 1536/1974, de 31 de mayo, se designó para sustituirle al general de división Federico Gómez de Salazar y Nieto, quien se llevó como segundo al coronel Luis Rodríguez de Viguri y Gil.

Esa primavera el ministerio de Asuntos Exteriores propuso también un proyecto de Estatuto Territorial, autorizado por Franco, que evadía el carácter de provincia española. Se buscaba así dar una imagen de renovación de la política española en el Sahara ante la comunidad internacional, por lo que Gómez de Salazar aterrizó en el Sahara con la obvia intención de viabilizar el derecho de los saharauis a la autodeterminación. El general gobernador demostró claramente con su comportamiento durante el plenario de la Yemáa que estaba dispuesto a delegar en él la dirección política del territorio, reservándose quizá la gestión de los asuntos puramente militares.

El general Federico Gómez de Salazar, que había ganado la Medalla Militar individual durante la Guerra Civil española y combatido en las filas de la División Azul, en el Sahara, en noviembre de 1975.

El 21 de agosto, a los tres meses de la incorporación de Gómez de Salazar y Rodríguez de Viguri a sus respectivos cargos, la Oficina de Información Diplomática del Ministerio español de Asuntos Exteriores emitió un comunicado que reproducía una nota entregada por el representante diplomático de España en Naciones Unidas. Decía: «el Gobierno español celebrará un referéndum, bajo los auspicios y garantías de Naciones Unidas, dentro de los seis primeros meses de 1975 en la fecha que se fijará con la debida antelación (y) adoptará las medidas necesarias para que los habitantes autóctonos del territorio ejerzan su derecho a la libre determinación conforme a la resolución 3.162 (XXVIII) de 14 de diciembre de 1973». El documento acabó por alterar definitivamente a Marruecos y a su monarca.

4.4 LA VISIÓN INTERNACIONAL DEL SAHARA

NADA MÁS INFORMAR OFICIALMENTE EL GOBIERNO ESPAÑOL de su propósito de celebrar un referéndum de autodeterminación, Marruecos inició sus maniobras para estorbar la celebración de la consulta. La primera, pedir a Naciones Unidas que solicitara al Tribunal Internacional de Justicia de La Haya un dictamen sobre el origen de la propiedad del territorio y los vínculos que sus habitantes pudieran tener con el sultán y sus vecinos. Luego, se las apañó para centrar la evolución del contencioso en torno a la figura del secretario de Estado norteamericano, Henry Kissinger.

Desde el punto de vista de las grandes potencias, el conflicto del Sahara no era un asunto de primer orden. El conflicto árabe-israelí, el comienzo de la guerra civil en el Líbano, la situación en Portugal o la guerra en Vietnam eran cuestiones a las que se daba mucha más importancia.

Policia Territorial. Una parte eran reclutas nativos con la consideracion de tropa profesional y otra provenía de reemplazo. A principo de los años 70 comenzaron las deserciones de miembros de las unidades indígenas.

Por ello, solo Estados Unidos y la Unión Soviética, como ya hemos comentado empeñados en la Guerra Fría, y Francia, iban a desempeñar algún papel digno de mención en el litigio que daba comienzo. En los tres casos, sus actividades estuvieron encaminadas a mejorar sus propios intereses. A otras potencias, como China o Gran Bretaña, el asunto del Sahara no les interesó lo más mínimo, se limitaron a votar las diferentes resoluciones de la ONU relacionadas con el proceso de descolonización, sin tener ningún papel activo.

La independencia de Angola en noviembre de 1974, que provocó el establecimiento de un régimen prosoviético en las costas del Atlántico Sur, desagradó ya sin ambages a Estados Unidos que vio un gran paralelismo entre el caso portugués y el del Sahara, con dos procesos de descolonización similares y en los que los futuros gobernantes de las colonias, el MPLA en el caso angoleño y el Frente Polisario en el caso saharaui, se declaraban socialistas. Sin embargo, debía andarse con pies de plomo. Tras la revolución portuguesa, y dado que Grecia se había retirado de la estructura militar de la OTAN, como protesta por el apoyo dado por Estados Unidos al Régimen de los Coroneles, Italia y España vieron incrementada su importancia estratégica en el flanco sur de Europa. Había un cierto temor a que Italia, donde el Partido Comunista tuvo un notable incremento en el peso electoral, tomara el mismo camino que Portugal, por lo que el esfuerzo principal del Gobierno estadounidense consistió en asegurarse el uso de las bases en España (Rota, Torrejón, Morón y Zaragoza principalmente) como sustitutas de las portuguesas, contemplándose incluso el establecimiento de una en el archipiélago canario para sustituir a la de las Azores. El problema era que Estados Unidos también tenía importantes intereses en Marruecos, ya que, por una parte, su situación geográfica estaba

Instalaciones estadounidenses en Kenitra, Marruecos.

calificada como estratégica y, políticamente, era su único aliado en el noroeste de África y uno de los principales en el mundo árabe.

La presencia de bases militares estadounidenses no era algo muy popular entre la población marroquí, e incluso el partido *Istiqlal* se mostraba contrario a ellas. Además, Marruecos era constantemente atacado por otros países en las reuniones de la OUA y acusado de ser un vasallo de Estados Unidos, por lo que Hassan II llegó a plantear el cierre de las instalaciones de comunicaciones. Eso acabó por decidir a Richard Nixon, a apoyar al monarca alauita, aun a costa de tener que reducir el funcionamiento, a pleno rendimiento, de las mismas.

En el caso de que Hassan perdiera el poder y con independencia del tipo e ideología del nuevo Gobierno, la supresión o reducción importante de instalaciones militares estadounidenses era un hecho seguro. Por ello, la forma elegida por Estados Unidos para evitar la caída de Hassan II fue incrementar las ayudas económicas, no solo en el aspecto militar, sino también en el educacional y empresarial, para paliar la crisis económica y social del país y evitar las posibles tensiones internas.

Como Estados Unidos jugaba a dos barajas y no deseaba tener que intervenir en un litigio entre España y Marruecos en el que siempre saldría perjudicado, en el caso del Sahara adoptó oficialmente una postura de estricta neutralidad, aunque oficiosamente no dudó en buscar la forma de salir más beneficiado.

En diciembre de 1974, la Asamblea General de la ONU —con el voto a favor de Estados Unidos, lo que causó un gran desconcierto en el Gobierno de Madrid, pese a que se conocían las estrechas relaciones entre Washington y Marruecos— accedió, por su resolución 3292 (**XXIX**) a la petición marroquí, y envió al Tribunal de La Haya dos cuestiones:

I.   El Sahara Occidental (Río de Oro y Saguía el Hamra) ¿eran en el momento de la colonización española un territorio sin dueño (*terra nullius*)? Si la respuesta es negativa,

II. ¿Cuáles eran los lazos jurídicos de este territorio con el reino de Marruecos y con el conjunto mauritano?

Curiosamente, los mismos interrogantes que se planteaba la ONU habían sido analizado en 1958, poco después de su salida del Ministerio de Asuntos Exteriores, por Alberto Martín Artajo, que recordaba en una conferencia dada en Barcelona los orígenes históricos de la presencia española en el Sahara y rechazaba la presunta legitimidad de las reivindicaciones marroquíes sobre el territorio, que acababa de plantear Mohamed V, al que creía mal aconsejado sobre la materia. «Los sultanes —dijo— no dominaron nunca más espacio que el sometido temporalmente a su fuerza material en alguna incursión aislada. Por eso, cuando el rey Mohamed V, en su entonces reciente excursión a M'Hamid, al que llamó umbral del Sahara, quiso evocar precedentes de más profundos internamientos, no pudo alegar otros que las dos conocidas expediciones de su abuelo Muley Hassan al Sus y al Nun, cuyo avasallamiento apenas duró lo que tardaron en retirarse las mehalas cherifianas, según cuenta el alsaciano Eckermann, que acompañó al sultán en estas correrías. El Sahara fue para Marruecos una tierra de incursiones en busca de sal o de esclavos, o bien un paso hacia el país de los negros —Sudán—.

Como lo fue la incursión de Ben Yasín en el siglo XI y, más tarde, la de El Dahabi en el siglo XVI, que, al frente de una tropa de renegados españoles, llegó hasta Timbuctú».

Su conclusión no pudo ser más clara: «con el mismo nulo derecho con que los marroquíes invocan como título de soberanía las raras incursiones de algún antepasado, pudieran hoy decir los saharianos que el Marruecos actual les pertenece».

Como el argumento de que la delimitación fronteriza franco-española de 1912 fue refrendada por el propio Marruecos el 13 de abril de 1913 y aceptada por el artículo 11 del Tratado de Rabat de 20 de mayo de 1957, resultaba en esos años prácticamente indefendible, España debía de demostrar ante el Tribunal de Justicia, con sólidos argumentos, lo infundado de las pretensiones anexionistas tanto de Marruecos como de una Mauritania que antes de que hubiera sido creada por Francia en 1960 ni siquiera existía.

Para ello, tanto el Ministerio de Asuntos Exteriores como el Gobierno General del Sahara iniciaron una rápida búsqueda de documentación diplomática y tribal que acreditara la inexistencia de cualquier vínculo de soberanía territorial entre el sultán y los territorios saharianos.

4.5 La posición de Marruecos

A principios de 1975, Marruecos se enfrentaba a una situación que empeoraba por momentos: alta inflación, desempleo creciente y otro mal año para las cosechas debido a la sequía. La falta de lluvias había obligado a importar 800 000 toneladas de grano y caían las exportaciones de cítricos, ya que el Gobierno trataba de hacerse cargo de las tierras que pertenecían a los antiguos colonos. Los dos grandes pilares sobre los que se mantenía la economía marroquí eran solo las remesas de divisas que enviaban los emigrantes establecidos en Europa y la producción de fosfatos.

Al comenzar la década de los 70, las sequías y la escasez provocaron a nivel mundial el alza de los precios de los alimentos. Los agricultores se apresuraron a cultivar nuevas tierras, menos fértiles, que requerían por tanto más fertilizantes, lo que aumentó la demanda de fosfatos, base fundamental de los mismos. Estados Unidos y la Unión Soviética eran los mayores productores mundiales, pero los utilizaban en su consumo interno; el tercer productor era Marruecos, que se convirtió en el principal exportador mundial a través de la Oficina Jerifiana de Fosfatos (OCP), una empresa estatal que logró hacerse con el control de los precios. En 1972, la tonelada se pagaba a un precio medio de seis dólares. En 1973, subió a 13 y finalizó el año a 42. En julio de 1974, alcanzó los 63 dólares, y a finales de ese año, los 68.

Instalaciones para la extracción de fosfatos en Fos Bucraa. Contaban con un puesto de guardia del Ejército español para evitar los posibles ataques tanto del Polisario como de los marroquíes.

La exportación de fosfatos se convirtió en la principal fuente de divisas de Marruecos y en una pieza clave de su economía, pero el sueño se truncó cuando en 1975 comenzó una tendencia bajista que comprometió los planes de desarrollo del país y apareció otro competidor: el fosfato saharaui de cinco yacimientos en la zona de Saguía el Hamra, el más importante, el de Bu Craa. El mineral era de gran pureza y su extracción más barata y sencilla que en Marruecos, al ser a cielo abierto. Para explotar los yacimientos se creó la empresa Fos Bucraa S. A., perteneciente al Instituto Nacional de Industria (INI). En 1973, se extrajo un millón y medio de toneladas, en 1974 tres millones y medio y se esperaba que, en breve, la producción anual fuera de diez millones.

La producción española, que había comenzado en 1972, no constituía una amenaza inmediata para las exportaciones marroquíes, cuyo volumen era seis veces superior, pero sí amenazaba su posición de monopolio del mercado, sobre todo cuando Fos Bucraa estuviera a pleno rendimiento y produjese el 50 por ciento de lo que extraía Marruecos.

Políticamente Marruecos no era un país estable a principios de 1974. Había una gran oposición interna y un elevado peligro de que Hassan II fuera depuesto. Solo le mantenía en el poder la lealtad de los oficiales de mayor graduación de las Fuerzas Armadas, principalmente de origen bereber, que conformaban uno de los grupos sociales más favorecidos por el monarca. De hecho, hubo problemas con los partidos políticos al nacionalizar las tierras e inmuebles de propietarios extranjeros, pues se las quedaron esos militares. Ellos a su vez también miraban con recelo a los políticos, que se habían hecho con grandes fortunas de manera muy poco ortodoxa.

Juicio a los cadetes de las Fuerzas Armadas Marroquíes procesados por el atentado a Hassan II en Sjirat el 10 de julio de 1971. Los cabecillas del intento de golpe de Estado, cuatro generales, cinco coroneles y un comandante, fueron ejecutados sin juicio previo el 13 de julio,

Los dos atentados sufridos por Hassan II hicieron mella en su confianza en los mandos superiores de las Fuerzas Armadas. El monarca los vigilaba estrechamente y no permitía en ningún caso una excesiva concentración de poder. El rey necesitaba una causa para que todo el pueblo se olvidara de los problemas internos y se uniera en torno a él, y debía ser de suficiente calado como para que la poyaran todos los estamentos sociales. Solo había en esos momentos tres posibilidades: enfrentarse a las inversiones francesas en Marruecos, cerrar las instalaciones americanas de Kenitra y Tánger o reivindicar el Sahara español. La tercera era la que contaba con el enemigo más débil.

El problema era que hasta que el tribunal internacional estudiara el caso y tomara una decisión podían pasar meses. El rey había conseguido movilizar a su país y lo que menos le favorecía era que el pueblo perdiera el interés por la causa y volviera sus ojos a los problemas internos. Había que hacer algo, y no se le ocurrió otra cosa que pedir a Naciones Unidas que revisara los casos de Ceuta, Melilla y demás posesiones españolas en el norte de Marruecos.

La reacción española fue contundente, las Cortes suspendieron sus debates y aprobaron una resolución de adhesión a Ceuta y Melilla en la que se afirmaba que Marruecos atacaba directamente la unidad nacional y la integridad territorial, y que España defendería sus dos ciudades mediante todos los medios legítimos. Como muestra de esa determinación se envió a cada ciudad un grupo naval formado en ambos casos por dos destructores, un submarino, un transporte y una escuadrilla de helicópteros de ataque. El despliegue fue un aviso para Marruecos, pero también para los estadounidenses, a los que sorprendió esa capacidad de respuesta.

El 7 de abril, un incidente en el estrecho de Gibraltar obligó a intervenir a la Armada. Una patrullera marroquí capturó dos pesqueros españoles, dejó a bordo de uno de ellos a dos marineros para que no se dieran a la fuga y tomó como rehenes a seis pescadores. La Armada liberó al pesquero y capturó a los dos marineros. El incidente se saldó con el intercambio de rehenes en el puerto de Tánger. Aunque se enmarcó en las diferencias en cuanto a las aguas territoriales, sirvió para aumentar la excitación en unas relaciones ya de por sí bastante tensas.

Ese mes y los siguientes la prensa española informó de campamentos de instrucción del Frente de Liberación y Unidad del Sahara en Borch Tafnaidilet, situado unos 20 kilómetros al noroeste de Tan Tan. Los ocupaban voluntarios del Ejército marroquí, reclutados para formar grupos de comandos que actuaran en el Sahara. Se repetía la misma estrategia que en 1957.

4.4.1   Del Frente de Liberación y Unidad (FLU), al Partido de Unión Nacional Saharaui (PUNS)

A principios de 1975, Hassan II decidió crear una organización que copiaba las Bandas Armadas de Liberación del Sahara levantadas por su padre Mohamed V para atacar los territorios españoles de Ifni y Sahara. La formaban antiguos miembros del Ejército de Liberación y voluntarios de su Ejército que supieran hablar bien castellano o hassania, el idioma saharaui. Comenzó su actividad en marzo, con un comunicado que se publicó en el diario *Al-Haram*, órgano del partido *Istiqlal*, y que difundió también la emisora Radio Tarfaya.

Liderado por el coronel Ahmed Dlimi, hombre fuerte de Hassan II en los servicios secretos, llegó a contar con 500 hombres, integrados en cuatro compañías, que combatieron tanto a las unidades del Ejército español, como a los saharauis del Frente Polisario. Todos sus componentes eran originarios de la región de Tarfaya, étnicamente saharaui, pero políticamente marroquí desde 1958. Al norte limitaba con el río Dráa, límite natural de Marruecos, y al sur con el paralelo 27° 40', frontera de la provincia española. Gracias a eso Hassan II habló siempre de ellos como legítimos saharauis, sin considerarlos soldados de su Ejército. Intentaba demostrar así que era un movimiento que no tenía ninguna relación con el Estado alauita.

Notables saharauis y miembros de Gobierno General del Sahara en El Aaiún, fotografiados en la década de 1960.

Cuando el FLU empezó a colocar minas y realizar acciones de hostigamiento a las posiciones españolas, el ejército marroquí estaba desplegado al sur del país, lo que obligó a reforzar el despliegue español en el norte de la provincia saharaui para evitar las frecuentes incursiones marroquíes. La superioridad española era manifiesta, pero había que contar con que el Frente Polisario también cometía ataques y acciones de sabotaje, con lo que la situación empezaba a hacerse insostenible.

Esa primavera, además, la política interior española estuvo sembrada de huelgas, manifestaciones, acciones de protesta y atentados terroristas. La salud de Franco se deterioraba rápidamente y la sucesión en la jefatura del Estado en la persona del príncipe Juan Carlos, que llevaba tiempo preparándose, necesitaba un escenario estable tanto en el interior como en el exterior. Para Arias Navarro, el Sahara era una preocupación suprimible e innecesaria.

Incluso comenzó a hablarse en mayo de ceder la soberanía lo más rápidamente posible. Ya ni siquiera se planteaba transferir la autoridad a la población saharaui como única posibilidad. De hecho, llegó a contemplarse la posibilidad de marcharse sin más explicaciones.

En mayo también, el FLU inició una campaña de atentados con bombas en El Aaiún. Los propios nativos fueron víctimas de ellos, por lo que empezaron a colaborar con las autoridades españolas, y a darles información sobre los marroquíes que cruzaban la frontera para poner los explosivos. Ante el apresamiento de varios de sus componentes, el FLU tuvo que cambiar de táctica y empezó a hostigar los puestos españoles cercanos a la frontera, lo que les permitía replegarse a Marruecos tras las acciones.

IV Tercio de la Legión, Alejandro Franesio, en Villa Cisneros. Se creó en octubre de 1950, con base en Villa Sanjurjo, integrado por las banderas X, XI y XII.

El primer incidente serio con las FAR se produjo el 8 de junio de 1975, cuando la 11.ª compañía del VII Batallón Meharista al mando de Abua chej uld Salec[75] se rindió a una sección del IV Tercio de la Legión, tras un incidente en Mahbes. En total los españoles capturaron a un capitán, tres oficiales más 21 suboficiales y 16 soldados, con todas sus armas, incluyendo un misil tierra-aire SAM-7. El 22 de julio, en otro choque los legionarios y las tropas nómadas capturaron a otros dieciséis soldados marroquíes cerca de Hagunía.

---

[75]   Era un antiguo caid del *Yeicht Taharir*.

Por si fuera poco un pelotón completo fue capturado el 22 de septiembre por los legionarios del IV Tercio.

Antes, el 24 de junio, cayeron los primeros españoles, una patrulla de policías territoriales cuyo Land-Rover fue destruido por una mina marroquí, falleciendo un oficial, un suboficial y cuatro soldados.

En uno de esos ataques, el realizado contra el puesto de Hausa, el 3 de agosto, murió un cabo primero español. Su fallecimiento permite vislumbrar hasta qué punto existía una cierta connivencia entre el Gobierno español, el monarca alauita y el FLU. El embajador español, Martín Gamero, recibió disculpas de Hassan II por el incidente y la promesa de una explicación, una vez que se hubiera investigado lo que había sucedido. Lo más curioso es que al embajador no le preocupaba el muerto, sino su posible incidencia sobre la opinión pública española respecto a un futuro acuerdo entre España y Marruecos. Así se lo manifestaron tanto Martín Gamero como el ministro del Interior marroquí, Mohamed Benhima, al embajador estadounidense en Rabat, Robert G. Neumann.

Entrevista entre Hassan II y Henry Kissinger en 1974. Las relaciones secretas entre Marruecos y Estados Unidos sobre todo lo referente al Sahara las publicó Wikileaks en 2010, al filtrar cientos de documentos diplomáticos de Estados Unidos. .

De la misma forma que apareció en febrero el FLU, desapareció a finales de agosto tras ese incidente. Desde ese momento no volvió a realizar ninguna acción violenta y acabó por diluirse en el más absoluto silencio.

De manera similar a lo que hacía Marruecos, pero sin el componente bélico, España creó un grupo afecto, el Partido de Unión Nacional Saharaui (PUNS), para contrarrestar al Frente Polisario. Una paradoja en un momento en que los partidos políticos estaban prohibidos en la Península. Debía estar aparentemente organizado por los saharauis, pero estaba promovido y oficialmente autorizado desde Madrid, probablemente desde Presidencia del Gobierno. Su organización se encargó a finales de 1974 a un joven estudiante de ingeniería técnica minera llamado Jalihenna Sidi Enhamed Mohamed o Jalihenna Rachid. Jalihenna, astuto, oportunista y ambicioso, casado con una española, abandonó sus estudios en la Península y marchó al Sahara. Se le prometió un puesto en el futuro organigrama autonómico y se le comisionó para que montara toda la infraestructura necesaria.

El partido se presentó el 16 de febrero de 1975. Abogaba por la independencia, pero era partidario de mantener los lazos con España, con todas las ventajas que ello implicaba: políticamente, se evitaba que cayera bajo las órbitas argelina o marroquí, y, económicamente, permitía beneficiarse de los bancos de pesca y de los fosfatos, donde se habían realizado fuertes inversiones.

La vida del partido fue corta, aunque, oficialmente, se suponía mayoritariamente apoyado por la población saharaui. Dos hechos causaron su caída: la llegada de una misión de la ONU a El Aaiún, el 12 de mayo de 1975, y la fuga de su secretario general a Marruecos. Para la visita de la ONU, se había preparado un recibimiento apoteósico en el que miles de saharauis, apostados en los márgenes de la carretera del aeropuerto darían la bienvenida enarbolando banderas del partido. La sorpresa fue que solo se vieron banderas del Frente Polisario, con lo que la comisión de la ONU se llevó la impresión de que, en el norte, el apoyo al Frente Polisario era abrumador. Una semana después, el 17 de mayo, su secretario general, Jalihenna, se fugó a Marruecos con los fondos del partido. Con él, desapareció el PUNS.

Ese verano, en agosto, el Frente Polisario inició con éxito sus acciones armadas contra el ejército marroquí desplegado en la frontera norte del Sahara. Le causó once bajas en dos acciones guerrilleras que fueron ejecutadas entre los días 17 y 25 dentro del territorio alauita, al norte de Hausa y Mátala. Ya no cesaría en sus ataques hasta muchos años después.

4.6 La Marcha Verde

Al mismo tiempo que políticos y militares tomaban posiciones, Hassan II preparó una estrategia por si la opinión solicitada al Tribunal Internacional de Justicia no cumpliese sus expectativas. Ideó una operación consistente en lanzar una invasión «pacífica» del territorio que reivindicaba. La hizo público por primera vez ante los micrófonos de Radio France-Inter, el 28 de abril:

> El ejército que yo tengo en la zona sur de Marruecos no es un ejército para combatir a los españoles dentro de las reglas clásicas. No se olvide que nosotros tenemos 500 kilómetros de fronteras. Para defender esa frontera, tanto

por parte española, como marroquí, harían falta varias divisiones y ni los españoles tienen el deseo —creo yo— de perder sus divisiones en el Sahara ni yo tengo la posibilidad de mantener una serie de divisiones en esa frontera. ¿Por qué mantenemos entonces esas fuerzas en el sur? Por dos razones: primera, para afirmar nuestra presencia y, segunda, que es la más importante, para servir de marco a la marcha inexorable que no dejará de hacer el pueblo marroquí, con su rey a la cabeza, si un día unos espíritus ligeros pretendiesen imponer un proceso de autodeterminación en el Sahara.

En España nadie quiso darse por enterado y en Washington las palabras del monarca marroquí no causaron ninguna sorpresa. Agentes estadounidenses asesoraban a sus homólogos marroquíes en la organización de la infraestructura de la movilización y Arabia Saudí corría con todos los gastos. Casi dos meses antes de que la Corte de La Haya se pronunciara, Kissinger cerró la entrega del Sahara a Marruecos con un telegrama en clave remitido a Rabat desde la embajada de Estados Unidos en Beirut: «Laissa podrá andar perfectamente dentro de dos meses. Él la ayudará en todo». Laissa era la Marcha Verde. Él, Estados Unidos.

La Marcha Verde. Tras los miles de civiles que iniciaron la «pacífica invasión» del Sahara se encontraba desplegadas unidades marroquíes dispuestas a emtrar en acción si Hassan II lo consideraba necesario.

Otro documento confidencial que vio la luz posteriormente, publicado en Washington por el Departamento de Estado, denominado de forma oficial *Memorandum of Conversation*, indica que Kissinger compartió parte de la información que tenía con el ministro de Asuntos Exteriores, Pedro Cortina. En su reunión, celebrada el 4 de octubre, el estadounidense «reveló» al alto funcionario español las intenciones de Hassan II y afirmó que se gestaba «un posible ataque marroquí en el Sahara». Le indicó también —pura mentira—, que había instado al «rey de Marruecos a no hacerlo, es decir, a no hacer nada precipitado». «Le hemos advertido contra esto y le hemos instado a que negocie, al igual que le pido que negocie usted —le dijo al ministro—». Cortina respondió que su país estaba «listo» y abierto para las negociaciones. Sin embargo, insistió en que era «importante mantener la forma de un referéndum sobre la autodeterminación con garantías para negociar y dar satisfacción a las partes». «La autodeterminación no significa independencia —dijo Cortina—, aunque esa es una de las opciones incluidas para darle credibilidad, pero lo que la gente de la zona tendrá que hacer es mostrar su preferencia por Marruecos o por Mauritania».

La bandera de las barras y estrellas enarbolada por los marroquíes durante la Marcha Verde. Hassan II dio a entender desde el primer momento que todas las acciones que había emprendido para apoderarse del Sahara contaban con el apoyo de Estados Unidos.

El ministró culpó también a los estadounidenses del aumento de las hostilidades por ayudar a Marruecos y le pidió a su anfitrión que pusiera sus cartas sobre la mesa antes de revelarle unos planes que indicaban la intención de Marruecos de atacar a Argelia. «No pueden estar tan locos», respondió Kissinger. Seguro de que había ganado algo de ascendencia sobre el estadounidense, Cortina acusó a los Estados Unidos de entregar armas al reino alauita. «No le hemos dado muchas, alrededor de 20 millones de dólares», argumentó Kissinger, al tiempo que comentaba que la Unión Soviética también le había proporcionado armas a Hassan II.

Portada del periódico ABC *publicado el 6 de noviembre de 1975. El enfoque que hacía la prensa de la crisis con Marruecos era totalmente distinto de los planes del Gobierno*

Miembros de las Fuerzas Armadas marroquíes, con un T-54 de fabricación soviética, en los altos del Golán, durante la guerra del Yom Kipur. La misma brigada que había participado en el conflicto entre árabes e israelíes combatiendo junto a los sirios, fue la que se desplegó en la frontera con el Sahara, lo que llenó de preocupación a los políticos españoles.

Cortina salió de aquella reunión con la duda sobre la capacidad de Washington para hacer que Hassan II detuviera sus planes. «Los hechos lo dirán, y no me gustaría anticiparlo, pero espero que no pase nada, porque sería muy desafortunado», le dijo a Kissinger. Este concluyó la conversación con halagos a España y su fuerza militar: «Si tiene que negociar con usted, tendrá suerte de quedarse con Marruecos».

El 16 de octubre, ajeno a todas estas conversaciones, el Tribunal Internacional de Justicia emitió el dictamen esperado. Sus conclusiones eran terminantes:

> Con respecto a la pregunta I: ¿Era el Sahara Occidental (Río de Oro y Saguía el Hamra) en el momento de su colonización por España un territorio sin dueño (*terra nullius*)? El Tribunal decide, por 13 votos contra tres, que en el momento de la colonización de España no era un territorio sin dueño.

> Con respecto a la pregunta II: ¿Cuáles eran los vínculos jurídicos de ese territorio con el Reino de Marruecos y el conjunto mauritano? El Tribunal decide, por

14 votos contra dos, que existían vínculos jurídicos entre ese territorio y el Reino de Marruecos; es de la opinión, por 15 votos contra uno, que existían vínculos jurídicos entre ese territorio y el conjunto mauritano.

Sin embargo, la conclusión final del organismo internacional resultó muy poco clara, lo que permitió que cada parte la interpretara a su manera:

Los materiales y la información presentada —decía— no establecen ningún vínculo de soberanía territorial entre el territorio del Sahara Occidental y el reino de Marruecos o el conjunto mauritano. Así, el Tribunal no ha hallado vínculos jurídicos de suficiente naturaleza como para afectar la aplicación de la resolución de la Asamblea General 1514 (XV) en la descolonización del Sahara Occidental y, en particular, del principio de autodeterminación mediante la libre y genuina expresión del deseo de los pueblos del territorio.

Hassan II manipuló descaradamente el dictamen de La Haya e hizo la lectura que más le convino. Afirmó que le habían dado la razón, cuando no era cierto, y puso rápidamente en marcha el operativo preparado en los meses anteriores: anunció una marcha multitudinaria de más de 350 000 voluntarios

El príncipe Juan Carlos, jefe de Estado en funciones a causa de la enfermedad terminal de Franco, hizo un viaje relámpago a El Aaiún el 2 de noviembre de 1975, cuando ya estaba clara la negociación con Rabat y Nuackchot. No fue suficiente para calmar la indignación de centenares de militares convencidos de que, con la capitulación sin combate ante Marruecos y la insignificante Mauritania, su honor había quedado en entredicho. .

—hombres, mujeres y niños— que cruzaría por las buenas o por las malas el paralelo 27° 40' para ocupar «pacíficamente» el territorio reivindicado y «liberar a su pueblo, oprimido por el colonialismo español». La noticia produjo auténtica estupefacción tanto entre los saharauis, convencidos de que, por fin, iban a poder votar sobre su independencia, como entre las autoridades españolas, que no hacía más de tres semanas que habían empezado conversaciones con el Frente Polisario, tras años de enfrentamientos.

AMX-30 de la compañía de carros de La Legión «Bakali», del Tercio 3.º, en el Sahara. Se constituyó el 16 de junio de 1970 en tres secciones con 18 carros —5 por sección más 3 de plana mayor—. La compañía se disolvió en diciembre de 1975 y sus vehículos pasaron al regimiento Wad-Ras n.º 55.

Mientras, Kissinger también tergiversó la información que facilitó al presidente Ford y le dijo que el dictamen de la Corte parecía favorecer los designios de Marruecos y Mauritania, mientras que España se inclinaba por la independencia, «que es lo que le gustaría a Argelia».

Ante la actitud de Marruecos, el Gobierno español amenazó con una retirada unilateral e inmediata del territorio, pidió la transferencia de sus responsabilidades a Naciones Unidas y, al final, ante la inoperancia del Consejo de Seguridad y la obstinada tozudez del monarca alahuita, optó por negociar con este. Envió, como primer mensajero, al ministro secretario general del Movimiento, José Solís, quien indagó sobre la disponibilidad del rey a un pacto, y luego al ministro de Presidencia, Antonio Carro Martínez, para fijar el acuerdo que detuviese la Marcha Verde a cambio del abandono del territorio y la cesión de su administración.

En el momento del anuncio de la Marcha, España tenía desplegado un dispositivo con tres agrupaciones —Lince, Gacela y Chacal— para cerrar los pasos de Daora y Hagunia, y evitar las infiltraciones por el este —Smara, Hausa y Mahbes, cerca de la frontera con Argelia—. Se articulaba en torno al 3.º y 4.º Tercios saharianos de la Legión, y se completaba con policía territorial, tropas nómadas, dos banderas paracaidistas —La 1.ª Roger de Flor y la 3.ª Ortiz de Zárate—, artillería, ingenieros y una potente reserva acorazada. El despliegue se mantuvo entre el 4 y el 18 de octubre, planteado como una verdadera defensa del territorio.

Al constituirse los Tercios Saharianos se les dotó con un Grupo Ligero Blindado para aumentar su movilidad. Entre su moderno armamento contaba con cañones sin retroceso montados en vehículos Land-Rover, que resultaron muy útiles en las pistas del desierto.

El día 25, el Mando Unificado de Canarias dictó la directiva de operaciones 3/75, correspondiente a la operación «Marabunta», cuya misión era ejecutar acciones disuasorias y adoptar diversos procedimientos (alambradas, campos de minas, fuegos de artillería, etc.) para impedir que la Marcha Verde cruzara la línea definida por el eje Laadeim-Aguiul-Daora, prolongada en su caso hasta Smara y Hausa. Para ello, las tropas españolas se posicionaron a unos 10 kilómetros al sur del paralelo 27.º 40'. El día 28, en uno de sus enormes vaivenes políticos, el Gobierno dio orden de abandonar los puestos de Hausa, Edchería y Mahbes. Esa tarde, mientras los civiles españoles comenzaban a marcharse precipitadamente del Sahara, se decretó el toque de queda con la excusa de que se planeaban atentados del Polisario contra la población española como respuesta a la postura abandonista. Esa misma semana se desarmó y licenció al personal nativo de la Agrupación de Tropas nómadas y Policía Territorial y se le dejó a su suerte. Comenzaba el caos.

El 14 de noviembre Arias Navarro firmó con Marruecos y Mauritania el acuerdo o declaración de Madrid, con el que, obviando toda la legalidad internacional, las resoluciones de Naciones Unidas y la legislación española en vigor sobre el Sahara, se establecía una administración tripartita en la que España participaría hasta el 28 de febrero de 1976, fecha en la que haría dejación plena de todas sus responsabilidades en los otros administradores. A continuación, remitió con urgencia a las Cortes el proyecto de Ley de descolonización del Sahara. Tenía un solo artículo: Se autoriza al Gobierno para que realice los actos y adopte las medidas que sean precisas para llevar a cabo la descolonización del territorio no autónomo del Sahara, salvaguardando los intereses españoles. El Gobierno dará cuenta razonada de todo ello a las Cortes.

La ley se publicó en el Boletín Oficial del Estado el 20 de noviembre, el mismo día de la muerte de Franco. El Gobierno ni siquiera se tomó la molestia de presentar un documento que volviera a «desprovincializar» el territorio. Todo lo contrario, con la mayor desfachatez, Carro Martínez, afirmó en el pleno de las Cortes que se convocó el 18 de noviembre, que «¡nunca había sido provincia!».

Carro dio un largo número de razones absurdas por la que, para él, el Sahara no era una provincia española. Su conclusión fue que «el Sahara es de España, pero el Sahara no es España». Cuando el pleno votó la ley hubo 345 votos a favor de su aprobación, cuatro en contra y otras tantas abstenciones. Nadie estaba dispuesto a apoyar un conflicto armado con Marruecos mientras Franco agonizaba.

Afortunadamente para Marruecos y para Estados Unidos, pero no para los saharauis, España estaba dispuesta a entregar cuanto antes el territorio, sin mover un dedo.

4.7 LA RETIRADA

DESDE EL DÍA 10 DE NOVIEMBRE, antes de la firma de los acuerdos, las unidades españolas desplegadas en el norte empezaron a replegarse a El Aaiún. A medida que lo hicieron, los marroquíes y el Polisario lucharon por ocupar el territorio abandonado mientras la población nativa se exiliaba a Argelia, principalmente, donde se crearon campos de refugiados. Mientras, los hombres siguieron combatiendo a las FAR ante la pasividad española, pues muchas de las antiguas Tropas Nómadas habían adoptado ya el turbante negro con el que se tocaban los miembros del Polisario. Algo similar, pero sin combates, ocurrió en el sur, donde los saharauis ocuparon rápidamente La Güera y Auserd.

Una vez firmados los Acuerdos de Madrid, el general Gómez de Salazar recibió a los adjuntos marroquí y mauritano. El marroquí, Ahmed Bensuda, llegó a El Aaiún el 24 de noviembre, aunque el ejército marroquí no entró en la capital hasta varios días después, ya que el grueso del mismo estaba desplegado en el este, cerrando la frontera del Sahara con Argelia y combatiendo al Frente Polisario. El mauritano, Abdallah Ould Cheikh, se incorporó el 26 de noviembre.

El parador de El Aaiún en 1968. Un grupo de oficiales españoles intentó volarlo a finales de 1975, cuando estaban ya allí los oficiales marroquíes, para provocar la guerra, pero el complot fue descubierto por el general Gómez de Salazar.

Con el repliegue, para cumplir los parámetros indicados en la operación «Golondrina», las unidades fueron trasladadas a Villa Cisneros y a la cabeza de playa de El Aaiún para evacuarlas de manera ordenada. Las tres agrupaciones tácticas (AGT) desplegadas en la frontera fueron disueltas: la Gacela, el 20 de noviembre, la Chacal el 27 y la Lince el 7 de diciembre. El mismo 20 de noviembre el batallón I/50 y el regimiento de Ingenieros 9 se embarcaron con destino a Canarias y el 26 lo hizo lo propio la III bandera paracaidista. Smara se abandonó el 27 de noviembre y ese mismo día fue ocupada por los marroquíes. Lo mismo ocurrió en Daora el 2 de diciembre.

El 11 de diciembre, la Legión abandonó El Aaiún aunque hubo que dar una contraorden y dejar a una compañía con 130 legionarios ante la intranquilidad de los españoles que permanecían en la capital. Según contó el corresponsal del diario *ABC* el día 12, esa misma tarde el coronel marroquí Dlimi entró en El Aaiún al mando de una fuerza de 4000 hombres dotada con carros de combate. A las seis menos cinco de la tarde del 19 de diciembre la bandera española se arrió por última vez en el cuartel general de El Aaiún. Medios de comunicación peninsulares documentaron aquella ceremonia que realmente simbolizó el adiós a los territorios africanos. A partir de ese momento el ejército se limitó al control del aeropuerto, entregado el día 29, y al de la cabeza de playa.

Una patrulla en sus Land Rover en la zona de Abu Deria en los últimos días de la soberanía española. Los legionarios llevan el uniforme mimetizado con siroqueras M-75 para terreno árido. Hombres como estos fueron testigos del lamentable abandono del Sahara y su vergonzosa entrega a Marruecos y Mauritania.

Mientras el ejército se replegaba a Villa Cisneros y la Legión cuidaba, además de la vigilancia en las calles, de destruir las bombas sobrantes arrojándolas al mar y de exhumar los muertos españoles del cementerio para trasladarlos a territorio metropolitano, en El Aaiún se establecía una nueva administración tripartita que hacía que miles de saharauis, temerosos de posibles represalias, huyeran hacía un destino incierto.

Con respecto a la entrada de las tropas marroquíes en El Aaiún, según el periodista y escritor italiano Attilio Gaudio, fue motivada por el temor de Ahmed Bensuda a un inminente atentado, cuando solo contaba como protección con algunos gendarmes, en una ciudad cuyo barrio de Jatarrambla estaba tomado por el Polisario y en la que solo quedaba la Legión, cuya opinión sobre los marroquíes no era muy positiva. Según Gaudio, Gómez de Salazar fue conminado por Bensuda a retirar a los legionarios ya que Dlimi iba a entrar con sus tropas, con permiso o sin él. Por supuesto, la versión española ignora lo anterior y justifica la retirada de los legionarios como parte de los planes de evacuación.

Últimos días de la repatriación de tropas y ciudadanos españoles hacia las islas Canarias y la Península.

En cualquier caso, lo que sí se trató siempre fue evitar que legionarios y marroquíes tuvieran contacto ya que solo pasaron tres minutos entre la salida de unos y la entrada de otros, tal y como recogieron las cámaras de los reporteros de Televisión Española.

La IX y X banderas de la Legión embarcaron desde Villa Cisneros el 16 de diciembre. Ese mismo mes, el regimiento de artillería (RAMIX 95) fue disuelto y sus componentes trasladados a Canarias. Las instalaciones de Fos Bucraa fueron ocupadas por dos batallones marroquíes el 29 de diciembre. Pocos días antes, el 23, el Polisario tuvo un enfrentamiento con las tropas españolas que custodiaban el yacimiento. Lo que quedaba de la Agrupación de Tropas Nómadas, encuadrada exclusivamente por europeos —recordemos que los nativos fueron licenciados a finales de octubre—, embarcó el 30 de diciembre con destino a Canarias.

El 7 de de enero de 1976 las últimas compañías de la Legión cedieron sus posiciones a tropas marroquíes y se trasladaron a Fuerteventura. Ese mismo día, tras haber finalizado la evacuación de las últimas unidades que quedaban en el norte, la Compañía de Mar del Sahara abandonó la cabeza de playa de El Aaiún, que fue ocupada por los marroquíes pocas horas después. El 8 de enero, el general Gómez de Salazar abandonó definitivamente El Aaiún y se instaló en Villa Cisneros, donde permaneció hasta el día 12, fecha en que, tras el embarque de la última unidad, abandonó el Sahara. A partir de ese momento solo quedó en el territorio una administración civil.

Tras la partida de Gómez de Salazar asumió su cargo Rodríguez de Viguri. Duró pocos días en el puesto. Fue cesado el 23 de enero, en menos de dos semanas, por mostrar a la prensa su disconformidad con la actitud del Gobierno: «Estoy harto. Estamos hartos —publicó *ABC* el 16 de enero—. O es que el Gobierno tiene muchos problemas ahí o es que quieren que esto se acabe definitivamente, y en ese caso podrían decírnoslo y nos marchábamos todos ya, sin esperar siquiera al 29 de febrero». En realidad, una vez acabada la evacuación, al Gobierno español no le importaba absolutamente nada lo que ocurriera con el Sahara o con los los saharauis.

Éxodo de la población civil saharaui ante la llegada de las tropas marroquíes.

Como suele ocurrir, Gómez de Salazar fue ascendido y Rodríguez de Viguri enviado a un destino burocrático hasta su pase a la reserva. Su sustituto como gobernador general en funciones, a un mes de terminar el tripartito, fue el teniente coronel Rafael de Valdés.

Tal y como se ha visto, las tropas marroquíes, y más tarde las mauritanas, ocuparon el territorio a medida que se retiraron las españolas. Aunque teórica-

SIDI IFNI

España, en acuerdo de 12 de octubre de 1968 otorgaría la retrocesión de Ifni a Marruecos. La bandera española se arrió de Sidi Ifni el 30 de junio de 1969.

MINURSO
Head Quarters

En 1991, Marruecos y el Frente Polisario firmaron un alto al fuego auspiciado por la ONU que estableció la Misión de Naciones Unidas para el referendo en el Sahara Occidental.

Lanzarote

Santa Cruz
de Tenerife

La Palma

Tenerife

Fuerteventura

Gran
Canarias

El Hierro

La Gomera

Las Palmas de
Gran Canarias

Tarfaya

LA MARCHA VERDE

Fue la estrategia de Marruecos con la intención de ocupar el Sahara Español iniciada el 6 de noviembre de 1975 Marruecos envió a unos 350.000 ciudadanos y 25.000 soldados para invadir el por entonces territorio español.

El Aaiún

Dora   Hagunía

Esmara

Territorios ocupados
por Marruecos en 1975

Lamsid

Bojador

Cabo Bojador

Bu Craa

Minas de
Fosfato

S A H A R A
O C C I D E N T A L

SAHARA ESPAÑOL
1916-1975

Fue una colonia y, posteriormente, provincia española en África surgida de la unión en 1958 de los territorios de Saguia el Hamra y Río de Oro.

Guelta Zemmur

V
fu
es

Chalwa

Oum Dreyga

Dajla

Punta Durnford

El Aargub

Baggari

Controlado por RSAD desde 19

Mijek

Kedia d'Idjil

RETIRADA DE MAURITANIA

En 1979 Mauritania, derrotada en el sur, firmó la paz con el Frente Polisario. En 1979 Marruecos materializó la ocupación del sur, con el apoyo de Estados Unidos.

Territorios ocupados
por Marruecos en 1979

Auserd

Zouerat

Agwanit

Bir Gandús

Tichla

Zug

Choum

C. Blanca

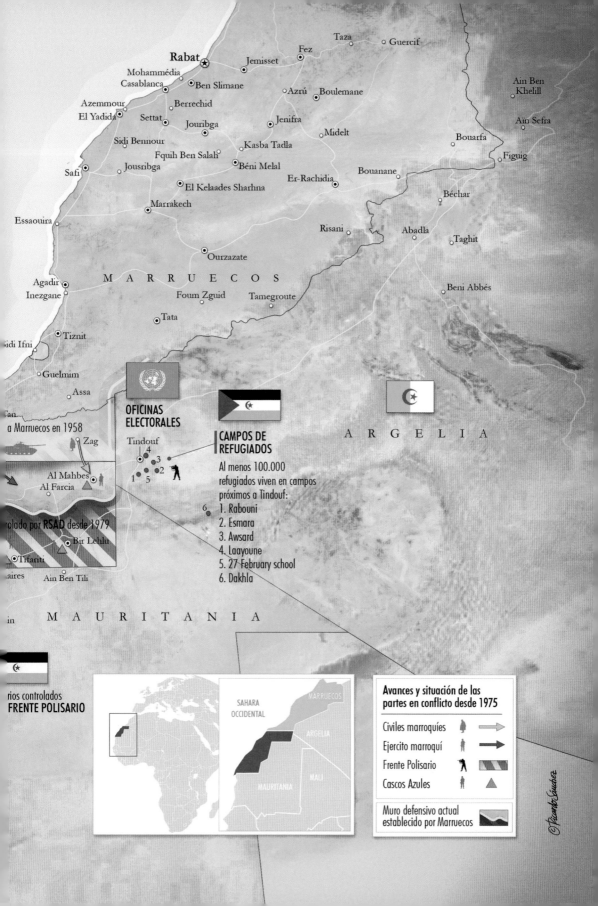

Rabat
Taza
Guercif
Fez
Jemisset
Ain Ben
Khelill
Mohammédia
Casablanca
Ben Slimane
Azrú
Boulemane
Ain Sefra
Azemmour
Berrechid
El Yadida
Settat
Jouribga
Jenifra
Midelt
Bouarfa
Sidi Bennour
Kasba Tadla
Figuig
Fquih Ben Salah
Béni Melal
Safi
Jousribga
Er-Rachidia
Bouanane
Essaouira
El Kelaades Sharhna
Béchar
Marrakech
Risani
Abadla
Taghit
Ourzazate
M A R R U E C O S
Beni Abbés
Agadir
Foum Zguid
Inezgane
Tamegroute
Tata
idi Ifni
Tiznit
Guelmim
Assa

OFICINAS
ELECTORALES

A R G E L I A

a Marruecos en 1958

Zag

Al Mahbes
Al Farcia

CAMPOS DE
REFUGIADOS

Tindouf
4
3
olado por **RSAD** desde 1979
2
1
5
Bir Lehlu
Al menos 100.000
refugiados viven en campos
próximos a Tindouf:

Tifariti
6

aires
Ain Ben Tili
1. Rabouni
2. Esmara
3. Awsard
4. Laayoune
5. 27 February school
6. Dakhla

M A U R I T A N I A

in

rios controlados
FRENTE POLISARIO

SAHARA
OCCIDENTAL

MARRUECOS

ARGELIA

MAURITANIA

MALI

Avances y situación de las
partes en conflicto desde 1975

Civiles marroquíes

Ejercito marroquí

Frente Polisario

Cascos Azules

Muro defensivo actual
establecido por Marruecos

mente Gómez de Salazar seguía siendo el gobernador general de todo el territorio, su principal prioridad fue ejecutar la operación «Golondrina» de evacuación. Se marchó con la última unidad española y desobedeció las órdenes del Gobierno, pues en los Acuerdos de Madrid se había establecido que el gobernador general de la administración tripartita permanecería hasta el 28 de febrero.

Se ha llegado a manejar la hipótesis de que Franco no descartó la posibilidad de llegar a un conflicto armado con Marruecos. Según la *Gaceta ilustrada* n.º 1154 de 19 de noviembre de 1978, Franco declaró la guerra a Marruecos en el último Consejo de Ministros que presidió, el 17 de octubre de 1975, como respuesta a la agresión que suponía la Marcha Verde. La publicación, sin que lo refrende ningún testigo presencial, asegura que sus palabras fueron: «declararemos la guerra a Marruecos, aunque dure diez años»; a continuación, sufrió un infarto de miocardio y Arias Navarro hizo caso omiso de la orden del jefe del Estado.

4.8 LA OCUPACIÓN ILEGAL

EL AVANCE MARROQUÍ LLEVÓ APAREJADOS LOS ENFRENTAMIENTOS con el Polisario. A finales de diciembre, las tropas alauitas dominaban Daora, Smara y Edcheiría y combatían en Farsia y Hausa; el Frente Polisario dominaba Mahbes, la población más cercana a Argelia, aunque hostigaban a los marroquíes en toda su zona, y llevaba a cabo atentados en Fos-Bucráa, El Aaiún e incluso Tan Tan, en pleno Marruecos. A pesar de ello, los nuevos ocupantes se esforzaron en mantener el control sobre el conocido como «triangulo útil» —El Aaiún-Smara- Fos Bucraa— y Villa Cisneros.

En cuanto a la población nativa, la mayoría se exilió a Argelia o a las zonas ocupadas por el Polisario debido al miedo que tenían a los marroquíes, acrecentado por las acciones de estos contra la población desde que ocuparon el noroeste del Sahara. La Cruz Roja Internacional estimó en 40 000 los saharauis desplazados a esos campamentos.

En la zona sur, la ocupación empezó más tarde, por lo que los saharauis se hicieron con algunas de las posiciones que abandonaron los españoles sin encontrar resistencia, ya que las tropas mauritanas no entraron en el territorio hasta bastante después. Así, La Güera, población costera situada al sur, en cabo Blanco, fue evacuada por sorpresa antes de la Marcha Verde. El 6 de noviembre no quedaba ningún español e inmediatamente fue ocupada por el Polisario.

Según el entonces presidente de Mauritania, Mokhtar Ould Daddah, el Ejército mauritano penetró en territorio saharaui como respuesta a los ataques que el Polisario inició el 7 de diciembre a las localidades de Aïn Ben Tili, Bir

Oum Greïn y a la línea férrea Zuerat-Nuadibú. Esta versión concuerda bási-camente con la proporcionada por el teniente coronel mauritano Mohamed Ould Ba Ould Abdel Kader, que asegura que el 9 de diciembre, tras ser ataca-dos Bir Oum Greïn e Inal, población junto a la citada línea férrea, se recibió la orden de ocupar La Güera.

El 10 de diciembre, las tropas mauritanas, reforzadas por Marruecos, entraron en el territorio y, tras intensos combates y bombardeos aéreo, naval y terrestre, conquistaron La Güera el 19 de diciembre, mientras que Tichla cayó al día siguiente. Otras poblaciones, en poder el Polisario desde su abandono por las tropas nómadas no tardaron en correr la misma suerte.

Soldados de las FAR marroquíes en el desierto, listos para actuar contra los guerrilleros del RASD. La situación en el Sahara permanece estancada después de cuarenta años.

Tras la salida de las tropas españolas, Marruecos puso toda la carne en el asador para conquistar el territorio. El 27 de enero de 1976, las FAR se en-frentaron con tropas argelinas y del Polisario en Amgala, localidad saharaui al sur de Smara. Las vencieron tras 36 horas de violentos combates. Mientras que Argelia sostuvo que se encontraba dentro del territorio para prestar ayuda hu-manitaria a los saharauis que huían, Marruecos afirmó que había establecido un punto de suministro de armas al Polisario. En su comunicado a la prensa, afirmó que estaba defendiendo su integridad territorial.

La administración tripartita, presidida por España, no hizo ningún co-mentario al respecto. Sin embargo, Arias Navarro dijo que «en atención a los lazos existentes con la antigua colonia, España apoyaría cualquier iniciativa que trajera paz y estabilidad al territorio». La frase da a entender que España se había desligado totalmente del Sahara sin tener en cuenta que oficialmente seguía siendo la potencia administradora. Era una prueba más de que solo le había preocupado la evacuación.

Las FAR ocuparon Tifariti el 5 de febrero y Bir-Lehlú el día 8. Finalmente, el 10 de febrero, una potente columna militar entró en Mahbes sin oposición al haber sido evacuada por los guerrilleros y, según la prensa francesa,
por los argelinos. Todas las poblaciones del norte estaban ocupadas.

Aunque el 14 de febrero los saharauis se apuntaron un tanto al recuperar
Amgala, cuya guarnición fue casi aniquilada, Marruecos y Mauritania dominaban casi todas las poblaciones. De hecho, su nueva táctica fue comenzar a
bombardear los campamentos de refugiados en el centro y en el sur.

*Base de la Misión de las Naciones Unidas para el Referéndum del Sahara Occidental
—MINURSO— en Mahbes, junto al antiguo fortín de la Legión. A escasos kilómetros, el Polisario
le infligió una derrota sin paliativos a las Fuerzas Armadas marroquíñes el 14 de octubre de 1979.*

Los saharauis huyeron de Villa Cisneros y otras localidades tomadas por
marroquíes y mauritanos y se establecieron campamentos en Aargub y Bir
Nzaran que fueron también bombardeados, por lo que se desplazaron al de
Um Draiga. También fue bombardeado entre el 19 y el 21 de febrero y se produjeron numerosas bajas. Además de la inferioridad ante el enemigo, el Polisario tuvo que contenerse para poder permitir la evacuación de los refugiados de
Guelta-Zemmur a Argelia. Sin embargo, los guerrilleros sí consiguieron tomar
algunas poblaciones del norte de Mauritania como Ant ben Tili, conquistada
el 22 de enero, reconquistada por los mauritanos el 14 de febrero y nuevamen-
te ocupada el 28 de febrero.

El campamento de Guelta fue el último bastión del Polisario y el motivo
de un nuevo enfrentamiento entre marroquíes y argelinos, ya que un convoy

militar de estos últimos, cargado de suministros para los saharauis, fue atacado por los marroquíes el 21 de febrero.

La política de hechos consumados *manu militari* había dado sus frutos, pero no se puede olvidar que el territorio estaba bajo una administración temporal tripartita cuyo gobernador general seguía siendo el existente antes de los Acuerdos de Madrid, con un adjunto marroquí, otro mauritano y un supuesto seguimiento por parte de la ONU. Para validar lo conseguido sobre el terreno había que cumplir el artículo 3 de los Acuerdos de Madrid: «Será respetada la opinión de la población saharaui, expresada a través de la Yemaá». Es decir, la asamblea saharaui hablaría en nombre de todos los saharauis, de la misma forma que se hizo en Nueva Guinea.

Un oficial de MINURSO conversa con un grupo de saharauis. Fotografía de Naciones Unidas.

Aunque las resoluciones 3458 A y 3458 B de la Asamblea General de la ONU diferían en quien tenía la responsabilidad, España siempre participaba en ella, por lo que nadie se opuso a que la consulta se hiciera a través de la Yemáa. El problema era que la mayoría de sus miembros también había huido en noviembre.

La ONU envió al sueco Olof Rydbeck para ver sobre el terreno las condiciones del territorio y la posibilidad de obtener la opinión de los nativos sobre la autodeterminación (oficialmente «reunir información para realizar un informe sobre la implantación de la resolución de la Asamblea General de la ONU de diciembre»). En su entrevista con la Yemáa, solo 40 miembros estuvieron presentes. Tras cinco días en el territorio, Rydbeck informó de que la estructura de la sociedad saharaui había cambiado totalmente, en referencia a la huida de los nativos y la llegada de marroquíes. En rueda de prensa declaró que, por el momento, no era posible llevar a cabo una consulta que permitiera a los nativos expresarse libremente debido a la situación militar.

Una de las cuestiones que pudo comprobar Rydbeck fue el nulo interés de Marruecos en que se llevara a cabo la consulta sobre el futuro del territorio, lo cual sabían desde el primer momento los Gobiernos de España y Estados Unidos, y el propio secretario general de la ONU. Marruecos alegó varios motivos, como que la Yemáa ya se había pronunciado al aceptar a los dos gobernadores adjuntos, que su presidente, el Jatri, había jurado lealtad a Hassan II o incluso que la consulta ya se había realizado y el asunto estaba definitivamente cerrado.

Lógicamente, ni la ONU ni España aceptaron las razones esgrimidas, lo cual generó un enfrentamiento de Madrid con Rabat. Al final, Marruecos se avino a convocar una reunión de la Yemáa el 26 de febrero. Dos días antes, Ahmed Laraki remitió una carta a Waldheim pidiéndole que enviara un observador a la misma y cuidándose mucho de hacer una referencia explícita a ninguna votación. Solo se daría la oportunidad de que los representantes de la Yemáa expusieran sus opiniones.

Ese mismo día, el representante español en la ONU le entregó una nota al secretario general, formalizando el abandono de España y dejando constancia del incumplimiento del artículo 3 de los Acuerdos de Madrid y, por tanto, de su rechazo a la reunión de la Yemáa. Al mismo tiempo, un lacónico comunicado del Ministerio de Asuntos Exteriores anunció:

> De acuerdo con lo previsto en el párrafo 2 de la Declaración de Principios de Madrid de 14 de noviembre de 1975, el Gobierno español, con fecha de hoy, da término definitivamente a su presencia en el territorio del Sahara y estima necesario dejar constancia de lo siguiente:
>
> A)   España se considera desligada en lo sucesivo de toda responsabilidad de carácter internacional con relación a la administración de dicho territorio, al cesar su participación en la administración temporal que se estableció para el mismo.
>
> B)   La descolonización del Sahara Occidental culminará cuando la opinión saharaui se haya expresado válidamente.

Por la noche, los españoles que quedaban celebraron una cena de despedida en el Casino Militar. Al día siguiente, al atardecer, se arrió la bandera española y los últimos funcionarios embarcaron hacia Las Palmas. A día de hoy, el conflicto del Sahara aún no se ha resuelto.

Cuando España se olvidó de sus compromisos y responsabilidades y se retiró de manera unilateral del Sahara, se iniciaron una serie de periodos muy diferentes. El primero, entre el 28 de febrero de 1976, momento en que España, de conformidad con la declaración de 14 de noviembre del año anterior, puso término a su participación en la administración tripartita del territorio, que queda en manos de Marruecos y Mauritania, y el 5 de agosto de 1979, cuando este segundo país, convulsionado por los reiterados ataques del Frente Polisario y derrocado por un golpe de Estado su presidente, Mokhtar uld Dadah, firmó en Argel un acuerdo de paz con el movimiento de liberación y abandonó su zona de ocupación.

El segundo, entre esa fecha y el 6 de septiembre de 1991, cuando Marruecos —que ocupó el territorio abandonado por Mauritania y protegió la

España abandona el Sahara. Momento en que es arriada la bandera española en El Aaiún, en febrero de 1976.

zona útil bajo su administración con un muro de defensa— y el Frente Polisario pusieron en vigor, bajo los auspicios de Naciones Unidas, un alto el fuego acordado como requisito previo para la celebración del referéndum de autodeterminación que permanecía aplazado desde 1974. El tercero, cuando, a partir de ese momento, se abrió una nueva etapa en la que la ONU creó una misión de interposición que garantizara el cese de hostilidades, la MINURSO, e intervino para tratar de actualizar el censo español de 1974. Una actitud torpedeada sistemáticamente por Marruecos con el fin de evitar cualquier consulta que contraríe su tesis anexionista.

Durante las cuatro últimas décadas, la historia del Sahara Occidental se fragmenta, a su vez, en varios escenarios: la zona ocupada por Marruecos, que pretende haber incorporado el país a su territorio nacional con una acción no reconocida por ningún Estado ni organismo internacional; el territorio saharaui no administrado por Marruecos porque queda fuera del muro defensivo y los asentamientos de refugiados acogidos a la hospitalidad argelina y ubicados en la zona de Tinduf, en donde ejerce su soberanía la República Árabe Saharaui Democrática, un Estado campamental reconocido por alrededor de 80 países e integrado como miembro de pleno derecho en la Unidad Africana. Por último, y una vez más, Nueva York, sede de Naciones Unidas, donde la descolonización del Sahara permanece como uno de los contenciosos irresolubles por la incompetencia de la comunidad internacional, incapaz de hacer cumplir sus propias resoluciones.

APÉNDICE

Los hombres de la guerra

Fernando Osvaldo Capaz Montes

Nació en Puerto Príncipe, Cuba, el 17 de marzo de 1894. Se trasladó con su familia a la Península tras la pérdida de la isla a manos norteamericanas e ingresó en el Ejército español en 1910. Desarrolló la mayor parte de su carrera militar sirviendo en Marruecos, donde, durante la campaña de 1922 era capitán de la policía indígena.

Ascendido a comandante por méritos de guerra, durante el verano de 1926 fue encargado por el general Goded, jefe de Estado Mayor del Alto Comisario Sanjurjo, de someter a las cabilas de la región de Gomara desarmándolas y nombrando autoridades indígenas adictas al poder colonial español. Lo hizo de una forma muy efectiva.

Comandando una harca indígena de unos mil hombres y apoyado por la armada y la aviación españolas, sometió diez cabilas en dos meses, confiscando cerca de tres mil fusiles y entrando en Xauen el 10 de agosto de 1926. La marcha le dio fama de brillante jefe militar con grandes cualidades políticas, pues la mayor parte de las sumisiones de las cabilas no se habían producido por la fuerza. Su actuación le supuso ser ascendido primero a teniente coronel y poco después, tras intervenir en operaciones de pacificación en la zona, a coronel.

En 1927 fue nombrado delegado de Asuntos Indígenas de la Alta Comisaría de España en Marruecos, estableciendo un eficaz sistema de control de las cabilas rifeñas a través del Servicio de Intervenciones Militares. Permaneció en el puesto hasta 1931, cuando fue destituido por el Gobierno de la república, por oponerse a la reducción de intervenciones militares prevista por el nuevo alto comisario.

Tras su destitución, Manuel Azaña le nombró para un mando en Las Palmas de Gran Canaria, con plaza de general pero sin nombramiento. Con el Gobierno radical de Lerroux, Capaz volvió a Marruecos, de nuevo como delegado de Asuntos Indígenas. Ese año, el Gobierno decidió la ocupación del territorio de Ifni, nominalmente bajo soberanía español. Capaz fue a Cabo Juby, donde estudió las posibilidades de ocupación del territorio y tomó contacto con las tribus de la zona.

El 6 de abril de 1934, con los tabores de Gomara, futura unidad de Tiradores de Ifni, desembarcó en el territorio y tomó posesión efectiva de su capital, de nuevo, como había hecho en 1926, tras llegar a un acuerdo económico con los caídes de la zona[76]. Una vez realizada oficialmente la ocupación, fue nombrado gobernador civil y militar de Ifni y, el 29 de agosto, ascendido a general.

En 1936, era comandante general de Ceuta. Viajó a Madrid y fue arrestado por milicianos e internado en la cárcel Modelo de Madrid[77,] acusado de estar implicado en la sublevación de julio. Murió fusilado junto a otros políticos y militares de la derecha acusados de conspirar contra la república cuando fue ocupada la cárcel por milicianos anarquistas, el 22 de agosto de 1936.

Mariano Gómez-Zamalloa y Quirce

Nació el 26 de marzo de 1897 en La Coruña. Ingresó en la academia de infantería en la llamada «promoción Varela», por ser hijo de militar, el célebre teniente Gómez-Zamalloa que recibió la laureada póstuma en la campaña de Filipinas.

El general Gómez-Zamalloa, gobernador general de Ifni, fotografiado en la capital, Sidi-Ifni, durante un desfile de las tropas.

[76]   Actualmente intenta menospreciarse la presencia de España en Marruecos diciendo que se sobornaba a los jefes de las cábilas para ocupar los territorios. Se olvida que, durante siglos, era la práctica habitual del país que las tribus cobrasen una cantidad en efectivo a cualquiera que pasase o utilizase las que consideraban sus tierras, independientemente de que aceptasen su presencia o su soberanía, incluyendo al mismo sultán.

[77]   Su lugar lo ocupa hoy el Cuartel General del Ejército del Aire.

Obtuvo su primer destino como teniente en el Tercio de Extranjeros y participó en la campaña de Marruecos en 1925. El 18 de julio de 1936 era capitán en el grupo de regulares n.º 3 destinado en Ceuta, con el que se sumó al pronunciamiento contra el Gobierno de la república.

Destacó por su valentía durante la Guerra Civil, en la que fue herido en varias ocasiones. Su gesta más famosa fue, ya como comandante, la defensa del alto del Pingarrón, donde, rodeado por cinco mil soldados republicanos cuando solo contaba con un millar de hombres, mantuvo la posición hasta la retirada del enemigo. Allí fue herido tres veces, una de gravedad en el estomago, resistiéndose a abandonar el lugar hasta que llegaron tropas en auxilio de sus hombres. El propio general republicano Enrique Líster, gallego como él, reconoció en sus memorias la hazaña de Gómez-Zamalloa en aquella loma. Por su acción fue ascendido a teniente coronal y recibió la Cruz Laureada de San Fernando. Pese a sus dieciséis heridas en campaña, tenía concedido el 80% de mutilación, participó en la División Azul.

El 23 de junio de 1957 fue nombrado gobernador del África Occidental Española. Organizó y dirigió las operaciones de la campaña de Ifni. Falleció en Madrid el 4 de septiembre de 1973.

Ignacio Crespo del Castillo

Nació en 1908. Era hijo de Ignacio Crespo Coto, condecorado con la Cruz Laureada de San Fernando en 1896, durante la guerra contra los independentistas filipinos, cuando con menos de 100 hombres a su mando defendió la población de Novaliches contra el ataque de unos 3.000 rebeldes. En 1922, con 14 años, ingresó como cadete en la Academia de Infantería de Toledo. En 1925, adelantado el fin de los estudios, toda su promoción partió a la campaña de Marruecos, con la única excepción de aquellos que aún no habían cumplido los 18 años, como era su caso. Cuando pudo pedir destino, lo obtuvo en el batallón de cazadores de África nº 6 en Tetuán, desde el que pasó a La VII bandera de la Legión en 1927. Con el Protectorado ya pacificado regresó a España, sirviendo en el Regimiento de Carros de Combate.

Tras proclamarse la república tomó parte en el aplastamiento de la intentona revolucionaria de octubre de 1934 en Madrid. Instaurado el Frente Popular, pese a ser uno de los mejores deportistas españoles, se vetó su presencia en Berlín para tomar parte en las Olimpiadas de 1936. Al producirse el alzamiento del 18 de julio, fue detenido, encarcelado y condenado por «rebelión militar». Sobrevivió al cautiverio y pudo reincorporarse al Ejército. Con uno

de los batallones de marcha se unió a la División Azul poco después de la batalla de Krasny Bor, como comandante del primer batallón del 263.º regimiento.
Sirvió en Rusia hasta la disolución de la división.

De regreso a España, y ascendido a teniente coronel, recibió en 1955
el primer mando de la agrupación de banderas paracaidistas. Con ellas tomó
parte en la campaña de Ifni.

En 1966 alcanzó el generalato y con ese grado mandó de nuevo la Brigada Paracaidista y, posteriormente, la División Acorazada. Pasó a la reserva
en 1972. Falleció en Madrid el 3 de julio del 2009.

José Héctor Vázquez

Nació en Sevilla el 2 de julio de 1903. Fue alumno de la academia de caballería de Valladolid, desde julio de 1919 hasta enero de 1922, de la que saldría
destinado al regimiento de cazadores Alfonso XII, 21.º de caballería, con el
empleo de alférez. Ascendido a teniente, en noviembre de 1923 fue destinado
al regimiento de cazadores de Alcántara, 14.º de caballería, en Melilla, unidad
reconstruida tras perder a la mayoría de sus efectivos en 1921, en la heroica
carga que cubrió la retirada de Annual.

Su paso por el regimiento fue breve. Enseguida se incorporó a la Mehal-la
Jalifiana, con la que participó en diversas acciones, distinguiéndose en el combate
librado el 23 de septiembre de 1925 para ocupar Morro Viejo, al mando de una
mía de la Mehal-la de Melilla. Por esta acción se le concedió la Medalla Militar
individual. En marzo de 1926 fue destinado como ayudante de profesor a la
escuela de equitación militar. Dos meses después recibía su acenso a capitán
por méritos de guerra durante la campaña de Marruecos. Regresó a su primer
regimiento el n° 21, de Cazadores Alfonso XII, en Sevilla, en 1927.

En julio de 1936 formaba parte del equipo olímpico español, en la es-
pecialidad de equitación, que asistía a la los juegos Olímpicos de Berlín. A su
regreso a España, el día 25, se incorporó en Pamplona a los sublevados inte-
grándose en la columna del coronel Francisco García Escámez.

Finalizada la guerra, fue nombrado profesor de la escuela de Estado
Mayor, donde recibió el ascenso a teniente coronel. En abril de 1949, ya como
coronel, recibió el mando del regimiento de Cazadores de Montaña n° 3.

Ascendido a general de brigada por decreto de 23 de julio de 1953,
recibió el mando de la Brigada Mixta de Caballería de Marruecos y, cuatro
años después, pasó a general de división. El 10 de enero de 1958, con la guerra
ya empezada, fue nombrado gobernador general de la provincia del Sahara
Español.

El capitán general de Canarias, José Héctor Vázquez, a la izquierda de la imagen, durante una patrulla por el Sahara.

El 13 de enero de 1962 ascendió a teniente general, y se le otorgó el mando de la Capitanía General de la 9.ª. Región Militar. En noviembre se hizo cargo de la Capitanía General de Canarias, cuyo mando conllevaba también la jefatura de las Fuerzas de Tierra, Mar y Aire del archipiélago y de los territorios africanos de Ifni y Sahara.

Permaneció en el puesto hasta julio de 1969, con sesenta y seis años de edad, quedando en la situación de disponible. Al cumplir los setenta años, en julio de 1973 pasó a la reserva. Falleció en Madrid, el 1 de junio de 1977.

Pedro Nieto Antúnez

Nació en Ferrol, La Coruña, el 18 de agosto de 1898. Ingresó en la Escuela Naval de San Fernando a los 16 años, en enero de 1914. Finalizó sus estudios como alférez de navío el 4 diciembre de 1918 y fue destinado a la escuadra que intervino durante la guerra del Rif. En octubre de 1923, recibió orden de embarcar en el crucero protegido *Extremadura*, que cubriría con sus cañones de tiro rápido el desembarco español en la bahía de Alhucemas, Marruecos, en 1925. En 1931, con el Gobierno de la república, se diplomó en la Escuela de Guerra y cuatro años después fue nombrado jefe de estudios de la Escuela de Artillería y Tiro Naval.

El 18 de julio de 1936 era tercer jefe del polígono de tiro Janer, en Marín, Pontevedra, con la graduación de capitán de corbeta. Al iniciarse el alzamiento, mandó las fuerzas de marinería que declararon el estado de guerra en la península de El Morrazo, se unió a los sublevados y fue nombrado segundo comandante del acorazado *España*, uno de los pocos navíos con los que podían contar para enfrentarse al resto de la armada, que se mantenía fiel al Gobierno de la república.

Tras el hundimiento del *España*, el 30 de abril de 1937 en las operaciones en el Cantábrico, recibió el mando del recién apresado crucero auxiliar *Mar Cantábrico*, con el que intervino en el bloqueo del Mediterráneo hasta 1938. Por el conjunto de las acciones desempeñadas obtuvo la Medalla Militar individual.

El almirante Pedro Nieto Antúnez fotografiado en la década de 1960, cuando ya era ministro de Marina.

Acabada la guerra, fue procurador en Cortes por su condición de consejero nacional durante la I legislatura del Gobierno de Francisco Franco. En 1944 fue designado comandante del crucero *Galicia* y, poco después, en 1946, ayudante del jefe del Estado. En 1950, ascendido a contralmirante, Franco le nombró segundo jefe de su Casa Militar.

Siete años después, ya con el grado de almirante, se le encargó la comandancia general de la flota, puesto que desempeñaba cuando se produjo la agresión al territorio de Ifni. Entre otras operaciones de la armada durante el conflicto, dirigió personalmente desde el crucero *Canarias* la demostración de fuerza realizada ante Agadir para evitar la participación directa del Ejército marroquí.

El 10 de julio de 1962 fue nombrado ministro de Marina, en substitución del almirante Felipe José Abárzuza Oliva, puesto que ocupó hasta 1969. Falleció en Madrid el 6 de diciembre de 1978.

Mohamed V

Nació en Fez el 10 de agosto de 1909. Miembro de la dinastía alauí, sucedió en el trono a su padre el sultán Yúsef en 1927. El 20 de agosto de 1953, el

Gobierno del protectorado francés le obligó junto a su familia a exilarse en Córcega, por su apoyo al movimiento nacionalista que, tras la Segunda Guerra Mundial, se estaba gestando en Marruecos, colocando en el trono a su pariente Mohammed Ben Arafa. En enero del año siguiente fueron trasladados a Madagascar.

Mohamed V, firmando la indepencia marroquí con el General Francisco Franco.

Volvió del exilio el 16 de noviembre de 1955, después de realizar una activa oposición contra la ocupación francesa. En febrero de 1956 negoció primero con Francia la independencia del territorio sobre el que ejercía el protectorado y posteriormente hizo lo mismo con la parte que ocupaba España. Obtenida la de ambas, se proclamó emperador en 1957 con el nombre de Mohammed V, título que poco después, cambiaría por el de rey. Falleció en Rabat el 26 de febrero de 1961.

Muley Hassan

Al-Hassan ibn Muhammad nació en Rabat el 9 de julio de 1929. Hijo primogénito del sultán Mohammed ben Yúsef, fue enviado al exilio en Madagascar por las autoridades francesas en 1953 junto con su padre. Regresó en 1955. En 1956, tras la independencia de Marruecos, dirigió la represión contra los bereberes sublevados en las montañas del Rif. Cuando su padre tomó el título de rey, en 1957, fue proclamado príncipe.

Durante la guerra de Ifni dirigió en la sombra el Ejército de Liberación, formado por miembros del partido nacionalista *Istiqlal*, y permitió que su cuartel general y su jefe directo, Ben Hamú, un antiguo mercenario bien conocido de la Legión Extranjera francesa se instalaran en la localidad marroquí de Gulimín, fronteriza con Ifni y a 50 kilómetros de la capital, Sidi Ifni.

Se convirtió en rey con el nombre de Hasan II tras la muerte de su padre en 1961. Falleció en Rabat el 23 de julio de 1999.

Gabriel Marie Bourgund

Nació el 17 de mayo de 1898 en Langres, Haute Marne, Francia. Ingresó en la Academia Militar de Saint-Cyr. En 1931, pasó destinado al ejército colonial francés, donde realizaría la mayor parte de su carrera militar. Participó en operaciones en Asia Menor, Marruecos, África del Norte (durante la campaña aliada de 1942-1943), Madagascar e Indochina. Después de la Segunda Guerra Mundial fue nombrado comandante de las tropas francesas en el África Ecuatorial y Camerún, y, posteriormente, ascendido a general de división y puesto al mando de la 19ª División de Infantería. Tras dirigir el distrito militar de Burdeos, fue nombrado en 1955 comandante de las fuerzas de Marruecos para sustituir al general Dubois, que se mostraba en contra del regreso del sultán del exilio.

En 1956 fue nombrado comandante en jefe de las fuerzas del África Occidental Francesa (AOF), con sede en Dakar. Desde su puesto llegó a un acuerdo con España para llevar a cabo una operación militar conjunta que acabara con las bandas del *Istiqlal* y fijara las fronteras al norte de Mauritania y del territorio español en Saguía el-Hamra. Esta actuación permitió el posterior establecimiento de la República Islámica de Mauritania en detrimento de Marruecos.

El 30 de noviembre de 1958 dejo su cargo y pasó a la reserva, al ser elegido diputado en la Asamblea Nacional por el departamento de Haute Marne, en la 1.ª legislatura de la V.ª República, presidida por el general De Gaulle. Fue reelegido en una 2.ª legislatura y trabajó durante varios años como vicepresidente de la Comisión de Defensa de la Asamblea Nacional. A petición suya, renunció al Parlamento en 1966 y se presento a alcalde de su ciudad natal. Fue su último cargo público. Falleció el 25 de enero de 1993.

Mohamed Ben Mizzian Ben Kasem

Nacido el 1 de febrero de 1897, era hijo de Mizzián el Bueno, caíd de la cabila de Mazuza de Guelaya. Conoció a Alfonso XIII en una visita del monarca a su escuela, dentro del protectorado español. El rey quedó tan impresionado de las cosas que, sobre España, el muchacho había aprendido de su maestro, Ab-del-Krim, que prometió a su padre que lo apadrinaría e ingresaría en una academia militar de la Península si así lo deseaba.

Mohamed Ben Mizzian fotografiado en 1973, con el uniforme de mariscal de las Fuerzas Armadas marroquíes. En abril de 1952 fue uno de los componentes de la «gira de amistad» a los Países Árabes efectuada por mandato de Franco, representando, como teniente general del Ejército español al mundo militar, y también al jalifa de Tetuán, su compatriota marroquí. Una vez que Marruecos consiguió su independencia, Ben Mizzian fue nombrado por Mohamed V embajador en Madrid en 1956, el primero desde la independencia del país. En el verano de 1958 el soberano marroquí le concedió el cargo de jefe de todas las Fuerzas Armadas Reales de la Zona Norte

Alfonso XIII modificó la ley para cumplir su palabra, pues las escuelas de oficiales estaban cerradas para los no cristianos, y el 30 de agosto de 1913, con 16 años, ingresó en la Academia de Infantería de Toledo.

Al acabar sus estudios ocupó plaza de oficial de regulares combatiendo en la campaña de 1921-1926 contra el que había sido su maestro. Recibió dos heridas en Annual, una en la mandíbula y otra en la clavícula izquierda, y acabó la guerra como comandante.

Secundó como la mayoría de los oficiales africanistas la sublevación contra la segunda república y participó en gran parte de los combates de la Guerra

Civil, acabándola con el grado de coronel. Ascendido a teniente general en 1953, desempeñó el mando de la Capitanía General de la 8.ª Región Militar, Galicia, y el de la Capitanía General de Canarias, donde estuvo desde junio de 1955 hasta octubre de 1956.

Al independizarse Marruecos, pidió al jefe del estado, Franco, que le liberara de su juramento a la bandera para irse a mandar los ejércitos del sultán. Causó baja en el Ejército español el 22 de marzo de 1957, incorporándose al de Mohamed V meses antes de la agresión a Ifni. Fue acusado por los mandos españoles de comunicar al sultán y al príncipe Hassan cual era la situación y en qué estado se encontraban las guarniciones de Ifni y Sahara. Entre 1966 y 1967 regresó a España como embajador de su país. Falleció el 1 de mayo de 1975.

CRONOLOGÍA

1859

España derrota al Ejército marroquí. Como resultado, Marruecos se ve obligado a pagar una reparación monetaria a España y a ceder parte de sus territorios del sur y el norte. Como parte del acuerdo, España establece un puesto comercial en el sur. Durante aproximadamente 20 años, Agadir y Cabo Juby, en la actualidad Sidi Ifni, forman parte de las localidades marroquíes consideradas en ese acuerdo con España.

1879

El empresario inglés Donald McKenzie establece una estación de comercio en Cabo Juby. Inmediatamente después de este intento británico de aposentarse en el sur de Marruecos, España erige múltiples estaciones de comercio en la costa al sur de Cabo Juby, en los actuales territorios del Sahara en disputa. Para dar cobertura legal a su presencia allí, España firma tratados con los líderes tribales.

1884

España reclama el territorio del Sahara en base de las factorías comerciales establecidas.

1885

Enero. En la Conferencia de Berlín, España informa a las potencias europeas que ha adquirido soberanía sobre la región que se extiende desde Ouad Draa hasta cabo Bojador. Las potencias europeas aceptan la reclamación basada en que el territorio es *terra nullis* (tierra de nadie).

1900

Se negocia un acuerdo con Francia para establecer los límites del territorio. La ocupación efectiva se hace de manera progresiva. Hasta 1928 no se funda El Aaiún.

1912

30 de marzo. Enfrentado a una guerra civil, el sultán Abd-al-Hafid firma con Francia el Tratado de Fez, que convierte a Marruecos en un protectorado.

27 de noviembre. Firma del tratado franco-español que delimita las zonas de influencia de ambos países en Marruecos. El protectorado español, con capital en Tetuán y bajo la autoridad de un jalifa, se extiende por dos zonas:

Trabajadores marroquíes empleados en las obras del ferrocarril minero que dieron lugar en 1909 a la guerra en los alrededores de Melilla.

Pieza de artillería tomada a los rifeños durante la guerra de Marruecos 1921.

1905, Visita de Guillermo II

Algeciras

1906, Conferencia de Algeciras

Tarifa

Estrecho de Gibraltar

Tánger

Ceuta
(1680 Ceuta, Islas de Perejil y Santa Catalina)

Cabo Negro

Alborán

Tetuán

Arcila

YEBALA

Uad Lau

Peñón de Vélez de la Gomera
(1508-1522 y 1564)

1925, Desembarco de Alhucemas

1921, Desastre de Annual

LOCUS

Retomada 1925

Puerto Capaz

Alhucemas
(1673)

Cabo Quilates

Melilla
(1497)

Larache

Chauen

CHAUEN

Babtaza

Torres de Alcalá

Axdir

Annual

Nador

Zeluán

Alcazarquivir

Ketama

Targuist

RIF

Dar Drius

Batel

Monte Arruit

Ouezzane

KERT

Aknoul

Taounate

Protectorado Español 1913-1956

Según los acuerdos franco-españoles firmados el 27 de noviembre de 1912, ejerció un régimen de protectorado.

CORDILLERA DEL ATLAS

Taza

— Tratado 1902
— Tratado 1904
— Tratado 1912
— Situación de facto en febrero 1955
▨ Territorios bajo el control Rifeño
⊗ Batallas

Fez

la norte, con las regiones del Rif y Yebala, que tenía frontera con Ceuta, Melilla, la zona Internacional de Tánger y, tanto al sur como al este, el protectorado francés y la zona sur, conocida como Cabo Juby, que lindaba al norte con el protectorado francés y al sur con el Sahara español, nunca incluido en el protectorado.

El sultán de Marruecos Mohamed V —sentado— y sus visires. Sucedió a su padre Muley Yusuf el 18 de noviembre de 1927, a la edad de 17 años, por decisión de las autoridades francesas, que le creyeron más dócil que sus dos hermanos mayores. Los franceses acabaron por destituirlo y enviarlo al exilio en 1953. Regresó al poder el 16 de noviembre de 1955.

1957

Marruecos plantea por primera vez la cuestión de la ocupación española de las provincias al sur de su frontera en el Consejo de Administración Fiduciaria de las Naciones Unidas, creado para promover la autodeterminación de los pueblos colonizados después de la Segunda Guerra Mundial.

23 de noviembre. Marruecos ataca Ifni.

1958

12 de enero. Marruecos ataca las guarniciones españolas en el Sahara.

1 de abril. Tras la guerra, y a pesar de la victoria española, Marruecos y España firman el Tratado de Angra de Cintra, que permite a Marruecos recuperar parte de sus territorios del sur, incluidos la franja de Tarfaya —Cabo Juby— y Tan Tan.

El Sahara Occidental se convierte oficialmente en provincia para afianzar la españolidad del territorio. A los nativos se les entrega Documento Nacional de Identidad, pero de color rojo.

1961

Hassan II asciende al trono después de la muerte de su padre, Mohammed V, que había gobernado Marruecos desde 1927.

La Legión desfila en Tetuán, capital del protectorado español de Marruecos, en 1956. El 7 de abril de ese año España reconoció la independencia marroquí, como lo había hecho Francia un mes antes.

1964

Marruecos solicita al Comité Especial de Naciones Unidas para la descolonización que incluya el tema del Sahara en su agenda, e insta a España a que le entregue la región sur.

1965

La Asamblea General de la ONU adopta la resolución 2072, que pide a España tomar medidas inmediatas para negociar con Marruecos la entrega de Sidi Ifni y lo que llama «el Sahara español».

1969

30 de junio. España y Marruecos firman el Tratado de Fez, lo que permite a Marruecos quedarse con Sidi Ifni.

Se organiza el Movimiento Nacional de Liberación Saharaui, en contra de la presencia española. Comienza la alerta frente a una posible anexión marroquí.

1970

Hassan II establece el Consejo Consultivo Real para Asuntos Saharianos (CORCAS), un comité asesor del Gobierno marroquí encargado de todo lo referente al Sahara Occidental.

1973

Se crea el Frente Popular para la Liberación de Saguía el Hamra y Río de Oro (Frente Polisario), que practica la lucha armada y el terrorismo.

1974

Nace el Partido de Unión Nacional Saharaui (PUNS), de carácter proespañol, que pretende la independencia bajo la tutela de España.

1975

22 de octubre, el Consejo de Seguridad de la ONU dicta la resolución 377. En ella pide a España y a Marruecos que inicien negociaciones pacíficas para resolver la disputa sobre el Sahara Occidental, con la mediación del secretario general. Días después, España comunica a la ONU su intención de celebrar un referéndum de autodeterminación para la colonia. Comienza la crisis.

6 de noviembre. Hassan II inicia la confrontación, ni se plantea abrir negociaciones. Ante la debilidad española, llama al pueblo marroquí —tanto a los ciudadanos como al Ejército—, a participar en una manifestación presumiblemente pacífica que denomina unas veces «Marcha Verde» y otras «Marcha de los valientes», para forzar la anexión. A su llamada acuden cerca de 350 000 marroquíes —hombres, mujeres y niños—, supuestamente desarmados, pero seguidos muy de cerca por el Ejército, que se adentran en el Sahara para expulsar a España de los territorios del sur.

14 de noviembre. Marruecos, España y Mauritania firman en Madrid un acuerdo tripartito sobre el Sahara. Establece una gestión del territorio compartida, pero España confirma su intención de retirar sus fuerzas del país de manera unilateral. Los territorios abandonados son ocupados por Marruecos y Mauritania.

Argelia comienza a recibir refugiados en los campos organizados en la provincia de Tinduf. Con ese respaldo, el Polisario intenta establecer un estado independiente.

1976

El 26 de febrero, tras 160 días de evacuación, España abandona definitivamente el suelo saharaui con la masiva operación de desalojo «Golondrina». Nunca se volvió a hablar de ella.

El Frente Polisario declara la guerra a Marruecos después de la retirada de España. Da comienzo la Guerra del Sahara Occidental.

27 de febrero. Se establece la autoproclamada República Árabe Saharaui Democrática (RASD).

1979

Mauritania firma un tratado de paz con el Polisario después de una intensa guerra y se retira del conflicto.

1982

La RASD se une a la Organización de la Unidad Africana (OUA). Dos años más tarde, Marruecos condena su admisión y se retira de la organización.

1991

Abril. El Consejo de Seguridad de la ONU publica la resolución 690 para establecer bajo sus auspicios la Misión de las Naciones Unidas para la Organización de un Referéndum en el Sahara (MINURSO). La ONU ordena a la MINURSO que controle el acuerdo de alto el fuego y organice un referéndum de independencia entre la población local.

6 de septiembre. La ONU negocia un alto el fuego en la región que pone fin a la Guerra del Sahara Occidental.

2017

Enero. Tras 33 años, Marruecos vuelve a unirse a la OUA.

2018

Marzo. La ONU continua sin haber sabido resolver el problema del Sahara Occidental.

ANEXO

Armamento y material

AVIONES

NORTH AMERICAN T-6 Texan

Dimensiones:

Longitud: 18,5 metros
Envergadura: 24,4 metros
Altura: 7,3 metros

Peso:
Vacío: 9125 kg.
Máximo al despegue: 12 270 kg

Velocidad:
Máxima: 395 km/h
Crucero: 272 km/h

Autonomía:
Distancia: 1235 km

Motores: *Wright Cyclone* R-1.820

Empuje: 1275 CV

Techo: 6600 m

Armamento: 2 ametralladoras *Breda* de 7.7 mm, 12 cohetes modelo *Oerlikon* de 80 mm, 10 bombas de 10 kg, 24 granadas de 81 mm

CASA 2111 «PEDRO» (C-2111 H-16L)

Dimensiones:
Longitud: 16,40 metros
Envergadura: 22,50 metros
Altura: 4,20 metros

Peso:

Vacío: 8750 m
Máximo al despegue: 14 000 kg

Velocidad:
Máxima: 480 km/h
Crucero: 440 km/h

Autonomía:
Distancia: 1800 km

Motores: Dos *Rolls-Royce Merlin* de 12 cilindros en línea

Empuje: 1600 CV

Techo: 6700 m

Carga: 5200 kg

Armamento: Una ametralladora *Breda* de 12,7 mm; dos ametralladoras MG-15 de 7,92 mm; ocho bombas de 250 kg, 32 bombas de 8 kg o 28 bombas de 10 kg

HISPANO AVIACIÓN HA-1112 «BUCHÓN»
Dimensiones:
Longitud: 9,13 metros
Envergadura: 9,92 metros
Altura: 2,60 metros

Peso:
Vacío: 2666 kg
Máximo al despegue: 3330 kg

Velocidad:
Máxima: 665 km/h

Autonomía:
Distancia: 765 km

Motores: *Rolls-Royce Merlin* de 12 cilindros en línea

Empuje: 1600 CV

Techo: 10200 m

Carga: 206 kg

Armamento: Dos cañones *Hispano-Suiza* de 20 mm y ocho cohetes *Oerlikon* de 80 mm.

JUNKERS JU-52 (T-2)

Dimensiones:

Longitud: 18,9 metros
Envergadura: 29,5 metros
Altura: 4,5 metros

Peso:

Vacío: 5700 kg
Máximo al despegue: 9500 kg

Velocidad:

Máxima: 290 km/h
Crucero: 260 km/h

Autonomía:

Distancia: 1200 km
Tiempo: 6 horas

Motores: Tres BMW-132 de 9 cilindros en estrella, ENMASA BetaBeta E9C de 750 CV

Empuje: 660 CV unitario

Techo: 5500 m

Armamento: Dos ametralladoras MG-15 de 7,7 mm., en torreta dorsal una y la otra en la cuba ventral, entre el tren, llamada «cazuela»

VEHÍCULOS BLINDADOS Y DE TRANSPORTE

Todos los vehículos empleados por el Ejército Español en el Sahara en la campaña de 1957-58 eran modelos que tenían ya más de una década de antigüedad, por lo que habían sido usados en importantes conflictos anteriores como la Segunda Guerra Mundial y Corea. Por ello, se conocían perfectamente sus virtudes y limitaciones.

Sin embargo, la pobreza material del Ejército era tan asombrosa que a duras penas había nada con lo que equipar a las unidades que combatieron en el Sahara e Ifni. En el primero de los teatros de operaciones al menos se contó con

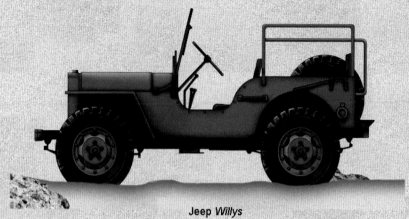

Jeep *Willys*

C-15TA «Trumphy»

M-3. Regimiento de Pavía

vehículos acorazados y blindados, de los que ya hemos visto que, en el primer caso, las tripulaciones tuvieron que ser adiestradas durante el viaje y, al desembarcar, ni siquiera tenían capacidad para emprender operaciones con ellos. Los blindados, si bien dieron buen resultado, era apenas un puñado. En cualquier caso, los vehículos siempre fueron escasos, y solo se consiguieron *jeeps* para motorizar una sección por bandera. El resto del transporte quedó a cargo de *Ford K* y *Dodge*.

Las unidades expedicionarias estaban equipadas de forma similar. Destaca que el grupo de Caballería de Santiago contaba con *jeeps* y diez autoametralladoras cañón M-8 de fabricación americana, pero compradas a Francia. Por su parte, Pavía también tenía *jeeps* y carros M-24, pero a diferencia de Santiago disponía de M-3 A1 semi-orugas. Algunos *jeeps* contaban con cañones sin retroceso, pero el regimiento de Artillería 19 tuvo que llevar sus piezas de 105/26 sobre camiones *Ford K*.

En cuanto a Ifni, solo se pudo contar con *jeeps* y camiones, careciéndose de cualquier elemento blindado o acorazado, lo que dejaba a las tropas españolas a la altura de los guerrilleros del *Yeicht Taharir*.

AUTOAMETRALLADORA CAÑÓN M-8

Empleada en misiones de reconocimiento y exploración por el regimiento de caballería Santiago, dio un resultado excelente. Su comportamiento en campaña fue magnífico.

Peso: 6,59 Tm

Dimensiones: 4,93 x 2,50 x 2,25 m

Blindaje: De 6,5 a 7 mm

Motor: *Hércules* JXD refrigerado por agua y 6 cilindros en línea de 86 caballos a 2800 rpm.

Consumo: 0,47 litros de gasolina x kilómetro, 205 litros

Velocidad: 20 km/h en campo a través, 90 km/h en carretera

Armamento: Un cañón de 37 mm con 80 disparos. Ametralladora pesada de 12,70. Ametralladora ligera de 7,62 mm

Tripulación: 4 hombres

TRANSPORTE DE PERSONAL M3A1

Empleado como transporte blindado de personal hasta la llegada de los TOA en los años setenta, nunca fue del agrado de quienes tuvieron que utilizarlo, pues a su mantenimiento caro y complejo se unían las constantes averías.

En el Sahara dieron problemas, pero en cualquier caso fueron un elemento útil, pues permitían una razonable movilidad.

Peso: 9,307 Tm

Dimensiones: 6,32 x 2,22 x 2,41 m

Motor: *White* 160 AX de l6 cilindros en línea refrigerado por agua, con 147 caballos a 3000 rpm

Consumo: 0,67 litros de gasolina x kilómetro, 220 litros en dos depósitos

Velocidad: 28 km/h en campo a través y 75 km/h en carretera

Tripulación: 13 hombres

CARRO LIGERO M-24

Muy móvil y bastante bien protegido, quienes lo utilizaron destacaron siempre su limitada potencia —que le generaba problemas en el campo a través— y la poca precisión y fiabilidad del cañón. Sus motores *Cadillac* eran muy buenos pero costosos de mantener.

Peso: 18,4 Tm

Dimensiones:5 x 2,97 x 2,77 m

Blindaje: Entre 38,1 y 9,52 mm

Motor: Dos motores de 8 cilindros en V refrigerados por agua de 110 caballos a 3400 rpm

Consumo: 2,7 litros de gasolina x kilómetro, 416 litros

Velocidad: 40 km/h en campo a través y 55 km/h en carretera

Armamento: Un cañón de 75 mm con 57 disparos. Ametralladora pesada de 12,70. Ametralladora ligera de proa de 7,62 mm. Ametralladora ligera coaxial de 7,62 mm

Tripulación: 5 hombres

Jeep Willys

Con el *Ford GPW*, del que se diferenciaba solo en pequeños detalles fue el vehículo de transporte ligero más importante y famoso de la Segunda Guerra Mundial. Su origen era muy variado, ya que el Ejército los había adquirido por medios privados desde hacía años, si bien la mayor parte procedía de los acuerdos firmados entre España y los Estados Unidos el año 1953.

España disponía de algunos centenares que se usaron en el Sahara con pleno éxito. Duros y resistentes, estuvieron a la altura de su fama.

Peso: 1,052 Tm

Dimensiones: 3,33 x 1,57 x 1,30 —sin capota—

Motor: *Willys* 442; cuatro cilindros *Go Devil*. 63 caballos a 3.000 rpm

Velocidad: 45 km/h en campo a través y 100 km/h en carretera

Tripulación: 1 conductor y cinco hombres

CAMIÓN BLINDADO C- 15TA Triumph Y

En 1948, al llegar a España, se destinaron a la motorización de unidades de artillería. Destacaron los del regimiento 19 de la división de caballería, cuyos vehículos participaron en la campaña. Además de su función de tractor de piezas de artillería, no fue raro verlo armado con ametralladoras checas Brno ZB-60, adquiridas por España en Alemania en 1942.

En España, se modificaron para adaptarlos como transportes de tropas, sustituyendo parte de las cajas de respetos laterales por un soporte para seis bidones de 20 l. de agua, y en la parte posterior otro con dos bidones de 20 l. para gasolina.

Peso: 5,35 Tm

Dimensiones: 4,75 x 2 y 33 x 2,31 m

Motor: GMC-270 de 6 cilindros, refrigerado por agua y 104 CV

Velocidad: 72 km/h

Tripulación: 8 hombres

CAMIÓN LIGERO TODO TERRENO —CLTT— TM. Dodge WC-51

Fabricados desde 1942, estaban destinados al transporte de personal y material ligero. Llegados a España con los Acuerdos de Amistad y Cooperación con los Estados Unidos en 1953, se comportaron de forma excelente en la campaña del Sahara y se utilizaron durante las décadas siguientes.

Peso: 2,315 Tm

Dimensiones: 4,35 m de largo x 2,12 m de ancho y 1,87 metros de alto

Motor: GMC de gasolina 3.772 cm y 93 CV

Velocidad: 87 km/h

ARMAMENTO, EQUIPO, UNIFORMES Y ALIMENTACIÓN. UNA VISIÓN CRÍTICA

La guerra en Ifni y el Sahara coincide en España con uno de los momentos más difíciles de la segunda mitad del siglo XX, y las restricciones impuestas por los estadounidenses al uso de material en lo que ellos consideraban una guerra colonial perjudicó mucho la capacidad operativa de las Fuerzas Armadas, sobre todo de la aviación, que no pudo emplear sus aparatos más modernos.

M-24. Regimiento de Pavía

M-8. Regimiento de Santiago

Dodge WC-51

Sin embargo, a nuestro entender, el capítulo más negro de la guerra fue todo lo referente al armamento ligero y el equipo de los soldados, pues ahí se demostró una incompetencia, dejadez y abandono que rozó el delito. Desde luego, en una nación democrática y moderna —lo que obviamente no era la España franquista—, semejante desastre hubiese sido el fin de cualquier Gobierno elegido por ciudadanos libres.

Se sabía que podía suceder lo peor en cualquier momento, por lo que había tiempo, de sobra, para comprar o preparar el material mínimo necesario con que librar una guerra en condiciones. Se puede disculpar el problema de la insuficiencia de blindados modernos o de medios acorazados, pero la carencia de armas ligeras, uniformes y equipo adecuados, o la penuria en la alimentación y la falta de unas condiciones higiénicas dignas, es imperdonable.

Si la guerra era posible, y no en la frontera de los Pirineos, sino en los territorios del AOE ¿por qué no se envió lo mejor que tenía España allí? ¿Por qué se dejó a los legionarios o a los miembros del cuerpo de tiradores un armamento digno de un museo?. En manos de los soldados que tenían que defender la frontera más peligrosa que tenía nuestro país se dejó un armamento malo, pobre y poco avanzado, cuando podían haber sido equipados excelentemente bien sin un gran esfuerzo económico, solo con lógica y criterios racionales a la hora de repartir el material y el equipo a las unidades. Los paquetes de primeros auxilios individuales, por ejemplo, que llevaban yodo, gasas, apósitos y esparadrapo se entregaron a las tropas de guarnición en el Sahara en el año 1956, pero nunca se repusieron. Los paracaidistas y algunas unidades expedicionarias optaron por llevar los suyos propios.

El correaje y el equipo, de cuero, eran muy anticuados y, en cierto modo, menos eficaces que los usados por la Legión en los años 20 —de lona, tipo *Mills*—. No se habían modificado ni adaptado para el desierto y el terreno árido del norte de África. Al principio no había siroqueras ni gafas para el viento, y las tropas que llegaban de Europa vestían con la ropa que traían, apenas sin recambios, con escasez de cascos de acero y sin fundas para los mismos. Un desastre.

La tropa carecía de botas adecuadas y habitualmente los soldados llevaban botas de lona o alpargatas —que no eran mucho mejores que las de las guerras carlistas— impropias de un ejército moderno en los años cincuenta. Incluso los paracaidistas, que disponían de equipo y uniformes más modernos, usaron para la campaña el mismo que tenían en Europa, sin ninguna adaptación al tipo de suelo y vegetación propios de Ifni o el Sahara.

Respecto a la alimentación, era escasa y de mala calidad. Apenas había dos litros de agua por hombre al día. Se desayunaba torrijas, pan y chocolate en tabletas; la comida se reducía a latas de sardinas en aceite y la cena consistía en carne en lata —española, de Mérida, mucho peor que la de origen argentino que se consumía en todo el mundo en esos años—.

En resumen, en todos los suministros se mostraba desidia, incompetencia y mala gestión administrativa; y lo que es peor, un total desprecio hacia los
hombres que debieron combatir en unas condiciones tan miserables.

Fusiles

En Ifni y Sahara se utilizaba el *Mauser* modelo 1916, de 7 mm, con munición
de origen español y también mejicano, y el machete modelo 1913. En agosto
de 1957 empezó a distribuirse el *Mauser* modelo de 1943 de 7,92 mm.

Las tropas expedicionarias llevaron habitualmente el modelo de 1943 y
sus armas estaban en general en mejores condiciones que las de las guarniciones africanas. El uso de fusiles de repetición con probada solvencia, como los
Mauser, no era una cosa que hubiese que lamentar, pues eran aún norma en la
mayor parte de los ejércitos del mundo, si bien algunos, como el estadounidense, tenían ya fusiles semiautomáticos desde principios de los años cuarenta —el
Garand M-1—. En cualquier caso, el *Mauser* español era superior a los *Lebel*
franceses de los guerrilleros de las bandas armadas.

Lucas Molina y Jose María Manrique, en su obra *CETME. 30 años del
fusil de asalto español,* indican que, según fuentes alemanas, en febrero de 1957,
cuando empezaron las hostilidades, se habían fabricado un total de 815 fusiles del modelo A. Aunque no indican si de la variante A-1 o A-2, parece
que fue esta última la que se distribuyó en Ifni y el Sahara. Un pequeño envío para su uso en combate, en pruebas, se le mandó a la XIII bandera de
la Legión, y también se le entregaron al Escuadrón Paracaidista del Ejército

*Abajo, CETME A2. Desarrollado en España a partir de Stg44 alemán, se había convertido en
arma reglamentaria a finales del 57, pero aún no había número suficiente como para equipar a las
unidades expedicionarias, que partieron al Sahara. No obstante, algunas unidades los recibieron de
forma experimental. Arriba, Subfusil Z-45, el mejor de los empleados en Ifni y Sahara, principalmente por legionarios y paracaidistas. Se utilizó hasta los años setenta.*

del Aire, que los empleó en Smara y Hagunía y a los paracaidistas del Ejército de Tierra que los utilizó durante la Operación Pegaso. En cualquier caso, la única unidad que se equipó al completo con el CETME A-2 fue la IV bandera de la Legión.

Subfusiles

Se empleó tanto el Modelo Coruña, de 9 mm. largo, como la Z-45, evolución española del MP-40 alemán.

Pistolas

Prácticamente todas eran Astra 400 modelo 1922, de 9 mm largo, o modelo 300, también de 1922, utilizada por la Infantería de Marina. La Legión y los paracaidistas solían emplear la Star modelo 1922, igualmente de 9 mm. Todas eran robustas y fiables.

La Star estaba inspirada en la Colt 1911, norteamericana, y la Astra era un diseño netamente español derivado de la Campo Giro de 1913. Las pistolas Astra alcanzaron fama mundial.

La Astra M. 1921 —derecha— fue la principal pistola en dotación entre las tropas destacadas en el Sahara, si bien era frecuente encontrar la Star M. 1922 —izquierda—, principalmente en la Legión.

Fusiles Ametralladores

A partir de agosto de 1957 se distribuyó de forma masiva —pero insuficiente— el FAO de 7,92 mm. Una de las mejores armas de la guerra.

Hasta la llegada de las MG-42 en los años siguientes a la guerra, el FAO Oviedo, cumplió a la perfección su misión.

Ametralladora Alfa modelo 1955, variante del modelo 1944, reglamentaria para el ejército y la Guardia Civil de 1951 a 1975.

Ametralladoras

La básica era la Alfa, en realidad la venerable *Hotchkiss* del modelo de 1914, transformada en 1944. Una arma anticuada y del todo inapropiada para dar fuego de cobertura a modernas unidades de infantería.

Cañones Contracarro

Al principio solo se contaba con el viejo *Pak* 37 Alemán, si bien unidades expedicionarias tenían ya los cañones sin retroceso de 75mm (foto página siguiente).

Morteros y lanzagranadas

Los dos modelos, Valero y ECIA, eran originarios en su diseño de 1932. Sus calibres eran de 50 mm y de 81 mm, pero pronto llegaron los de 120 mm, mucho más eficaces. El lanzagranadas Instalaza modelo 53, lo utilizó en pruebas la Legión y también se usaron algunos en Ifni.

Lanzagranadas Instalaza modelo 1953. Basado en el estadounidense M20 Superbazooka, podía separarse en dos partes para transportarlo mejor.

Granadas de Mano

Las de las guarniciones en Ifni y Sáhara era *Lafite* y *Breda*. Las PO, de fabricación española, se usaron en ambos territorios en pequeñas cantidades.

BIBLIOGRAFÍA

A. MARTÍNEZ, Jesús (coord.): *Historia de España. Siglo XX, 1939-1996.* Ed. Cátedra. Madrid, 1999.

AGUIRRE, José Fernando: *Las Guerras de la postguerra.* Argos. Barcelona, 1964.

BARRERA ALONSO, Emilio: *Aire, agua, arena y fuego.* Quirón Ediciones, Valladolid, 2002.

BELLES SEGURA, Juan: *Cabo Juby 1958. Memorias de un teniente de Infantería en la campaña de Ifni-Sáhara.* Servicio de Publicaciones EME, Colección Adalid, 1990.

BORRÁS, Tomás: «La Jugada está clara». Revista *África,* n.º 193. Madrid, febrero de 1958.

BOSQUE COMA, Alfredo: *Ifni-Sáhara: una guerra de pobres.* Cuadernos de Historia 16, Año XIX, número 214.
—*Guerra de Ifni: las banderas paracaidistas, 1957-1958.* Editorial Almena, Madrid, 1998.
—*La agrupación de banderas paracaidistas del Ejército de Tierra durante la campaña de Ifni, o de cómo el franquismo empobreció a sus fuerzas armadas (1957-1958).* Universitat de Barcelona, 1997.

BOURDON, Carlos y VELA, Francisco: *Paracaidistas de Aviación.* Fundación Don Rodrigo, Madrid, 2000.

BUENO CARRERA, José María: *Las Tropas Nómadas del Sáhara.* Grunoel Ediciones, Málaga, 2002.

CASAS DE LA VEGA, Rafael: *La última guerra de África.* Servicio de Publicaciones EME, Colección Adalid, 1985.

DIEGO AGUIRRE, José Ramón: *La última guerra colonial de España: Ifni-Sáhara (1957-1958).* Algazara, Málaga, 1993.

FALCÓ ROTGER, José: *Sáhara, 1958. Vivencias de un oficial de la Legión.* Editorial Almena, Madrid, 2001.

FERNÁNDEZ-ACEYTUNO, Mariano: *Ifni y Sáhara. Una encrucijada en la historia.* Simancas Ediciones, Colección Fundamentos Históricos, Dueñas, Palencia, 2001.

García Figueras, Tomás: *España y África: Historia de Ifni y el Sahara Español*. Madrid, 1962.

García Pérez, Antonio. *Ifni y el Sahara español*.

González Deniz, Emilio: *Sáhara*. La Palma, Madrid, 1996.

Iglesia, Antonio Carlos de la: *Breve estudio sobre las tribus moras de Mauritania*. Instituto Hispano Árabe de Cultura. Madrid, 1985.

Mariñas Romero, Gerardo: *El Sáhara y la Legión*. Editorial San Martín. Madrid, 1988.

Narbón, Alfredo Eugenio: *Tierra Seca*. Editorial Bitácora. San Fernando de Henares, Madrid.

Osset Moreno, Enrique: *Geografía del Sáhara*. Revista *Ejército*, número 239. Diciembre de 1959.

Pazos, Rafael: *La Mía Sahariana*. Revista África, enero de 1969.

Salas Larrazabal, Ramón: *El Protectorado de España en Marruecos*. Mapfre. Madrid, 1992.

Santamaría, Ramiro: *La guerra ignorada*. Editorial DYRSA. Madrid, 1984.

Vidal Guardiola, Lorenzo.: *Ifni 1957-1958. La prensa y la guerra que nunca existió*. Editorial Almena. Madrid, 2001.

A Cipriano, veterano paracaidista. Por el año que se levantó cada mañana sin saber si volvería a su casa. Por el tiempo que perdió de su juventud sin que a nadie le importase..